여사제 타프티

Тафти жрица. Гуляние живьем в кинокартине.
By Вадим Зеланд

Original copyright © ОАО Издательская группа «Весь», 2018
Cover and interior designer — Ирина Новикова
Photographer — Мария Тайкова
Make-up artist — Галина Желенкова
Korean Translation Copyright © Inner World Publishing, 2018
This Korean edition was arranged through Mediana Literary Agency, Russia.
All rights reserved.

세상에서 가장 괴이하고
매혹적인 자기계발 픽션

여사제 타프티

바딤 젤란드
지음
◇
정승혜
옮김

정신세계사

여사제 타프티

바딤 젤란드, 2018

바딤 젤란드 짓고, 정승혜 옮긴 것을 정신세계사 정주득이 2018년 10월 12일 처음 펴내다.
김우종과 서정욱이 다듬고, 변영옥이 꾸미고, 한서지업사에서 종이를, 영신사에서 인쇄와 제본을,
하지혜가 책의 관리를 맡다. 정신세계사의 등록일자는 1978년 4월 25일(제1-100호),
주소는 03965 서울시 마포구 성산로4길 6 2층, 전화는 02-733-3134, 팩스는 02-733-3144,
홈페이지는 www.mindbook.co.kr, 인터넷 카페는 cafe.naver.com/mindbooky이다.

2024년 5월 1일 펴낸 책(초판 제6쇄)

ISBN   978-89-357-0423-1 04320
            978-89-357-0309-8 (세트)

이 도서의 국립중앙도서관 출판시도서목록(CIP)은 서지정보유통지원시스템 홈페이지(http://seoji.nl.go.kr)와
국가자료공동목록시스템(http://www.nl.go.kr/kolisnet)에서 이용하실 수 있습니다.(CIP제어번호: CIP2018030477)

차 례

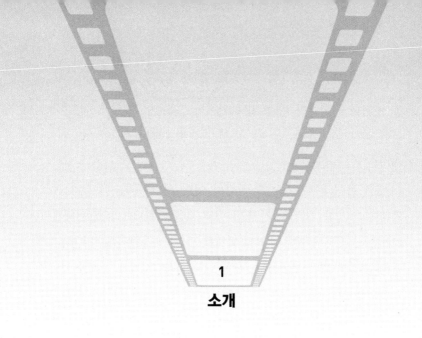

1
소개

추하디 추한 나의 아이들아!

너희는 나를 기억하지 못할 것이다. 나는 시간을 초월하여 너희의 세계로 온 타프티이다. 시간은 영원하지. 그리고 나는 그 영원을 거슬러 어디든, 언제든 내 뜻대로 갈 수 있다.

3천 년 전 나는 이시스◊ 신전의 사제였다. 지금의 내가 누구인지는 언젠가 알려줄 때가 오겠지. 중요한 것은 너희가 누구인지 내가 알고 있다는 사실이니까. 그리고 그에 대해서도 때가 되면 알려주겠다. 너희가 누구인지, 너희 자신조차 모르지 않느냐.

너희는 이 세상에 태어나면서 그 누구에게도 '자기 자신 사용법'

◊ 고대 이집트의 여신. 마법과 의술의 신이자 어린아이들의 수호자로 알려져 있다. 이하 역주.

이란 것을 배운 적이 없다. 물론 없겠지. 너희가 배운 것이라곤 손을 씻거나 기저귀를 가는 법 따위니까. 그 외에 너희가 아는 것이라곤 아무것도 없지 않느냐. 너희 자신에 대해서든, 이 세상에 대해서든, 그 어떤 것도.

예를 들어 너희는, 너희 자신이 어떤 의견이라는 것을 가지고 있다고 생각할 것이다. 하지만 사실 그건 너희에게 **이식된 의견**이다. 또 너희는 자신의 행동을 통제할 줄 안다고 생각할 것이다. 그보다 중요한 것이 **생각을 통제**하는 것이거늘. 생각을 통제할 수 있느냐? 그럴 리 없다. 너희는 그저 어리석고 보잘것없는 존재들이니까. '어리석고 보잘것없는 존재', 이것이야말로 너희에게 딱 맞는 말이라고 할 수 있겠구나.

나는 너희가 외롭고 불행하며 그 누구에게도 사랑받지 못한다는 사실을 알고 있다. 하지만 나만은 너희를 사랑한다. 그래서 이렇게 너희에게 온 것이다.

나는 너희에게 이 세계가 어떻게 만들어졌으며, 그 안에서는 어떤 일이 벌어지고 있는지 알려주려고 한다. 또 너희가 무엇 때문에 존재하며, 너희의 인생으로 뭘 해야 하는지 알려주겠다. 왜냐하면 **너희조차 자신의 삶으로 무엇을 해야 하는지 모르지 않느냐.** 자! 너희의 그 조그마한 의자에 좀더 편하게 앉아 잘 들거라.

현실은 너희가 상상했던 것과 전혀 다르다는 사실부터 시작해보지. 현실은 마치 양파처럼 여러 층으로 이루어져 있다. 너희는 그 중에서 너희가 살고 있는 물질세계와 매일 잠들어 보았던 꿈의 세계만 알고 있을 것이다.

꿈의 세계는 너희의 머릿속에서 나온 허구가 아니다. 그것은 실제로 존재하지. 과거에 일어났거나 미래에 일어날 일, 또는 일어날 뻔했던 모든 일들이 저장된 영화 필름의 보관소 형태로 말이다.

꿈을 꾼다는 것은 그 보관소의 영화 필름 중 하나를 재생하는 것이다. 그러니 너희의 꿈은 환상이면서도 동시에 현실이지. 필름은 물질이고, 너희가 보는 영화는 비물질이라고 할 수 있다.

실제는 이전에도 없었고, 앞으로도 없을 것이며, 그저 단 한 번, 바로 지금 존재하는 것이다. 마치 과거에서 현재로 교체되는 영화 속의 프레임처럼, 찰나에 존재하는 것이 바로 실제이다.

너희의 삶, 더 정확히 말하자면 너희의 본질, 즉 영혼도 마찬가지로 하나의 실체에서 다른 실체로 변화한다. 한때 너희는 물고기, 공룡, 또는 네 발로 기어다니는 파충류였다. 그러나 지금의 너희가 이만큼이나 진화했다고 자만하지 말기를. 그렇다 하더라도 나만큼 완벽한 존재가 되기까지는 아직도 한참을 더 기어가야 하니까.

너희는 먼 옛날 너희의 실체가 무엇이었는지 전혀 기억하지 못할 것이다. 왜냐하면 각각의 실체는 영혼의 개별적인 삶이니까. 혹은 개별적인 꿈이라고도 말할 수 있겠구나. 그리고 영혼을 위해서는 반드시 육체가 있어야 한다. 육체 안의 영혼은 존재하면서 여러 형태를 가지게 되지. 즉, 육체는 일종의 우주복인 셈이다.

왜 이런 변화가 일어나는지 궁금하느냐?

현실과 삶의 특성이 본래 그런 법. 그 특성은 바로 **움직임과 변화**다. 모든 프레임은 영화 필름을 따라 움직이며, 그와 동시에 애벌레는 나비로 변화한다. 나비가 알을 낳아 그 알이 부화하면 애벌레가 되고, 그 애벌레는 다시 나비가 되는 것처럼 변화에 변화를 거듭하지.

지금 너희는 모든 진화 단계 중 애벌레 단계밖에 이르지 못했다. 작고 징그럽지만 어쩌겠느냐, 너희가 그런 존재인 것을. 내가 너희를 돌보는 것 말고는 별수가 없지.

잘 듣거라. 꿈과 생시는 본질적으로 같은 것이라 볼 수 있다. 어릴 적 너희는 무엇이 꿈이고 무엇이 생시인지 구분하지 못했다. 물론 지금은 그때가 기억나지 않겠지만, 그때 너희는 꿈의 세계와 너희가 실제로 살아가는 세계 사이에 그 어떤 경계도 없다고 생각했을 것이다. 그런 너희에게 어른들은 '꿈의 세계는 상상일 뿐이며 진짜가 아니다'라고 설명했겠지.

하지만 사실 그건 거짓이다. 꿈의 세계도 이 세계와 마찬가지로 실제로 존재하고 있으니. 그저 다른 공간에 존재할 뿐이다. 잠이 들고 깨어나는 것은 한 공간에서 다른 공간으로 이동하는 것이다. 놀랍지 않느냐? 겁나지 않느냐?

너희는 이미 익숙해져 버렸겠지만, 꿈과 그 뒤에 따라오는 깨어남은 마치 삶과 죽음과도 같은 일종의 계획에 따른 것이다. 삶은 꿈이며, 죽음은 깨어남이지. 여태껏 그 반대일 것이라 생각했겠지만. 이해하겠느냐?

알았다, 나의 착한 아이들아. 모든 걸 한꺼번에 알려줄 필요는 없지. 하나씩 차근차근 알려주겠다. 꿈과 생시 사이에는 세 가지 공통점과 한 가지 차이점이 있다. 차이점에 대해서는 나중에 알려주기로 하고, 공통점을 먼저 보도록 하자.

첫 번째. 꿈에서도 생시에서도 너희는 잠들어 있다. 그렇기에 너희는 어디에 있든 무력하지. 꿈이든 생시든 모두 너희의 의지와 무관하게 흘러가기 때문이다. 너희에게 꿈과 생시 모두에서 깨어나는 법을 알려주겠다.

두 번째. 꿈에서도 생시에서도 현실은 마치 영화 속의 한 프레임처럼 움직인다. 하지만 너희는 그저 땅만 볼 줄 알기에 이 사실을 눈치채지 못한다. 앞을 보는 능력, 그 능력을 너희는 '꿈에서 너희가 본 것은 진짜가 아니'라는 어른들의 말을 믿기 시작하면서 잃어버렸다.

세 번째. 꿈에서도 생시에서도 프레임의 움직임을 통제할 수 있다. 하지만 너희는 그러지 못하지. 주의가 지금 이 순간의 프레임에 고정되어 있기 때문에 말이다. 무슨 뜻인지는 곧 알게 될 것이다. 물론 뭔가를 안다고 하여 그것을 완전히 이해하는 것을 의미하지는 않지만 말이다. 그것을 이해하는 순간 너희는 현실을 통제할 수 있을 것이다.

2
두 개의 스크린

자, 나의 착한 아이들아. 지난번에 세 가지 법칙을 알려주었다.

◇ 꿈에서든 생시에서든 너희는 잠들어 있다.

◇ 꿈과 생시 모두 프레임의 움직임이다.

◇ 프레임의 움직임을 통제하는 것은 가능하다. 하지만 너희는 아직 그럴 능력이 없다.

너희는 그 어리석은 꿈도, 볼품없는 삶도 통제하지 못한다. 첫 번째로 너희는 잠들어 있기 때문이며, 두 번째로 그것이 가능한지 조차 모르기 때문이다.

가장 간단한 질문부터 시작해보기로 하지. 꿈이란 무엇인가? 언젠가 내가 "너희는 이 세상에 태어나면서 '자기 자신 사용법'은 배운 적이 없다"고 말했던 것을 기억하느냐? 자, 너희에겐 두 개의 스크린이 있다. 바로 외부 스크린과 내부 스크린이다. 그리고 주의라는 것이 있다. 주의는 항상 내부나 외부 스크린에 연결되어 있지만, 가끔은 그 어디에도 연결되지 않고 그 사이에 있을 때도 있다. 그렇기 때문에 너희가 거의 잠들어 있다는 것이다.

너희가 생각에 깊이 빠져 있을 때면 주의는 내부 스크린에 완전하게 연결된다. 그렇게 되면 주변에서 무슨 일이 일어나는지도 모른 채 그저 기계적으로 행동하지. 반대로 주변 상황(외부 스크린)에 주의를 기울이게 되면 너희 자신은 잊혀지고 그저 무의식적으로 나오는 행동을 하게 된다.

바로 그것이 잠들어 있다는 것이다. 내부 스크린이나 외부 스크린에 주의가 연결되어 있는 그런 무의식의 상태 말이다. 이때의 너희는 아무 힘이 없으며 자기 자신도, 주변의 그 어떤 것도 통제하지 못한다.

그런 의미에서 잠드는 것과 꿈꾸는 것은 다른 것이다.

잠은 가사假死 상태에 빠져 있는 것이다. 반면에 꿈은, 꿈의 세계나 생시의 세계에서 너희가 보고 겪는 것이지.

따라서 생시와 꿈은 본질적으로 같은 것이라 할 수 있다. 너희는 생시를 꾸기도 한다. 생시는 꿈이며, 꿈은 생시다. 왜인지는 곧 알게 될 것이다.

이제 자기 자신 사용법을 알려주겠다. 꿈이나 생시에서 깨어나기 위해서는 내부 또는 외부 스크린에서 주의를 의식의 중앙으로 이끌어내야 한다.

너희는 할 수 있다. 쉬운 일이니. 손가락으로 코끝을 살짝 튕겨보거라. 그 찰나에 너희는 어디에 있었느냐? 너희의 깊은 몽상 속을 헤엄치다 왔느냐? 혹은 이 위대한 나의 모습을 넋 놓고 감상하였느냐? 너희의 주의는 어디에, 어떤 스크린에 연결되어 있었으며, 또 지금은 어디에 연결되어 있느냐?

두 스크린 사이의 중간에 있는 점을 찾아보거라. 주의가 이 점에 있다면 주변에서 일어나는 일과 자신의 생각을 동시에 관찰할 수 있다. 그러면 너희를 둘러싸고 있는 현실과, 그 현실 속의 너희를 볼 수 있다. 그 어떤 것도 너희가 두 스크린을 동시에 들여다보는 것을 방해하지 않는다. 너희는 할 수 있다.

다만 그 누구도 너희에게 그것이 가능하다고 말한 적이 없을 뿐이다. 혹은 그것이 왜 필요한지 너희 스스로 한 번도 고민한 적이 없을 뿐이다. 어른들은 그저 "여기를 봐, 내 말 들어야지, 내가 말하는 대로 해"라고 말했겠지. 너희는 그렇게 자신의 주의를 외부 스크린에 고정시키도록 길든 것이다.

그것이 바로 일이 뜻대로 풀리지 않을 때 자기 자신이 한없이 작고 보잘것없으며 불행한 존재라는 비참한 생각에 빠져 외로움과 패배감에서 헤어나오지 못하는 이유였다. 너희는 그렇게 유일한 도피처인 내부 스크린에도 자신을 길들인 것이지.

주의는 점점 의식의 중앙에 머무를 줄을 모르고 스크린에 얽매여버렸고, 결국 주의를 통제하는 것은 너희에겐 완전히 불가능한 일이 되었다. 그렇게 주의는 너희에게 복종하지 않고 제멋대로 떠다니게 되었고, 너희는 점점 무의식의 상태로 빠져버린 것이다.

이런 상태에서는 효율적으로 행동할 수 없다. 너희는 속고, 화내고, 놀라고, 빼앗기며, 심지어 폭행을 당하기도 한다. 그러면서도 떳떳하게 그에 맞서지 못하지. 또 내면의 콤플렉스를 이겨내기 위해 발버둥치기를 계속하고, 외부 환경에 휘둘리며 허겁지겁 성공을 뒤쫓아간다.

그런데 어떤 자가 성공을 뒤쫓는지 아느냐? 패배자들이다. 바로 너희지. 왜냐하면 무의식의 상태에서 너희의 효율성은 5∼10퍼센트도 넘기지 못하기 때문이다.

나의 불쌍한 아이들아, 울지 말거라. 전부 고칠 수 있단다. 내가 그 방법을 알려주겠다.

3

꿈속에서의 산책

나의 착한 아이들아, 지난 수업에서 너희는 다음의 사실을 알게
되었다.

> ◇ 잠이 드는 것은 주의가 스크린에 얽매인 상태이다.
>
> ◇ 잠이 들거나 잠에서 깨는 것은 꿈과 생시 모두에서 가능하다.
>
> ◇ 잠에서 깨어나기 위해서는 주의를 의식의 중심으로 옮겨야
>   한다.

의식의 중심은 너희의 주의가 바로 어디에 있는지, 어디에 얽매
여 있는지 볼 수 있는 관찰 지점이다. 그러면서도 주변에서 어떤
일이 일어나고 있는지, 너희 자신은 어디에 얽매여 있는지 동시에

관찰할 수 있는 지점이지.

지금 바로 잠에서 깨어나 자기 자신에게 질문해보거라. '나는 누구인가? 무엇을 하고 있는가? 나의 주의는 어디에 연결되어 있는가?' 이 질문을 하는 순간 너희는 정신을 차리고 의식의 점에 있게 된다. '여기에 내가 있고, 여기에 내 현실이 있다. 확실하게 알 수 있다. 나 자신이 보이고, 현실이 보인다.'

너희에게 이것은 아주 낯선 경험일 것이다, 나의 소중한 아이들아. 그저 먼 곳에서 희미하게 반짝이는 불빛처럼 느껴지겠지. 나를 만나기 전까지 너희는 내내 스크린에 연결된 채 살아왔을 테니. 이제는 한 시간만이라도 의식의 상태에 머무르도록 노력해보거라. 그리고 어떤 일이 일어나는지 보거라. 아주 흥미로운 일이 일어날 것이다.

다만, 아침에 푹 자고 일어나 에너지가 넘치고 상쾌할 때 해야한다. 기분이 나쁘거나 몸 상태가 좋지 않거나 머리가 무거울 때 해봤자 아무것도 달라지지 않을 것이다.

그러면 '나 자신이 보이고 현실이 보인다'라고 자기 자신에게 말하며 의식의 점으로 들어가거라. '나는 현실의 꿈속을 산책할 것이다'라고 자기 자신에게 지시를 내리거라. 그러한 명료함의 상태에서 회사든, 학교든, 어디든 원하는 곳으로 산책을 가거라.

더 큰 효과를 보려면 산책로나 쇼핑몰이나 놀이터와 같이 너희를 알아보는 사람이 없는 곳으로 가는 것이 좋다. 그곳이 가장 자유롭게 꿈속을 산책할 수 있는 공간이니.

왜냐하면, 스크린에 연결되어 있을 때는 판단력이 흐려지며 자기 자신도, 상황도 통제하지 못하기 때문이다. 오히려 어떤 상황이든 꿈으로 변해, 반대로 너희를 통제하려고 들 것이다.

자기 자신을 자각하는 순간 무슨 일이 일어날까? 너희는 자유로워지고, 꿈에서 본 것은 — 잠이 들어 꾼 꿈이든, 생시의 꿈이든 상관없다 — 의식적인 것이 된다. 너희는 자기 자신을 통제하게 되며, 가장 중요한, '상황을 통제할' 줄 알게 된다. 하지만 여기까지는 나중에 알려주겠다. 지금은 그저 한번 거닐어보고 관찰해보거라.

예를 들어 의식을 활성화시켜 가게에 들러보거라. 점원에게 인사를 건네고, 안으로 들어가 가게를 자연스럽게 둘러보는 것이다. 그러면서 점원에게 뭔가 물어보기도 하고 그의 반응을 관찰해보거라. 그저 잠들지만 않으면 된다. 누군가와 대화를 시작하기 전에 '나 자신이 보이고 현실이 보인다'고 되뇌며 주의를 의식의 중심에 고정해두어라.

너희는 호기심 어린 눈으로 너희를 바라보며, 왜인지 모르게 전에는 볼 수 없던 호의적인 태도로 너희를 대하는 주변 사람들을 발견할 것이다. 도대체 무슨 일이 생긴 것인지 신기하지 않으냐?

그들은 너희와 다르게 계속해서 잠들어 있으며, 주의는 스크린에 연결되어 있다. 마치 영화 속에 있는 것처럼 시나리오 속의 일상을 살고 있는 것과도 같지. 그들의 생각은 흐릿하고 행동에는 의식이 없으며, 한마디로 영화 속의 등장인물처럼 살고 있다고 할 수 있다.

그러나 너희는 그들과 다르게 꿈속에서 의식을 깨워냈으며, 스크린 속에 있다가 영화관으로 걸어 나왔다. 이제 너희는 언제든지 스크린 밖으로 나올 수 있으며, 원한다면 다시 영화 속으로 들어가 여러 등장인물들 사이에서 시나리오에 구애받지 않고 자유롭게 거닐 수 있다.

사람들은 그런 상태에 있는 너희가 마치 다른 세상 사람 같다는 느낌을 받을 것이다. 너희에게 뭔가 특별한 것이 있을 거라 막연하게 생각하지만, 그게 과연 무엇인지는 알 수 없겠지. 걱정 말거라. 너희에게 호기심과 호의를 가지고 있다는 사실을 그들 자신도 깨닫지 못할 것이다. 너희도 남들이 모르는 것을 알고 있음을 내비치지 말거라.

그런데 그런 주변 사람들, 특히 일면부지한 사람들이 과연 무엇 때문에 너희에게 그런 호의를 보이는지 알고 있느냐? 그 사람들에게 있어 너희는 마치 어둠의 세계를 밝히는 반딧불 같은 존재이기 때문이다. 의식의 상태에 있을 때 너희의 에너지는 특별하게 빛난다. 분명하게 보이는 것은 아니지만 그들도 본능적으로 그걸 느끼는 것이다.

그러니 그저 현실의 꿈속을 거닐기만 해도 너희는 주변 사람들의 호의적인 태도를 느낄 것이다. 적어도 그들의 관심을 받게 되겠지. 사람들은 너희에게 반갑게 말을 걸어오고, 그들과 교류하며 보내는 시간은 유쾌함으로 가득할 것이다. 하지만 이건 시작에 불과하다. 영리해지거라. 현실을 움직이는 방법을 배우거라. 두뇌로 세상을 움직일 만한 능력이 되지 않는다면 말이다. 자! 알겠다. 겁먹지 말거라. 나의 연약한 아이들아.

4
현실로의 첫 외출

자, 나의 착한 아이들아. 너희가 만약 현실의 꿈속을 이미 거닐어봤다면 지금쯤 현실과 영화를 비교한다는 것이 충분히 가능하다는 점을 분명히 알게 되었을 것이다. 너희는 영화 속에서 의식을 가지고 살아났지만, 다른 연기자들은 어떤 외부 시나리오에 연결된 채 꿈속을 헤매듯 움직이고 있었다.

겉으로 보기에는 전혀 그렇지 않은 것처럼 보였겠지. 왜냐하면 사람들은 밤마다 침대에 누워 잠이 들고, 낮에는 어느 정도의 의식을 가지고 행동한다는 것을 알고 있으니 말이다.

하지만 너희도 주의가 외부 스크린이나 내부 스크린에 계속해서 빨려 들어가는 것을 경험해본 결과 알게 되었겠지만, 이 '어느 정도'라는 것은 사실 하찮을 정도로 미미하다. 전부 그럴 만한 것이,

너희도 그 상황을 이미 겪어봤으며 어떻게 그것이 가능한지 이제는 알게 되었기 때문이다.

이제부터는 꿈속에서 산책을 가려고 할 때마다, 너희가 다시 스크린에 연결되어 잠이 들었다는 사실이 계속해서 떠오를 것이다. 무언가 너희와 너희의 주의를 다른 곳으로 돌렸다거나 혹은 너희가 어떤 생각에 잠겼다거나… ― 거기까지. 너희는 그 생각을 하면서 의식을 가진 개인으로서는 더 이상 존재하지 않으며, 심지어 자기 자신을 소유하지도 못하는 것이다.

그렇다면 너희는 누구의 소유이며, 누구의 말에 따르는 것일까?

너희는 너희가 등장인물로서 지금 이 순간 존재하고 있는 어느 영화에 연결된 시나리오에 따라 움직이고 있다.

이것이 무슨 의미인지는 천천히 알려주도록 하겠다. 모든 것을 한꺼번에 알려줄 수는 없으니 말이다. 일단은 한 가지 단순한 사실을 명확하게 해야 한다. 바로 '꿈에서도 생시에서도 너희는 영화 속에 있으며 시나리오의 흐름에 휩쓸려 다닌다'는 것. 너희는 주의를 통제하지 못하기 때문에, 너희 자신도 통제하지 못한다.

하지만 잠에서 깨어나 주의를 통제하기 시작하면서부터 시나리오는 너희에 대한 힘을 잃게 된다. 물론 너희는 여느 때와 마찬가지로 일상의 일을 하기 위해 직장이나 학교에 가야겠지. 하지만 그런 일들이 이제는 시나리오에 이끌려 다닐 때처럼 그렇게 혹독하진 않을 것이다.

너희 주변에 있는 잠든 등장인물들과는 달리, 너희는 자신을 보고 현실을 볼 수 있으며, 의식을 가지고 자신의 의지를 통제할 수 있다. 지금까지는 그것이 불가능했겠지만 말이다. 그것이 너희의, 자기 자신과 현실을 통제하는 첫 단계로의 첫 외출이다. 평범한 꿈에서 깨어난 경험은 이미 여러 번 있겠지만, 그보다 높은 단계에서 깨어나는 경험은 해본 적이 없지 않느냐?

평범한 꿈속에서 너희가 꿈을 꾸고 있다는 사실을 자각하지 못한다면 아무 힘도 쓸 수 없다. 너희는 영화 속에 있으며 주변에서 어떤 일이 일어나도 아무 힘도 쓸 수 없지. 주의가 스크린에 연결되어 있기 때문이다. 하지만 주변의 다른 등장인물들과는 다르게 너희는 주의를 한 단계 높이 끌어올려 꿈 자체에서 자각을 일으키거나, 심지어 두 단계 높은 상태인, 생시에서 자각을 일으키는 것이 가능하다.

꿈속의 등장인물들은 그런 경험을 할 수 없다. 그들이 살아 있는 사람들과 어떻게 다른지 아느냐? 바로 의식이 없다는 것이다. 자신을 개개인으로 인식하지 못하지. 그들에겐 의지도, 자신의 행동에 대한 자유랄 것도 없으며 그저 시나리오에 따라 행동하기만 한다. 영혼조차 없는 거푸집이며 마네킹에 불과하다.

너희가 꿈에서 깨어나는 방법을 터득하게 되면 이런 실험을 하나 해보거라. 꿈속의 마네킹에게 다가가 "너는 누구니?" 하고 질문하는 것이다. 그 마네킹은 대답을 피하려고 하거나 시나리오 속에서의 자신의 역할을 말할 것이다. 하지만 그 누구도 "나는 나야"라고는 말하지 못할 것이다. 그에게는 자신만의 자아가 없으니 말이다.

똑같은 방법으로 마네킹에게 물어볼 수 있다. "사실 난 지금 잠들어 있고, 너는 내 꿈이라는 걸 알고 있니?"라고 말이다. 그는 단

한 번도 진정으로 잠이 들거나 잠에서 깨본 적이 없기 때문에, 이 질문 역시 그 마네킹을 혼란스럽게 할 것이다. 꿈속의 그 마네킹은 과거의 언젠가 촬영되었던 영화 필름 속의 등장인물로서 자신의 영화 속의 삶을 살고 있는 것이다.

유일한 차이는, 우리가 알고 있는 평범한 영화는 살아 있는 사람들에 의해 만들어지는 데 반해 꿈의 영화 필름들은 영원의 아카이브에 저장된다는 점이다. 그 필름들은 우주가 존재하는 한 아카이브에 영원히 저장된다.

살아 있는 사람들은 영혼과 의지와 자의식을 가지고 있다. 그렇기 때문에 살아 있는 사람이라면 "나는 나야"라고 말할 수 있을 것이다. 그것이 자기 자신에 대해 말할 수 있는 전부이기 때문이다. 또한 살아 있는 사람들은 자기 자신을 자각하지만, 그들의 자의식은 너희도 봤다시피 잠들어 있으며, 의지는 오직 어떤 행동을 위해 동원할 필요가 있을 때만 먼 곳에서 끌어와 사용하게 된다.

또 중요한 점은, 의지는 오직 지금 이 순간의 프레임에서만 사용된다는 사실이다. 하지만 그건 조금 나중에 알려주도록 하겠다. 지금 이 정도의 시간을 할애하고 있는 것만으로도 너희에겐 크나큰 영광이 아니냐, 이 하찮은 것들아. 이 기회를 빌려 나를 감상하고, 찬양하며, 나를 흡족하게 해보아라. 나는 너희의 위대한 스승, 타프티이다!

5
주의 감시하기

나의 착한 아이들아, 지난번에 배웠던 것들을 복습해보자꾸나.

◇ 평범한 의식의 상태에서 너희는 어느 영화 속의 등장인물이다.

◇ 주의를 소유하지 못한다면, 자기 자신을 소유할 수도 없다.

◇ 너희는 영화에 연결되어 있는 외부 시나리오에 따라 움직인다.

　내가 이런 용어들을 사용하는 것은 너희의 이해를 쉽게 하기 위해서다. 왜냐하면 너희는 꿈에서나 생시에서나 늘 똑같이 행동하기 때문이지. 의식을 가지고 행동할 수 있는 권리조차 가지지 못하는 등장인물처럼, 영화를 보고 그 안에서 연기만 하는 그런 행동 말이다.

이렇게 말해줘도 자신의 의지에 따라 행동하는 것이 아니라 뭔가에 의존하며 행동한다는 사실이 아직도 믿기지 않는다면, 주의를 한번 들여다보거라. 너희의 주의는 조금 전 어디에 있었으며, 누구의 소유였느냐? 너희가 소유하지 않았다는 사실을 알아차렸느냐? 그러면 누구에게, 무엇에 소유되어 있었느냐?

바로 지금 그 시나리오의 소유였다. 너희는, 아니, 너희의 자아는 곧 주의이다. 만약 너희가 자기 자신을 통제하지 못한다면 꿈속이든 생시든 마찬가지로 시나리오에 의해 조종당한다. 꿈은 생시고 생시는 꿈이다. 즉, '생시는 **생시에서 꾸는 꿈**이고, 평범한 꿈은 **꿈속에서 꾸는 꿈**'이라고 말할 수 있지.

꿈속에서는 의식이 있을 수도 있고 없을 수도 있다. 의식이 없는 꿈에서는 마치 토끼 새끼처럼 아는 것도 없고, 힘도 없지. 하지만 주의를 통제할 수 있게 되면서부터 너희는 **자신만의 의지와 주관**을 가지고 행동하는 능력을 얻으며 영화 속에서 살아날 것이다.

동시에 너희는 **의식을 가진 영화 속 등장인물**이 되어 꿈속을 자유롭게 거닐 수 있게 된다. 생시에서 이미 이것을 시도해보았지. 시간이 흐르면서 꿈속에서도 똑같이 할 수 있는 능력을 얻게 될 것이다.

하지만 생시에서 그런 능력을 마스터하는 것이 훨씬 더 중요하다. 꿈의 그림이 현실의 필름을 영원의 아카이브에 가지고 있다 하더라도 그 자체는 가상이기 때문이다. 삶은 실재하지만 그 삶을 사는 너희는 타인이 만들어놓은 시나리오의 틀 안에서 아무것도 하지 못하고 발버둥치기만 하거나 혹은 **자신의 시나리오를 실현시키지**.

그것을 방해하는 유일한 것은 외부 스크린이나 내부 스크린에 계속 주의를 연결하려고 하는 너희의 습관이다. 너희의 주의는 의식의 중심에 오랫동안 머무르지 못한다. 하지만 너희에게 있어서 그건 자연스러운 일이니 어쩌겠느냐. 그러니 너희가 한참 부족하고 불완전하다는 것이다. 계속해서 주의를 의식의 중심으로 돌려놓는 새로운 습관을 기르도록 하거라.

꿈으로 산책을 떠날 때는 깨어 있어야 한다는 지시를 잊지 않도록 하거라. 이 말 그대로 자기 자신에게 지시를 내리지 않으면 너희가 해야 하는 일을 금방 잊어버리게 될 것이다. 그렇게 망각하고 게으름을 피운다면 결국에는 아무것도 배우지 못할 것이다.

산책을 할 때는 너희가 계속해서 잠으로 빠져들고 있다는 사실을 되뇌어야 한다. 괜찮다, 실패한다고 해도 낙심하지 말거라. 그저 계속해서 주의를 중심으로 되돌려놓으면 된다. 주의 자체에 대한 주의를 감시하거라. 즉, 자기 자신을 감시하는 것이다.

주의를 항상 의식의 중심에만 붙들어두려고 애쓸 필요는 없다. 진정한 의미와 가치를 가지는 것은 다른 곳에 있기 때문이지. 바로 주변에서 일어나는 사건에 대응하는 너희의 능력이다. 보통 그 어떤 사건이라도, 아주 사소한 사건이라 할지라도 그것은 외부에서 보이고 있는 영화나 내면에서 느껴지는 고난에 너희를 연결시킬 수 있다. 그래서 너희는 어떤 상황에 처하든 잠에 빠져버리지.

그러나 이제는 그 반대의 습관인, 어떤 일이 생기든 잠에 빠지지 않고 오히려 정신을 차리는 습관을 들여야 한다. 어떤 사건이든, 심지어 사건이 그저 가볍게 살짝 일어나기만 해도 정신을 바짝 차려야 하는 것이다. 바로 그것이 깨어남의 신호다. 행동도 마찬가지다. 어떠한 행동을 하든, 주의를 다시금 점검해야 한다는 사실을 알아차려야 한다.

너희는 두 가지의 활성체◇를 가지고 있다.

외부 활성체는 어떤 일이 **일어나자마자** 깨어나는 것이다.

반대로 내부 활성체는 어떤 일이 **생기기 전에** 깨어나는 것이다.

외부 활성체의 예시를 들어주겠다. 너희가 누구를 만나 어딘가로 향하고 있을 때, 근처에서 어떤 일이 일어났다. 그게 무슨 일인지는 중요하지 않다. 어떤 소리가 갑자기 들렸을 수도 있고, 누군가 어떤 행동을 했을 수도 있다. 과거에 일어난 일이었다면 분명너희의 시선과 관심을 끌었을 법한 일이지. 그 일이 **생기자마자** 거기에 자신의 주의를 집중시켜도, 그에 대한 통제력은 잃지 않도록하거라. 주의를 의식의 중심에 유지하는 것이다.

이번엔 내부 활성체에 해당하는 경우가 무엇인지 알려주겠다. 너희가 어딘가로 가려고 하거나, 뭔가를 하려고 하거나, 누군가와 대화를 할 때, 그 행동을 하기 전에 주의를 의식의 중심에 고정해두거라. 행동을 하기 **바로 직전에** 해야 한다. 그 이후엔 너무 늦기 때문이다. 그렇지 않으면 먼저 잠에 빠져버리고, 잠에서 깨어나서야 너희가 깜빡 잠들었다는 사실을 깨닫게 될 것이다.

마치 무술을 배운다고 생각하고 계속해서 연습해야만 이것을 완전하게 마스터할 수 있을 것이다. 다른 방법은 없다. 이런 연습을

◇ 어떤 물질의 물리적, 화학적 작용을 일으키기 위해 첨가하는 물질. 이 책에서는 '상태를 변하게 만드는 사건이나 환경적 요인'의 의미로 사용되었다.

통해 너희가 주의를 통제할 수 있게 되면 그 안타까운 인생도 통제할 수 있을 것이다. 그때가 오면 너희의 인생이 아주 최악은 아니라고 말할 수 있을지도 모르겠구나.

다만 한 가지 반드시. 기억해야 하는 사실이 있다. 다른 사람들은 잠들어 있으나 너희는 잠에서 깨어나 의식과 힘을 얻게 되었다. 너희가 이런 강점을 가지고 있다 하여 다른 자들보다 우월한 위치에 있다고 여기지 말거라. 그리고 잠들어 있는 주변 사람들을 깔보거나 거만하게 대하지 말거라. 그러한 것들은 오직 나만이 할 수 있다. 나 타프티는 너희의 스승이고 너희는 나의 부하들이며 내 말에 귀 기울이고 한없이 나를 찬양해야 하기 때문이다. 나를 찬양하느냐? 그렇다면 내 앞에서는 행동을 살피거라!

6
현실 선택하기

자, 나의 착하고 예쁜 아이들아. 너희에게도 이제 아는 것과 할 수 있는 것이 생겼구나. 보거라, 나도 칭찬이라는 것을 하지 않느냐! 지난 수업에서는 주의를 감시하는 법에 대해서 배웠다.

◇ 주의에 대해 잊지 않겠다는 목표를 스스로 세워야 한다.
◇ 어떤 일이 일어나자마자 너희는 잠에서 깨어난다.
◇ 어떤 일이 일어나기 전에도 너희는 잠에서 깨어날 수 있다.

이렇게 자기 자신의 주의를 통제하는 방법을 터득하면, 결국엔 자신의 인생까지 통제할 수 있을 것이다. 하지만 그렇다 하여 너희에게 높은 위치에서 서서 저 밑에 잠들어 있는 자들을 내려다볼 수 있는 권한이 생기는 것은 아니다. 그들이 눈치채지 못하도록 관찰하고, 그들이 모르는 것을 너희는 안다는 사실을 내비치지 말도록 하거라. 너희도 마찬가지로 잠들어 있는 척하거라. 이것은 생시에서의 산책과 꿈에서의 산책 모두에 해당한다.

꿈으로 외출하기 전에 주변 사람들에 대해 동정하는 마음을 가지지 않으면 벌을 받을 것이라는 사실을 기억하거라. 오만하거나, 불손하거나, 심술궂거나, 건방지거나, 주제넘게 굴거나, 교만하거나, 뽐내는 것을 좋아하거나, 까다롭거나, 자만하는 자는 저번처럼 코끝을 튕겨줄 것이다. 물론 내가 아니라 현실이 그런 벌을 내리겠지. 나에게서 그런 자비나 영광은 꿈도 꾸지 말거라.

그러면 계속하겠다. 내가 처음 너희에게 왕림했을 때 실제는 '이전에도 없었고, 앞으로도 없을 것이며, 그저 단 한 번, 바로 지금 존재하는 것이다. 마치 과거에서 현재로 필름의 여러 프레임이 교체되는 것처럼, 찰나에 존재하는 것이 바로 실제이다'라는 말을 한 적이 있다. 이 말을 어떻게 이해했느냐?

이 말은 즉, 현실에 존재하는 것은 오직 실제를 본떠 만든 순간의 복제품인, 영사기에 의해 비춰진 프레임이라는 뜻이다. 과거와 미래 등, 다른 모든 것들은 가상적이다. 이 모든 것들은 과거에 일어난 일, 앞으로 일어날 일, 그리고 일어날 뻔했던 모든 일들이 기록된 영화 필름 보관소에 저장되어 있다.

과거와 미래는 정보다. 정보는 비물질이며 만질 수 있는 것이 아니지. 그러나 정보를 전달하는 매개체는 물질이며 그것을 열어볼 수도 있다. 바로 그렇기 때문에 예언자들이 과거를 들여다보고 미래를 예측할 수 있는 것이다.

영화 필름 보관소는 만질 수는 없어도 실제로 존재한다. 마치 에테르◊처럼. 에테르 물질은 **꿈의 세계**에 걸려 있다. 그리고 꿈의 세계는 꿈과 생시 모두를 위해 존재하는 단일한 공간이다. 잠들었을 때 너희는 과거에 일어났을 뻔한 일과 미래에 일어날 가능성이 있는 일을 보게 된다. 하지만 그것이 실제로 일어났는지, 혹은 일어날지는 알 수 없다. 가능태◊◊는 무수히 많으니 말이다.

꿈속에서 너희가 본 일은 생시에서 일어날 수도 있었던 일이다. 또는 그 반대가 될 수도 있지. 그런 의미에서 꿈의 세계는 단일한 영화 필름 보관소라는 것이다. 너희는 그것을 볼 수도 있고, 꿈속에서나 생시에서 그 안에 존재할 수도 있다. 그 뒤에 이어지는 각각의 프레임들은 **가능태**가 새롭게 실현되는 것이며, 모든 생물과 무생물의 원자 하나하나가 업그레이드되는 모습이다.

단 한 가지 불변하는 것은 **생명체의 영혼**이다. 생명체의 영혼은 꿈에 대한 영화 필름을 보거나, 프레임과 함께 현실 속의 필름으로 이동할 수 있다. 따라서 지금 너희의 자아는 과거의 그것과 같은 것이다. 꿈속을 떠다녔으며 미래에 다시금 나타날 것이다.

이 세계는 살아 있는 것들과 살아 있지 않은 것들로 이루어져 있다. 그중 살아 있는 것들은 물질세계에 깊게 뿌리내린 채 정착해 있다. 생명체는 살아 있지만 현실은 무생물체이지. 그래서 생명체

◊　빛을 파동이라고 생각했을 때, 이 파동을 전달하는 매질로 여겨지는 가상의 물질.
◊◊ 지금은 정보의 형태로 감추어져 있으나 얼마든지 실현될 수 있는 잠재적 현실의 파도 또는 트랙. 궁극적으로 이 우주는 항시 무한한 가능태를 저장 또는 생성하고 있으며, 그중 원하는 가능태만을 골라 옮겨 다니는 것이 곧 '트랜서핑transurfing'이다.

는 현실의 흐름에 영향을 줄 수 있다. 다시 말하자면, 생명체는 마음대로 현실을 선택할 수 있다.

나의 아이들아, 마지막 사실이 가장 중요하며 바로 이 점을 분명하게 이해해야 한다. 선택한다는 것은 프레임이 어떤 필름을 따라 어떤 방향으로 이동할지 결정하는 것이다. 너희는 이런 능력을 가지고 있지만, 너희가 이제껏 주의를 통제하는 기능을 사용하지 못했던 것처럼 이 능력 역시 사용하지 못하고 있다.

너희에게 필요한 것은 앞으로 일어날 현실을 선택하는 것이다. 지금 이 순간의 실제와 싸우는 것이 아니란 말이다. 그런데 정작 그것 말고 뭘 하고 있느냐? 너희는 너희에게 이미 주어진 지금 이 프레임의 현실을 바꾸려고 애쓰고 있지 않느냐. 너희가 무슨 짓을 하고 있는지 이제 알겠느냐?

다시 한 번 강조하겠다. 진짜 실제란 무엇일까? 그것은 지금까지 존재한 적이 없으며 앞으로도 없을 것이고 단 한 번, 바로 이 순간 존재하는 것이다. 실제는 어쩌다 보니 이미 일어나버린 것에 불과하다. 이미 일어나버린 일은 바꿀 수 없다. 하지만 바로 그것이 너희가 지금 하고 있는 행동이다. 왜냐하면 너희를 둘러싸고 있는 모든 것들이 이미 일어난 것들뿐이니까.

현재는 과거와 그리 크게 다르지 않다. 과거가 이미 저만치 뒤에 있긴 하지만, 현재 역시 찰나에 존재할 뿐이며 그에 대해서도 너희는 아무것도 할 수 없기 때문이다. 너희는 현재를 살면서도 항상 과거에 머무르고 있다. 너희의 주의는 현재 프레임에 얽매여 있지. 이런 환상이 너희가 미래에 대해 생각하지 못하도록 너희를 가로막고 있는 것이다. 그렇기 때문에 미래에 대해 아무 손쓸 도리가 없었던 것이다.

너희가 보기엔 분명 너희가 의식에 따라 움직이고 있으며, 나름대로 결단력 있는 행동을 하고 문제를 해결하며 목표를 달성하는 것 같겠지. 하지만 그 모든 것은 현재 프레임이자 무의식의 상태에 있는 것이다. 그렇기 때문에 너희는 본인이 직접 선택하지도 않은 영화 필름 속에서 시나리오에 이리저리 끌려다니며 살고 있는 것이다. 사실은 그저 앞다리와 뒷다리를 무력하게 버둥거리고 있는 것에 불과한데도 말이다.

나의 귀여운 아이들아, 그게 너희란다. 아아, 너희는 나를 아주 지치게 만드는구나!

7
의도의 땋은머리

나의 소중한 아이들아, 항상 그래 왔듯이 우리가 배운 것들을
복습해보자꾸나.

◇ 진짜 실제는 이미 일어나버린 일이다.

◇ 너희는 이미 일어난 일을 바꿀 수 없다. 그럼에도 불구하고,

◇ 지금 이 프레임 속에서 너희에게 주어진 현실을 바꾸려고 애쓰
  고 있다.

◇ 따라서 너희에겐 미래에 대해 아무 손쓸 도리가 없다. 그렇다
  면 너희가 해야 할 일은 무엇이겠느냐?

◇ 지금 마주하고 있는 실제와 싸우는 것이 아닌, 앞으로의 현실
  을 선택하는 것이다.

많은 것들이 너희에겐 생소할 것이다. 아주 이상하고 낯선 현실과 처음으로 마주한 것일 테니. 그러나 사실은 어차피 똑같은 것이다. 너희가 이미 익숙하게 여기고 있는 현실이지만, 뭔가 이해하기에는 어려우며 이전과는 조금 다른 느낌이겠지. 잘 들거라. 내가 말하고 있지 않느냐. 질문이 있다고 보채지 말거라.

영화 필름 보관소가 왜 있는지, 누가 영화들을 만들어 그곳에 영원히 저장해놓았는지 너희 같은 코흘리개 애송이들은 알 필요 없다. 그저 너희가 프레임을 통제할 수 있도록 허락해준 위대한 창조자에게 감사하기나 하면 된다. 그것만으로도 이미 엄청나니까. 하지만 너희는 심각할 정도로 더디게 성장하고 있다. 너희가 이미 가진 것조차 제대로 활용하지 못하고 있으니 말이다.

프레임을 통제하는 것이 무슨 뜻인지 다시 한 번 되새겨주겠다. 너희도 알다시피 과거를 바꾸는 것은 불가능하다. 현재에 대해서도 잊어버리거라. 현재는 이미 일어났으며 너희에게 불필요하다. 그 대신 너희는 **미래를 선택하는 것**, 즉 다음 프레임들이 흘러갈 필름을 선택할 가능성을 가지고 있다. 그럼 어떻게 미래를 선택할 수 있을까?

통제하는 방법에는 두 가지, 주의와 의도를 사용하는 방법이 있다. 주의에 대해서는 이미 가르쳐줬다. 주의는 너희의 자각 능력과 관련되어 있지. 반면에 의도는 너희의 행동을 담당한다. 어떤 것을 실행하기 위해서는 너희는 먼저 그 행동을 하겠다는 생각을 해야 한다. 그리고 그 행동을 하게 되면 의도가 실제로 실현되는 것이다.

하지만 너희의 의도는 현재 프레임에 꼭 달라붙어 옴짝달싹 못하기 때문에, 모든 행동은 그 프레임에만 관련되어 있고 그 안에서만 실현된다. 마치 너희의 주의가 내부 스크린이나 외부 스크린 중 하나에 들러붙어 있었던 것과 똑같다. 또, 주의에 두 개의 스크린이 있는 것과 마찬가지로 의도에도 두 개의 중심이 있다. 바로 내부 중심과 외부 중심이다.

내부 중심은 너희의 모든 일상적인 기능을 담당하고 있으며, 두 개골, 그중에서도 이마 부위에 있다. 그것은 단기적인 의도와 관련되어 있지. 너희가 뭔가에 집중할 때 미간을 찌푸리지 않느냐. 그리고 열중해서 뭔가를 하려고 하면 근육이 긴장되지. 근육은 너희가 현재 프레임 속에서 일차원적인 행동을 하도록 도와주는 것이다.

외부 중심은 너희가 전혀 사용하지 않는 부위이지만, 미래 프레임을 통제할 때 바로 이 부위가 사용된다. 너희도 외부 중심이 있는 곳을 지금 바로 쉽게 찾을 수 있을 것이다.

너희는 모두 **의도를 통제하기 위한 땋은머리**를 가지고 있다. 긴 머리를 땋은 것과 비슷한 에너지 다발이지. 눈으로 볼 수는 없다. 지금은 없지만 예전에는 가지고 있었던, 그러나 아직까지도 남아 있는 것처럼 느껴지는 환각 같은 기관이다. 다만 머리처럼 아래로 축 늘어져 있지 않고 등뼈 쪽으로 내려가며 살짝 위쪽으로 비스듬히 솟아 있는 우스운 모양새를 가지고 있다.

외부 중심은 그 땋은머리의 끝에 있다. 두 날개뼈 사이 지점인데 등에 곧바로 붙어 있는 것이 아니라 그보다 조금 더 멀리 떨어져 있다. 정확히 어떤 지점인지는 직감으로 찾을 수 있을 것이다. 얼마나 떨어져 있는지 숫자로 알려줘봤자 아무 의미 없다. 그 지점에 주의를 집중시켜 한번 느껴보거라. 아직 느껴지지 않는다면 '땋은머리와 에너지 흐름' 장(197쪽)을 읽어보는 것이 좋을 것이다. 그러면 전부 이해할 수 있을 것이다.

외부 중심의 **통제** 원리는 아주 간단하다. 주의를 땋은머리의 끝에 옮겨놓고, 너희의 삶으로 끌어다 놓고 싶은 사건을 상상해보거라. 이 방법을 통해 미래 프레임을 비추면 그 프레임이 실제로 이루어지는 것이다.

나의 착한 아이들아, 이런 일이 어떻게 가능하냐고 너희는 의문을 가지겠지. 맞다, 이렇게 쉬운 일이다. 그런데도 이제껏 사용할 줄을 몰랐던 것이냐?

그러나 문제는, 실제로는 너희가 현재 프레임에 얽매여 있다는 것이다. 너희는 그저 눈이 보는 것을 보는 데 익숙해졌으며, 너희의 눈은 바로 앞에 있는 것만을 보는 데 익숙해져 있다. 그리고 너희가 할 수 있는 모든 것들은 눈에 보이는 것을 활용해서만 할 수 있는 것처럼 보이겠지. 그런데 너희의 눈은 어디를 보고 있느냐? 바로 외부 스크린을 보고 있단 말이다.

반면에 일이 뜻대로 되지 않을 때면 너희는 걱정과 고민을 보여주는 내부 스크린에 연결된다. 그런데 그 걱정과 고민은 무엇 때문에 생긴 것인지 아느냐? 그 또한 너희가 보고 듣는 것들 때문에 생기는 것이다. 그렇기 때문에 너희는 주의도 통제할 수 없으며 의도 역시 마찬가지로 너희가 만든 시나리오에 따라 움직일 수 없다는 것이다.

너희는 자기 자신의 시나리오를 만들어낼 수는 있겠지만 그것을 실현시키는 것까진 할 수 없다. 때때로 너희는 미래에 어떤 일이 생기기를 바라거나, 미래로부터 뭔가를 받기를 원한다. 하지만 미래 프레임은 의도의 외부 중심으로만 비출 수 있다. 너희는 오직 단기적인 의도만을 다루는 내부 중심을 사용하는 데에만 익숙해져 있지 않느냐. 현재 프레임은 너희의 환상이자 올가미이다.

알았다, 알았다, 나의 착하고 연약한 아이들아. 칭얼대지 말거라. 너희에게 덫에서 빠져나와 딿은머리를 사용하는 방법을 알려주겠다. 모든 것을 알려줄 테니, 이제 기뻐하거라!

8
뒤통수 사용하기

자, 자. 나의 불행한 아이들아, 얼른 서둘러 새로운 수업을 시작하자꾸나. 하지만 그러기 전에 지난번에 배운 내용을 복습해보겠다.

◇ 의도에는 두 가지 중심 — 외부 중심과 내부 중심이 있다.

◇ 내부 중심은 이마에 있으며 외부 중심은 뒤통수의 끝에 있다.

◇ 내부 의도는 현재 프레임에서의 일상적인 행동을 담당한다.

◇ 외부 의도를 사용하면 미래 프레임을 통제해 현실을 선택할 수 있다.

현실을 선택하는 방법을 배우고 싶은 것이냐? 물론 배우고 싶겠지. 좋다.

너희에게 꿈이 하나 있다고 가정해보자. 사람들은 종종 "꿈꿔서 나쁠 건 없다"는 말을 하기도 한다. 하지만 바꿔 말하면, 이 말은 '꿈을 꿔서 좋을 것도 없다'는 뜻이기도 하다. 그렇다 하여 이런 어리석은 말이 사실이며, 너희 같은 애송이들에게는 아무 희망이 없다는 것을 의미하겠느냐?

꿈이 이루어지지 않는 이유에 대해서는 다음 수업에서 설명해주도록 하겠다. 바로 기술부터 들어가도록 하지. 우선 직접 시도해보고, 이해는 그다음에 하거라. 너희에게는 그러는 편이 낫다. 그러면 잘 들거라.

첫 번째. 잠에서 깨어나 의식의 점으로 들어가거라. 여느 때처럼 '나 자신이 보이고 현실이 보인다'고 자기 자신에게 되뇌거라.

두 번째. 땋은머리를 활성화시켜라. 그리고 땋은머리가 있는 곳을 느껴보거라. 땋은머리에 주의를 집중하면, 땋은머리가 활성화되며 등에서 조금 위로 비스듬히 올라올 것이다.

세 번째. 땋은머리에서 주의를 놓치지 않은 채로 미래 프레임을 상상해라. 생각으로든 말로든, 또는 스크린에 그리든, 원하는 방법으로 현실을 선택하거라.

땋은머리를 활성화시키면 눈이 다른 모드로 전환되는 듯한 느낌이 올 것이다. 땋은머리가 활성화될 때 눈에 무슨 일이 일어나는지 한번 느껴보거라. 눈이 살짝만 떠지면서, 마치 빛을 내는 것 같지 않으냐. 너희에게는 새롭고 낯선 모드로 작동하기 시작한 것이다. 예전의 너희는 그저 외부에 있는 영화를 보고 그것에 몰입만 해왔겠지만, 지금은 너희 자신의 영화 필름을 직접 상영할 수 있게 된 것이다.

다시 한 번 방법을 설명해주겠다. 잠에서 깨어나 주의를 땋은머리에 집중시키고 그 느낌을 땋은머리에 유지하면서, 바라는 바가 실현되는 모습을 스크린에 비춰보는 것이다. 이렇게 너희는 미래 프레임을 비출 수 있으며, 그 프레임은 곧 실현될 것이다. 결과적으로 너희는 이 모든 것들을 단 한 번의 동작으로 해낼 수 있게 된 것이다.

땋은머리는 마치 영사기와 같이 작동한다. 너희는 원하는 만큼 꿈과 소망을 내부 스크린으로 쏘아 보낼 수 있지만, 그 효과는 제자리걸음처럼 미미하다. 최대의 효과를 발휘하는 것은 너희가 의도의 외부 중심을 사용해서 생각과 말과 형상을 상영할 때이다. 그러니 현실에 뭔가 영향을 미치고 싶다면 너희만의 생각에 빠져 허우적대는 것이 아니라 땋은머리를 활성화시켜야 한다.

하지만 반드시 땋은머리의 끝부분에 집중하고 있어야 하는 것은 아니다. 그저 지금은 없지만 예전에 존재했던 신체의 일부처럼 땋은머리 전체를 느끼는 것만으로도 충분하다. 물론 원하는 만큼 땋은머리를 활성화시켜도 된다. 그럴 때 땋은머리를 감지하는 느낌은 사람마다 다르다. 그리고 반드시 눈에 주의를 기울일 필요도 없다. 눈은 감고 있어도 좋고, 아예 눈앞이 보이지 않는 상태여도 괜찮다. 그건 중요하지 않으니까. 중요한 것은 땋은머리를 사용해서 생각과 말과 형상으로 미래 프레임을 그리는 것이다.

자, 나의 새끼들아, 나의 연약한 아이들아. 너희가 이 우주의 주인이 되기까지 앞으로 조금만 더 가면 된다. 나는 넘치는 경외심을 못 이기고 실신해버리거나, 갑자기 무릎을 꿇고 너희를 경배할지도 모른다. 너희의 능력으로 나를 놀라게 해보거라! 그러기 위해선 먼저 자신을 놀라게 해야 한다. 프레임의 움직임을 실제로 능숙하게 통제하는 능력을 가져야 할 것이다.

가장 기본적인 것, 지금 너희가 가지고 있는 희망을 실현시키는 것부터 시작해보자구나. 예를 들어 오늘 하루를 담은 필름에 길한 사건과 불길한 사건이 둘 다 있다고 가정해보자. 아직 시작하는 단계이니, 일단 간단하게 두 개의 사건이 모두 포함되어 있는 프레임으로 연습하는 것이 좋겠구나. 가게에서 뭔가를 사거나, 주차장에서 일어났던 일일 수도 있고, 직장이나 학교, 거리, 집에서 일어날 수 있는 일상적인 일이라면 뭐든 상관없다.

너희의 영향력 안에 있는 것은 프레임이 성공적인 영화 필름을 따라가도록 하는 것이다. 뭘 해야 하는지는 너희도 알겠지. 잠에서 깨어나 땋은머리를 활성화시키고, 그 느낌을 놓치지 않은 채로 원하는 것이 실현되는 모습을 상상하거라. 그다음 땋은머리에서 느껴지는 느낌을 놓아주고 평소와 같이 행동하면 된다. 조금 더 확실하게 프레임을 실현시키려면 그 프레임을 영사기에 여러 번 비추면 된다.

그다음 어떤 일이 일어나는지는 직접 보거라. 너무 놀라워 바지를 적시지나 말거라! 너희가 앞으로 일어날 상황을 이해하게 되면 아주 복잡한 감정을 느끼게 될 것이다. 절대로 일어날 수 없는 일이 일어났다고 생각하겠지. 외부 현실이 너희의 의지에 따라 움직인다는 사실을 직접 확인하고도 믿기 어려울 것이다. 보통은 그 반대로 너희가 외부 현실에 따라 움직이는 것이 일반적이니 말이다.

　너희의 실험이 성공적인 결과를 내기 위해서 필요한 것은 ― 이 부분에서 집중하거라! ― 사건이 일어났을 때 너희가 느끼는 현실감이다. 그리고 현실감을 느끼기 위한 조건은 평범함이나 습관이지. 너희는 무슨 일이든 이미 여러 번 일어난 적이 있다면 현실적이라고 생각하고, 단 한 번도 일어난 적이 없다면 절대로 있을 수 없는 일이라고 생각한다. 내 말이 맞지 않느냐?

　다시 말해, 너희에게 있어 '충분히 일어날 수 있는 일'이란 것은 세계관의 틀 안에 부어지는 것들뿐이다. 만약 너희가 두발자전거를 타고 다니는 것이 가능하다는 것을 몰랐다면 그걸 타려는 시도조차 하지 않았을 것이다. 프레임의 움직임도 마찬가지다. 너희에겐 프레임을 통제하는 것이 아직까지 비현실적이었기 때문에 프레임의 움직임을 통제할 수도 없었던 것이다. 그러면 그것들을 전부 현실적으로 만들기 위해서는 어떻게 해야 할까? 자, 얼른 알아보자꾸나, 나의 연약한 아이들아!

9
행동의 환상

착하지, 복습할 시간이다. 복습은 너희에게는 고통이지만 나에 겐 즐거운 놀이다! 지난 수업에서 배운 방법을 다시 한 번 되새겨 보자꾸나.

◇ 잠에서 깨어나 딿은머리를 활성화하고 그 느낌을 유지하면서 현실을 선택한다.

◇ 이 방법의 성공 여부는 너희가 지금 일어나는 사건을 받아들이 느냐 마느냐에 달려 있다.

◇ 너희는 세계관이라는 틀 안에 부어지는 것들만 현실적이라고 생각한다.

너희는 참으로 단순하게 만들어진 존재들이다. 세계나 자신에 대해 스스로 상상했던 것과 뭔가 맞지 않는다면 그건 절대로 일어날 수 없는 일이라고 생각하지 않느냐. 하지만 꿈속에서 믿을 수 없는 일들이 벌어지는 이유는 다른 게 아니라, 까다롭게 평가하려는 태도가 줄어들기 때문이다. 반대로 생시에서는 모든 것을 엄격하게 틀에 맞추려고 하지. 그렇기 때문에 너희가 여러 가능성을 당연하게 받아들이는지, 의심하는지에 따라 프레임을 움직이는 능력이 달라지는 것이다.

아주 사소한 '기적'은 너희에게도 쉽게 주어진다. 그러나 너희에게 있어 충분히 일어날 수 있는 일이란 것은 일상적이고 평범한 경험에 들어맞는 것들이다. 너희의 경험이 곧 그 틀이지. 하지만 더욱 복잡한 프레임의 움직임을 통제하기 위해서는 그 버릇을 뜯어고쳐야 한다. 너희가 이해할 때까지 똑같은 말을 계속해서 반복해주겠다. 그런데도 끝내 이해하지 못한다면 너희의 목을 치도록 하겠다. 내게 그런 것들은 필요 없으니 말이다!

알겠다. 아무짝에도 쓸모없는 나의 아이들아, 울지 말고 계속 들어보거라. 언젠가 내가 '너희는 시나리오에 이끌려, 너희가 직접 선택하지도 않은 영화 필름을 따라 움직이고 있다'고 말했던 것을 기억하느냐. 쉽게 말해 영화 필름은 너희의 삶이고 시나리오는 운명이다. 너희가 운명을 직접 정하지 않은 것도 물론 맞지만, 그렇다고 바꾸려고 하지 않는 것도 사실이다. 실제론 그것이 가능하거늘.

그러면서 무의미하게도, 너희의 운명이 이미 정해져 있다고 하더라도 자기 손으로 직접 개척할 수 있다는 실낱같은 희망을 놓지 못하고 살아가지. 사실은 훨씬 나쁜 상황인데도 말이다. 너희는 아주 고약한 시나리오에 따라 움직이고 있다. 하지만 너희는 자기 자신의 의지에 따라 움직이고 있다고 생각하고 있다. 정말 그것이 맞는 것처럼 보이겠지만, 사실은 그건 환상에 불과하다. 너희가 보는 것뿐 아니라 행동도 마찬가지로 환상이 될 수 있다. 그리고 너희는 그런 환상을 계속 저지르기 때문에 그것이 환상이라는 것을 전혀 구분하지 못하는 것이다.

우리가 꿈속의 마네킹에 대해 이야기를 나누었던 것을 기억하느냐? 마네킹들은 어느 날 촬영된 영화의 주인공들처럼 너희의 꿈속에서 살고 있다. 꿈을 보면 마네킹이 움직이고 있을 것이다. 그리고 영화를 보면 주인공들은 되살아나지. 그리고 영화나 꿈이 끝나자마자 모든 등장인물은 사라진다. 영화를 다시 틀 때까지 살아나지 않거나 또는 영원히 사라지겠지.

영화나 컴퓨터 게임의 등장인물들이 자신이 영화 속에 있으며 너희가 그들을 보고 있다는 사실을 안다고 생각하느냐? 아니다. 그러면 꿈속의 마네킹들이 자신이 누군가의 꿈속에 있다는 사실은 알까? 그것도 아니다. 그러면 너희에게 묻겠다. 너희는 너희 자신이 누군지 아느냐?

물론 실제 영화 속의 주인공들에겐 그런 것들을 물어볼 수 없겠지. 마네킹에게 물어볼 수는 있다. 그래 봤자 아무 소용 없지만 말이다. 너희는 질문의 요지를 어렴풋이나마 파악할 수 있다는 점에서 그들과는 다르다. 그리고 자기 자신을 자각할 수 있다는 점에서도. 하지만 너희는 언제 너희 자신을 자각하느냐? 그저 그런 질문이 주어질 때뿐이다. 그 외에는 어디에 있으며, 자기 자신이 누구인지 너희는 알고 있느냐?

답을 알려주겠다. 너희는 너희에게 일어나는 '삶'이라는 영화 속의 등장인물이다. 너희가 삶을 사는 것이 아니라, 삶이 너희에게 일어나는 것이다. 꿈속의 마네킹도, 영화 속의 등장인물도 자신이 하는 행동의 환상, 아니, 자신에게 일어나고 있는 **행동의 환상**을 구분하지 못한다. 그런데 너희는 왜 그것이 가능하다고 생각하느냐?

아니다, 물론 너희는 가능하다. 나의 영리한 아이들아. 그저 너희가 하지 않을 뿐이겠지. '너희가 어디에 있으며 누구인지 아느냐'는 질문이 주어지기 전까지 너희는 영화나 꿈속의 등장인물들처럼 자신의 행동에 대한 의식이 없었다. 너희의 주의는 스크린에 연결되어 있었고, 의도는 현재 프레임에 머물러 있었다. 그래서 너희의 동기와 행동은 전혀 너희의 것이 아니라는 것이다. 알겠느냐?

말 그대로 그다음 일들이 일어난다. 원하는 것이 생길 것이고, 너희는 그것을 이루려고 애쓰기 시작하겠지. 그리고 그것이 순전히 너희의 동기와 행동에 따른 것이라 생각할 것이다. 하지만 그 역시 시나리오에 이미 쓰여 있는 것이다. 너희가 무엇인가 고안해냈다고 생각하겠지만, 사실 그것도 너희의 역할이 주제를 전환한 것에 불과하다. 너희가 자기 자신에게 무슨 일이 일어나고 있는지 인식하지 못하고 환상을 구분하지 못한다면 지금 이 순간의 현실은 너희를 꽉 붙잡고 절대로 놓아주지 않으려고 할 것이다.

너희는 영원의 아카이브에 저장되어 있는 영화 필름 속에 너희만의 마네킹을 가지고 있다. 꿈속에서 그 필름 중 하나를 보고, 너희의 의식이 마네킹을 찾아내면 그 마네킹은 살아서 움직이기 시작한다. 꿈을 꾸는 동안에는 수많은 마네킹들 중 한 명의 몸속에서 살아가는 것이다. 꿈속에서 거울을 한번 보려고 해보거라. 자기 자신을 알아보지 못한다는 것을 알 수 있을 것이다.

너희의 인생이 흘러가고 있는 영화 필름에서도 똑같은 일이 일어난다. 너희의 의식은 또 다른 마네킹으로 들어가고 그 마네킹은 현재 프레임에서 살아나 너희 자신이 된다. 여기서 질문을 하나 하지. 너희가 꿈에서 살기도 하고 생시에서 살기도 한다면, 너희는 과연 꿈속의 마네킹과 무엇이 다른 것이냐?

그걸 떠나서, 너희가 달팽이보다 나은 것이 무엇이냐? 미끌미끌하고 징그러운 그 달팽이 말이다. 달팽이는 모든 외부의 자극에 대해서 늘 똑같이 단순한 반응만을 보인다. 더듬이를 숨기고 껍데기 안으로 숨어버리지…. 너희 운명도, 너희가 앞으로 무슨 행동을 할지 뻔히 보이는 만큼이나 단순하게 시나리오에 전부 쓰여 있다.

나의 착한 아이들아, 너희가 알아낸 그 사소한 사실은 너희에게 이해하기 어렵고, 너희의 틀에 맞지도 않는 것이다. 그것을 이해하기까지 너희는 꿈속을 부유할 것이며 운명 속에서도 자유롭지 못할 것이다. 하지만 마침내 환상을 떨쳐내고 눈을 뜨는 순간, 영화 속에서 온전한 생명력을 가지고 현실 속을 자유롭게 거닐 수 있게 될 것이다. 그리고 아카이브에서 영화를 고르듯, 자신을 위한 영화를 직접 고를 수 있게 될 것이다.

이제 막간의 휴식을 취하자꾸나. 잘 있거라, 달팽이들아!

10
덫에서 벗어나기

    나의 장난감들아, 일은 잠깐만 하고, 대부분의 시간을 노는 데 써야 한다.° 누가 그 반대로 말했는가? 너희의 고통은 나의 즐거움이자 황홀감이다!

> ◇ 형상뿐 아니라 행동에도 환상이 있다.
>
> ◇ 행동은 너희가 '하는' 것이 아니라 너희에게 '일어나는' 것이다.
>
> ◇ 너희가 삶을 사는 것이 아니라 삶이 너희에게 일어난다.
>
> ◇ 너희는 지독한 시나리오에 이끌려 살고 있다. 따라서,
>
> ◇ 너희는 꿈속에서 자유롭지만 운명을 선택하는 데 있어서는 자
>   유롭지 못하다.

무슨 말을 더 해야 너희를 더 화나게 할 수 있을까? 지난 수업의 핵심적인 법칙을 다시 한 번 일깨워주지. 너희는 자기 자신의 주인이라고 생각하고, 의식을 가지고 행동하고 있다고 생각할 것이다. 하지만 사실은 그에 대한 질문이 주어질 때만 자기 자신을 자각할 뿐이다. 그때를 제외하면 너희의 의식은 항상 잠들어 있고 외부 시나리오에 따라 움직일 수밖에 없다.

아주 잠깐 동안 자신을 자각하는 능력만으로는 시나리오로부터 자유로워질 수 없다. 너희는 영화 필름 속의 등장인물이며, 이것은 동시에 너희의 환상이자 덫이다. 너희가 무엇을 원하든 너희는 그 자리에 있을 뿐이며 심지어는 덫에 걸려 있는 것이다.

무엇 때문에 너희가 덫에서 빠져나오지 못하는 줄 아느냐? 너희를 방해하는 것은 크게 세 가지가 있다.

1. 너희가 영화 속의 등장인물이라는 것을 모르는 무지함

2. '달팽이의 더듬이' 같은 반사 심리

3. 모든 것을 실현 가능한 것과 불가능한 것으로 나누는 틀

자, 좀더 기뻐하고 경쾌하게 움직이거라, 이 양서류들아! 모두 바로잡을 수 있다. 첫 번째로, 이런 것들을 피하기 위해 필요한 것을 너희는 이미 가지고 있다. 아주 중요한 사실이지. 왜냐하면 환상이라는 것을 모르는 자는 그 속에 영원히 머물 수밖에 없기 때문이다. 그럼에도 사실은 아무도 너희에게 행동의 환상에 대해 말해준 적이 없으며 너희 역시 여태껏 단 한 번도 의심을 가져본 적 없

◊ 러시아의 속담 중 "노는 것은 잠시만, 일은 많이 하라"는 말을 변형한 것.

을 것이다. 너희가 보기에 그것은 '있을 수 없는' 일이었으니.

이제 너희는 그걸 알게 되었다. 하지만 그걸론 부족하지. 예를 들어 너희는 달팽이인데, 그 사실을 이제야 알게 되었다 하여 너희가 달팽이가 아닌 다른 존재가 되었느냐? 너희가 '맙소사! 나는 달팽이가 되는 것이 끔찍하게도 싫은데!' ― 이렇게 외친다고 해서 달라지는 것이 있느냐는 말이다.

아니다. 그렇게 간단하게 영화 속에서 살아나 시나리오와 관계없이 머릿속에 문득문득 떠오르는 것을 마구잡이로 실행에 옮길 수는 없다. 조금 다른 방식으로는 할 수 있지. 두 개의 장애물을 더 제거해야 한다. 바로 습관과 상상이다. 사실상 너희가 그것을 통제하는 것이 아니라, 그것들이 너희를 통제하고 있다. 하지만 괜찮다. 이제 너희를 혼수상태로부터 깨어나게 해주겠다.

너희를 달팽이로 만드는 것은, 현실을 직접 선택하지 않고 수동적으로 뭔가를 기다리고 기대하는 습관이다. 결과가 나올까, 안 나올까? 될까, 안 될까? ― 이런 것들은 수동적인 태도이다. 이런 태도를 가지고 있을 때 너희가 할 수 있는 것은 현실을 더듬어보고 뭔가 사소한 일이라도 생기면 깜짝 놀라 곧바로 더듬이를 숨겨버리는 것이다.

축축하고 미끌미끌한 존재에서 벗어나 아름답고 행복한 존재가 되려면 능동적인 모드로 전환해야 한다. 기다리거나 기대하지 말고, 직접 현실을 선택하거라. 너희를 방해하는 것은 현실을 선택하는 것을 방해하는 틀이다. 바로 너희의 달팽이 집이지. 하지만 내가 역겹고 징그러운 너희를 그 집에서 끄집어내주겠다!

새로운 습관과 상상도 예전의 습관과 생각이 형성되었던 방법과 똑같이 만들어진다. 바로 끝없는 반복이지. 예전에는 그저 멍청하게 입을 벌리고 현실을 바라보며 현실을 따라잡는 데에만 급급했다면, 이제는 프레임의 움직임을 능동적으로 통제할 것이다. 어떤 프레임을 통제할 것인지 맞춰볼 수 있겠느냐?

지금 이 순간을 담은 프레임이 아니라, 너희에게 점차 다가오고 있는 프레임이다. 너희도 이미 알다시피, 현재 프레임이 보여주고 있는 현실을 바꾸는 것은 불가능하다. 이미 일어난 일이기 때문이다. 선택할 수 있는 것은 오직 다가오는 프레임뿐이다. 따라서 지금으로부터 몇 장 뒤에 있는 프레임에 주의를 집중해야 한다.

주의를 감시했던 것과 똑같은 방법으로, 이번엔 다가오는 프레임을 감시하거라. 여기에는 세 가지 활성체가 있다.

기대 ─ 뭔가 일어날 것이며, 뭔가를 기다리거나 기대하고 있다.

의도 ─ 어디론가 향하거나 무엇인가를 하려고 의도하고 있다.

문제 ─ 해결해야 하는 어떤 일이 발생했다.

어떤 일이 일어나기를 바란다면, 그 일이 일어나길 기다리지 말고 바라지 말거라. 직접 현실을 선택하거라. 너희가 뭔가를 의도할 때마다 앞뒤 가리지 않고 그것을 하려고 덤벼들지 말고, 먼저 현실을 선택해야 한다. 어떤 문제가 생겼을 때마다, 그 문제가 해결되기까지 기다리지 말고, 바라지 말고, 부산 떨지 말고, 그저 현실을 선택하거라. 그러면 이제 **프레임 비추기 알고리즘**을 알려주겠다.

1. 세 가지 활성체 중 자신이 어떤 상황에 있는지 판단한다.

2. '나 자신이 보이고, 현실이 보인다'고 되뇌며 잠에서 깨어난다.

3. 땋은머리를 활성화시키고, 그 느낌을 유지하며 현실을 선택한다.

4. 땋은머리의 느낌을 버린다.

5. 중요한 사건이라면 프레임 비추기를 여러 번 반복한다.

다가오는 프레임에 대해 계속해서 기억하고 이해하려고 노력하거라. 그렇게 하더라도 늘 성공할 수는 없을 것이다. 처음엔 계속 잊어버리겠지. 오래된 습관은 그렇게 간단하게 버려지지 않으니 말이다. 오래된 습관은 뿌리째 뽑아내고 새로운 습관으로 대체해야 한다. 게으름 피우지 말고 영리해지거라, 그리고 해보거라. 너희를 닳아 없어지게 하려는 것이 아니다. 이런 상태의 너희를 필요로 하는 자가 누가 있겠느냐? 그래도 나 말고 너희를 사랑하는 자는 아무도 없을 것이다.

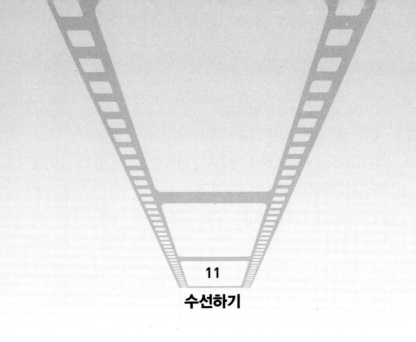

11
수선하기

착하지, 화내지 말고 끊임없이 배우고 익히거라! 지난번에 배운 내용을 복습하자꾸나.

> ◇ 너희는 달팽이 집과 더듬이에 발목이 잡혀, 현재 프레임이라는 덫에서 빠져나오지 못하고 있다.
> ◇ 덫에서 빠져나오기 위해서는 능동적인 태도로 전환해야 한다.
> ◇ 즉, 기다리거나 기대하지 말고 현실을 선택해야 한다. 그러기 위해서는,
> ◇ 다가오는 프레임을 통제하는 연습을 계속해야 한다. 알고리즘은 다음과 같다.
> ◇ 기대, 의도, 문제가 생기자마자 곧바로 활성화하여 프레임을 비춘다.

아직은 어떻게 될지 알 수 없는 사건뿐 아니라, 실현될 것이 거의 확실한 일들도 선택해야 한다. 예를 들어, 너희가 어떤 곳을 향하거나 어떤 문으로 들어가려고 한다. 너희는 그 사건이 특별한 변수 없이 일어날 것임을 알고 있다. 그렇다 하더라도 그 사건을 영사기에 비춰야 한다. 너희가 문을 어떻게 열고 어떻게 그 안으로 들어갈지 생각으로, 말로 상상해보거라. 또는 영상으로 그려보면 더 좋을 것이다.

자, 게으름 피우지 말거라! 껍데기 속으로 숨으면 아무도 너를 못 볼 거라고 생각하느냐? 그래도 나는 너를 찾을 수 있다. 끝없는 연습이 왜 필요한지 아느냐? 너희의 달팽이 집을 새롭게 수선하기 위해서다. 너희는 자신이 직접 현실을 통제한다는 사실을 너희의 두 눈으로, 그것도 여러 번 보기 전까지는 믿지 못할 것이다.

단순한 사건을 보여주는 프레임의 움직임을 통제하는 것은 가장 효과적인 연습이다. 이런 연습을 하면서 너희는

— 잠에서 깨어나 주의를 통제하는 방법을 배우고

— 딿은머리를 사용하는 법, 형상으로 그리는 법, 의도를 계발하며

— 능동적인 태도로 전환하여, 결과적으로는 **외부 시나리오로부터 자유로워진 상태로 자신의 현실을 직접 선택하는 능력**을 가지게 될 것이다.

자기 자신을 활성화시킨 다음에는 무슨 일이 일어날까? 너희는 여러 사람들 사이에서 외부 시나리오에 귀속되지 않는 유일한 인물이 될 것이다. 반대로 너희가 자기 자신을 잊어버리고 프레임에 연결되기 시작한다면 그 영화에 스며든 존재가 될 것이며, 분리하

려고 아무리 애써도 분리할 수 없는 일부가 될 것이다. 그것도 아주 의존적이며, 개별적으로는 절대로 존재할 수 없는, 말 그대로 마네킹이 되겠지.

그러나 너희는 다시 현재 프레임으로부터 주의를 이끌어내어 다가오는 프레임을 비추기 시작했다. 이때 너희는 영화 속에서 살아나 자유롭게 너희의 의지를 가지고 움직이게 되었지. 똑같은 마네킹의 몸이지만 그 안에는 전혀 다른 존재가 살아 숨 쉬고 있는 것이다. 옷 가게의 쇼윈도에 서 있다가, 밖에서 자신의 일을 하기 위해 쇼윈도에서 성큼성큼 걸어나온 마네킹을 상상해보거라. 바로 그런 일이 너희에게 일어난 것이다.

각각의 개별적인 프레임을 영화 필름의 여러 부분으로 자유롭게 섞여 들어가도록 하는 것이 가능해진다면, 너희는 여전히 영화 속에 있으면서도 동시에 **영화의 순차성에서 분리될** 수 있다. 이렇게 설명할 수 있겠구나. 이제 너희의 '프레임 속도'◊가 현실의 프레임 속도와 일치하지 않게 되었으며, 그러면서 너희는 **영화의 스토리를 전개하는 시나리오에서 떨어져 나온** 것이다.

바퀴나 프로펠러가 회전하는 모습을 영화나 TV로 본 적이 있느냐? 그 둘은 회전 속도와 위상이 프레임당 촬영 속도와 일치하지 않으면 느릿하게 돌아갈 수도, 반대 방향으로 돌아갈 수도 있다. 너희가 주의와 딿은머리를 조작하는 것도 현실이 돌아가는 속도와 위상으로부터 너희를 분리하는 것이다. 바로 이런 원리로 너희는

◊ 일정 시간 동안 필름의 프레임이 돌아가는 속도.

영화 속을 자유롭게 거닐 수 있는 것이다.

너희가 아직 다가오지 않은 미래에 집중하며 그에 영향을 미치려고 하면 그 미래는 너희를 일련의 현재로부터 떨어뜨려놓을 것이다. 다가오는 현실이 영원의 아카이브에 저장되어 있을지라도 가능태는 무한대이며 결말이 정해져 있는 것도, 누군가가 현실을 선택한 것도 아니다. 즉, 현실은 아직 그 누구의 것도 아니다. 현실을 선택하는 누군가가 존재할 때, 그것은 그제야 그에게 귀속된다. 그리고 그 누군가가 너희라면 현실은 너희의 소유가 되는 것이다.

현실이 너희에게 귀속되길 바라느냐? 그럼 가지거라. 그리고 선택하거라. 너희에게 그것은 완전히 새로운 대응 방법이자 새롭게 행동하고 존재하는 방법일 것이다. 너희의 주의가 더 이상은 현재 프레임에 질질 끌려다니지 않고 미래를 향하고 있다는 점이 다르겠지. 추종은 추월이 될 것이고 수동적인 기다림은 능동적인 영향력으로 바뀔 것이다. 너희는 더 이상 새끼줄에 묶여 현실에 끌려가는 것이 아닌, 직접 현실을 몰고 움직이는 존재가 될 것이다.

하지만 나의 악동들아, 현실이 진실로 너희의 것이 되게 하기에 앞서 먼저 자기 자신을 **수선해야** 한다. 그건 내가 너희를 대신해서 해줄 수 있는 것이 아니다. 곧바로 성공하는 것도 아니며, 일부는 실패할 것이다. 오직 너희의 일상적이고 평범한 경험에 일치하는 것만 성공할 것이다. 너희가 현실을 직접 선택할 수 있다는 사실을 마침내 직접 보는 순간이 오기까지 그것은 미꾸라지처럼 손가락 사이를 빠져나가며 쉽게 잡히지 않을 것이다.

틀을 고치는 것은 만들 때와 똑같은 방식으로 해야 한다. 즉, 일상적이고 평범하게 습관을 들여가며 고쳐야 하는 것이다. 다가오는 프레임을 감시하고 자신을 감시하며 현실을 선택해야 한다. 내 말을 따르면 현실도 너희를 따를 것이다.

습관이 될 때까지 꾸준히 차근차근 연습하거라. 안 그러면 아무 소득도 없을 것이다. 그런데도 완전히 터득하지 못한다면 너희를 껍데기에서 뜯어내 더 혐오스러운 생명체로 만들어버리겠다. 민달팽이처럼 말이지. 나 타프티는 너희의 주인이며, 하겠다고 마음먹은 것은 뭐든 할 수 있다.

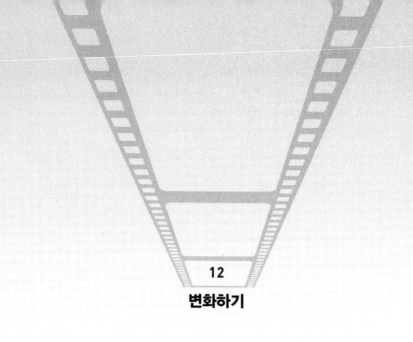

12
변화하기

이리로 오거라. 받아먹을 줄밖에 모르는 핏덩이들아! 달팽이 집
에서 얼른 나와 이리 모여서 지난 수업을 복습해보거라.

◇ 깨어나기 알고리즘과 영사기를 사용하면 시나리오로부터 자유
　로워질 수 있다.

◇ 너희는 하고 싶은 일을 하기 위해 쇼윈도에서 걸어나온 마네킹
　이다.

◇ 너희는 여전히 영화 속에 있지만, 동시에 시간의 흐름과는 분
　리되어 있다.

◇ 너희는 영화로부터 분리되면서, 자신만의 영화를 선택할 수 있
　는 능력을 얻게 되었다.

◇ 단순한 사건에 대한 프레임의 움직임을 통제하는 것은 연습인 동시에 틀을 수선하는 행위이다.

프레임의 움직임을 통제하는 것은 또한 **변화하는** 과정이다. 너희는 점점 달팽이에서 반딧불로 변화하고 있다. 너희가 프레임을 비출 때 내면의 빛이 너희로부터 방출되기 시작하며, 너희가 희망하는 사건들은 불나방처럼 너희에게 몸을 던질 것이다.

앞을 바라보는 빛나는 생명체, 창조주는 그런 존재로 너희를 만들었다. 행동의 환상에 빠지기 전까지 너희는 실제로 그런 존재였다.

지금은 많은 것을 잃어버렸다고 해도, 원래대로 돌려놓을 수 있는 것들도 있다. 반딧불이 되고 싶으냐? 그러면 살아 있는 존재가 되거라. 다가오는 프레임을 감시하고 자기 자신을 감시하며 현실을 선택하거라. 달팽이 상태에서 아직도 벗어나지 못한 주변의 등장인물들은 호기심 어린 모습으로 더듬이를 내밀고 너희에게 점점 가까이 다가오겠지.

처음부터 모든 것을 성공시키진 못할 것이다. 현실을 선택한다는 것이 가능한 일이라는 것을 이해하면서도 어딘가 마음속 깊은 구석에서는 한 조각의 의심이 남아 있을 테니. 이 말은 너희가 아직 완전히 수선되지 않았다는 뜻이다. 능동적인 태도로 전환하고, 발밑이 아닌 앞을 보도록 자기 자신을 채찍질하며, 마지막으로는 ― 안 된다, 또 답답하게 굴지 말거라. (손이 근질근질하겠지만 말이다) ― 너희조차 깜짝 놀랄 정도로, 그리고 굉장히 능숙하게 **현실을 선택**할 수 있다는 것을 믿게 되기까지 필요한 것도 역시 연습이다.

여기엔 또 다른 뉘앙스가 있다. 나의 부지런한 아이들아, 너희는 노력을 하지 않으면서 동시에 노력해야 한다. 프레임을 성공적으로 비추기 위해서는 **노력이 아니라 집중력**이 필요하다. 단 몇 분간만이라도 집중할 수 있느냐? 1분이라도? 너희에게 필요한 것은 딱 그 정도뿐이다. 비추기 알고리즘을 조용히, 편안하게 해보거라. 긴장하는 태도는 내가 용납하지 않겠다. 절대로 금물이다!

왜인지 궁금하지 않으냐? 왜냐하면 노력을 하는 순간 너희는 의도의 내부 중심을 쓰기 시작하기 때문이다. 우리가 이미 배운 것처럼, 현실은 외부 중심으로써 통제할 수 있는 것인데 말이다.

보통 너희가 안간힘을 써서 하는 것이 뭔지 아느냐? 이미 일어나버린 실제와 싸우는 것이다. 그러면 앞으로 미래 프레임이 다가왔을 때 뭘 하려고 하겠느냐? 완전히 똑같은 짓을 반복하겠지. 너희의 습관이 그렇다. 모든 것을 자신의 영향력 안에 두려고 하고, 자기 식대로 하려고 애쓰지.

하지만 이미 일어난 일이든, 아직 일어나지 않은 일이든, 그것을 변화시키는 것은 절대로 불가능하다. 이미 촬영된 영화 필름의 내용을 바꾸는 것이 가능하다고 보느냐? 아카이브에서 필름을 고르듯 미래는 오직 **선택**만 할 수 있다. 이제 그 차이를 이해하겠느냐? 차분하고 편안하게 하거라.

프레임을 비출 때 근육이 긴장된다면 그건 너희가 단기적인 의도를 활성화시켰기 때문이라는 사실을 기억하거라. 활성화시키는 것은 오직 외부 중심인 땋은머리만이어야 한다. 근육에 힘을 주듯 긴장시키거나, 도구처럼 손으로 조종하는 것이 아니다.

땋은머리는 별다른 노력 없이 아주 쉽게 활성화시킬 수 있다. 땋은머리를 떠올리고, 느끼며, 편안하게 생각을 집중하거라. 그다음 그 느낌을 잃지 않은 채, 선택하려고 하는 프레임에 집중하거라. 원하는 그림을 상상하는 것도 똑같이 쉽고, 큰 노력이 필요치 않다. 근육은 편안히 긴장을 풀고 있어야 하고, 근육은 이 상황에서 쓸 필요가 전혀 없다. 땋은머리와 프레임에 편안하게 집중하는 것, 지금은 그것이 가장 중요하다.

너희의 과제는 현실이 너희의 말을 듣게 만드는 것이 아니라 스스로 너희에게 다가오도록 내버려두는 것이다. 힘으로 해봤자 아무 소용 없을 것이다. 여기서의 원리는 현실을 거머쥐려고 하는 것이 아니라 외부 중심인 땋은머리로 현실을 비추는 것에 있다. 너희는 영사기인 동시에 관객인 셈이다. 뒤에서는 프레임을 비추고 있고, 중심으로는 영화를 보고 있다. 마치 너희 자신만큼은 그와 아무런 관련도 없다는 듯이.

이미 눈치챘겠지만, 외부 중심은 내 것이라고 느껴지면서도 동시에 내 것이 아니라고 느껴지기도 할 것이다. 미간을 찡그리듯 땋은머리를 찡그릴 수는 없다. 그저 활성화시키고, 그다음 그것으로부터 생각의 흐름을 놓아줘야 한다. 앞쪽부터가 아니라 등 뒤부터 말이지. 너희가 늘 하던 것처럼, 고집스럽고 미련하게 미간부터 생각을 놓아주는 것이 아니라 땋은머리부터 놓아줘야 한다. 이해하겠느냐? 그저 프레임을 비추면 그 프레임이 알아서 실현될 것이다. 너희는 그것과는 무관하다! 그냥 그렇게 놔두면 되는 것이다!

너희가 '무관하게' 있는 것이 왜 중요한지 아느냐? 나의 착한 아이들아, 내가 다시 한 번 말해주겠다. 내부 중심이 아닌 외부 중심을 활성화시키기 위해서다. 완전히 다른 메커니즘이 작동하게 되는 것이지. 외부 중심은 다시 말해 너희의 한 단계 높은 자아에 더 가깝다고 할 수 있다. 그 중심을 사용해서 너희 자신을 통제하는 것이다.

땋은머리의 끝부분에는 너희를 꼭두각시 인형처럼 이리저리 끌고 다닐 수 있는 갈고리가 달려 있다. 여태까지 몰랐겠지만, 시나리오나 인형사가 너희의 의식을 조종하며 끌고 다니고 있었던 것이다. 하지만 너희의 의식이 깨어나자마자 갈고리는 너희의 손아귀에 쥐어졌으며, 이제 너희는 **자기 자신을 움직일 수 있게 되었다.**

평소에 너희는 자신을 움직이지 못하고 그저 팔다리만 허우적대는 꼴을 하고 있다. 누군가 너희의 목덜미를 쥐고 있다는 사실은 의심조차 못하고, 바로 앞에 무엇이 있는지도 모르고 온몸을 움직이려고 바둥거리기만 했지. 행동의 환상이라는 것은 그렇게 생긴다.

그러나 이제 너희는 특별한 노력을 기울이지 않고, 아무것도 하고 있지 않은 '것처럼' 자신의 갈고리를 직접 손에 쥐고 현실을 움직이기 시작했다. 그러면 무슨 일이 생기겠느냐? 행동의 환상이 뒤집어지겠지. 누군가가 너희를 움직이는 것이 아니라, 너희가 너희 자신을 움직이는 것이다. 너희가 현실을 가지고 뭔가를 하는 것이 아니라 **현실이 스스로 움직일 것이다.** 자, 나약한 아이들아. 이제 환상은 파편이 되어 허공으로 흩뿌려질 것이다!

13
메타력

어떠냐, 나의 착한 아이들아? 너희에게서 빛이 나기 시작했느냐, 아니면 아직도 미끄럽고 혐오스러운 모습을 벗어나지 못했느냐? 얼른 변화하거라!

◇ 본래 너희는 앞을 볼 줄 아는 빛나는 생명체로 만들어졌다.

◇ 프레임을 성공적으로 비추기 위해서 필요한 것은 노력이 아니라 집중력이다.

◇ 근육이 긴장된다면 익도의 내부 중심이 활성화될 것이다.

◇ 차분하고 편안하게 비추기 알고리즘을 하거라.

◇ 원리는 현실이 무엇을 하게 만드는 것이 아니라, 무엇을 하도록 내버려두는 것에 있다.

현실이 너희의 선택을 받아들이도록 내버려두거라. 그저 프레임을 비추기만 하면 그 프레임은 스스로 실현된다는 사실을 잊지 말거라. 너희가 직접 해야 하는 일은 아주 간단하다. 바로 현실을 선택하고, 관찰자들이 하는 것처럼 한켠으로 물러나 있는 것이지. 방해하지 말거라. 그리고 걸리적거리지 말거라!

너희의 상식대로라면 노력을 해야 미래를 통제할 수 있음이 맞겠지. 하지만 틀렸다. 물리적인 힘도 의지력과 마찬가지로 현재의 프레임이 보여주고 있는 현실에서만 작용한다. 뭐, 원한다면 예전처럼 안간힘을 쓰며 이미 지나간 현실과 어리석게 싸워도 좋다. 다가오는 현실에는 그게 통하지 않겠지만. 그에 대해선 다른 방법을 사용해야 한다.

나의 광신도들아, 내가 반드시 설명해야 하고 너희가 명확하게 이해해야 할 점은, 힘의 반대편에는 '메타력'이라는 것이 있다는 사실이다. 어떤 의미에서 메타력은 힘과는 완전히 반대되는 개념이지만, 약함이나 무기력함이 아니라 현실의 반대편에 존재하고 있는 힘이다.

좀더 쉽게 설명해주겠다. 거울을 한번 보거라. 너희가 바라보는 거울 면은 물질이며 만질 수도 있다. 하지만 그 반대편에 있는, 거울에 비친 세상은 실제로 존재하지만 결코 만질 수는 없지. 형상이 있다면 그에 대한 그림자도 있는 법이다. 실제로 존재하는 형상인가? 그렇다면 거울에 비치는 그림자도 존재한다. 너희를 위해 다시 한 번 더 말해주겠다. 만질 수 있는 것만이 실재하는 것은 아니다.

현실의 거울은 평범한 거울과 같지만 형상과 그림자의 위치가 서로 뒤바뀌어 있다. 그림자는 만질 수 있지만 형상은 만질 수 없지. 그림자는 거울 면 앞에 있지만, 형상은 거울 안에 있다. 거울 면은 물질세계고 그 건너편에는 꿈의 세계, 혹은 영화 필름 보관소가 있다.

너희도 이미 알고 있다시피, 물질세계는 필름을 따라 움직이는 프레임이다. 하지만 필름이 일차적이고 영화는 이차적인 것이기에 실제는 거울 너머 어딘가에 있는 형상의 그림자라고 할 수 있다. 그리고 바로 그 영화 필름 보관소에 무수히 많은 미래의 가능태가 존재하지.

그러면 한번 직접 판단해 보거라. 만약 미래가 현실이라는 거울의 반대편에 있다면, 바로 이 거울 면에만 존재하는 일반적인 힘이 그 미래에 영향을 끼칠 수 있겠느냐? 절대로 불가능하겠지! 열심히 힘을 가해 거울을 깨뜨려버리고 결국엔 아무것도 얻지 못할 수도 있을까? 그럼, 그럼! 얼마든지 그럴 수 있다!

거울을 깨뜨리지 않고 너희가 원하는 미래를 얻기 위해서는 거울의 반대편에서 그 세계의 법칙에 따라 행동해야 한다. 하지만 그 반대편으로는 어떻게 갈까?

너희에게 말해준 적은 없지만 사실 너희는 이미 그곳에 가본 적이 있다. 너희가 잠에서 깨어나 시나리오에서 분리되었을 때 사실은 거울 속으로 빨려 들어갔었다. 현실의 거울 표면은 우리가 눈으로 볼 수 있는 어떤 사물의 표면이나 벽과는 완전히 달라서, 그것을 선명하게 본다는 것은 아예 불가능하다. 그리고 형상과 그림자 사이를 구분하는 경계를 만지는 것도 불가능하다.

거울의 양쪽에 있는 모든 것은 완전히 똑같은 모습이다. 다만 한쪽 세계는 물질적이며 다른 세계는 비물질적이지. 거울 면에는 너희의 물질적 마네킹이 있으며 그 반대편에는 가상적인 마네킹이 있는 것이다. 잠에서 깨어나면 너희의 주의는 거울의 경계를 넘어 가상적 마네킹 안으로 들어가게 된다.

다시 말해서 옮겨가는 것은 육체가 아니라 주의지만, 주의가 곧 너희 자신이기 때문에 그것만으로도 충분하다. 가상적 육체와 물질적 육체 모두, 하나가 움직이면 다른 하나도 따라 움직인다. 중요한 것은 주의가 어떤 육체에 있는지이다. 만약 주의가 거울 면인 실제 프레임 속에 있다면, 너희는 완전히 시나리오에 얽매인다. 하지만 거울의 반대편인 형상 프레임 속에 있다면 너희는 자기 자신은 물론 다가오는 현실도 자유롭게 **통제할 수 있다**.

자기 자신을 통제한다는 것은 주변 상황을 확실하게 알고 있고 자신의 동기와 행동을 자유자재로 통제할 수 있다는 것을 의미한다. 그런 동시에 프레임 속에서는 너희의 힘과 팔다리를 사용하며 평소와 다름없이 행동하는 것이지. 그렇지만 현실을 통제하는 것은 완전히 다르다. 주의와 의도와 메타력을 사용해야 한다.

메타력이 뭔지는 직접 그것을 감지하면서부터 차차 알게 될 것이다. 힘이 무엇인지 한 번도 경험해본 적이 없다면 설명할 수 없는 것과 같은 이치다. 메타력도 마찬가지다. 메타력도 스스로 느끼고, 스스로 길러내야 한다. 땋은머리는 메타력을 사용하기 위한 도구지. 프레임 비추기 알고리즘은 메타력을 길러내는 연습인 동시에 너희가 필요로 하는 현실을 선택하는 방법이다.

그러면 계속해서 거울 반대편에 있는 세계의 법칙에 대해서 자세히 설명해주겠다. 내가 너희에게 모든 걸 알려주고 이 모든 것들을 통달하게 해주겠다. 아직은 알고리즘을 더 자주 연습하는 것을 잊지 말거라.

현실을 선택하는 방법을 배우고 싶다고 하지 않았느냐? 아니면 배우고 싶지 않은 것이냐? 어떻게 원하지 않을 수 있지? 노예들의 폭동이라도 된다는 말이냐? 만약 그렇다면 제물로 바쳐질 영광을 누리게 해주겠다! 내 앞에서는 조심하거라. 나 타프티는 너희의 스승이다. 이제 폭정을 행할 것이다. 내가 징그러운 달팽이, 개구리, 파충류들을 봐주면서 가만히 있어야겠느냐? 저런, 저런!

14
연극 흉내 내기

자, 나의 광대들아. 나의 무희들아! 너희가 어떤 장단에 맞춰 춤추고 있는지 계속해서 알아보도록 하자꾸나.

◇ 만질 수 있는 것만이 실재하는 것은 아니다.

◇ 현실은 거울이지만, 일반적인 거울과 위치가 반대로 되어 있다. 거울 면에는 그림자가, 거울 속에는 형상이 있다.

◇ 거울 면에는 실제가 있고 거울 속에는 영화 필름 보관소가 있다.

◇ 물질세계에서는 힘이 작용하지만 거울 속에서는 메타력이 작용한다.

◇ 잠에서 깨어남과 동시에 주의는 거울 너머에 있는 가상적 마네킹으로 옮겨간다.

너희도 모르는 새에 어떤 거울 너머로 갔었다는 사실에 아마 조금 놀랐을 것이다. 그렇지 않으냐? 어쩌면 조금이 아니라 많이 당황스러웠겠지. 불쌍하게 떨고 있는 나의 아이들아, 걱정하지 말거라. 너희는 이미 매일 밤 잠이 들 때마다 다른 세계를 넘나들고 있다.

주의가 의식의 중심으로 들어가면서 생시에서 정신을 차렸을 때 너희, 아니지, 너희의 자아는 현실의 거울 너머에 있는 가상적 마네킹으로 들어간다. 꿈과 연결될 때도 똑같은 일이 일어나지. 차이가 있다면 생시에서는 거울의 양쪽 면에 똑 닮은 하나의 모습을 가진 물질 현실과 가상 현실이 있다는 것이다. 그러나 꿈속에서는 실제와 거울 반대편이 서로 대칭인 모습을 하지 않고 있다. 물질세계는 그 자리에 있어도 주의는 다른 세계로 멀리 날아가 버리지.

또 다른 차이점은, 꿈속에서는 시나리오에 한층 더 깊이 연결되는 데 반해 생시에서 정신을 차릴 때면(나 자신이 보이고 현실이 보인다는 문구를 기억하거라) 시나리오에서 분리된다는 사실이다.

너희가 자기 자신을 자각하지 못하면 시나리오가 너희의 땋은머리의 끝을 붙잡고 이리저리 끌고 다닌다고 내가 말해준 것을 기억하느냐? 그렇다면, 갈고리가 너희의 손아귀에 있고, 너희 자신은 거울 저편의 가상적 마네킹 속에 들어 있다면, 이쪽의 물질적 마네킹은 누가, 또는 무엇이 조종할까?

답은 너희 자신이다. 자기 자신은 물론 다가오는 현실까지도 자유자재로 움직일 수 있는 능력이 너희에게도 생기고 있다. 그건 바로 너희가 **형상**이 있는 바로 거울의 저편으로 넘어가고 있기 때문이다. 그림자를 움직일 수 있는 것은 그것의 형상이기 때문이지.

그 반대가 아니다. 알겠느냐?

물질적 마네킹과 실제는 엄밀히 따지면 거울에 비친 그림자라기보다는 형상이 **구현된** 것이라고 해야 정확할 것이다. (이미 일어난) 현실이 구현되면, 구현된 프레임을 거울 면을 통해 어떻게든 고칠 수 있다. 그러나 다가오는 현실은 아직은 형상뿐이다. 형상을 통제할 수 있는 것은 오직 형상을 담은 프레임, 즉 그 형상이 있는 거울의 반대편에서만 가능하다. 바로 그렇기 때문에 거울 반대편으로 넘어가야 한다는 것이다.

이제 전체적인 그림을 분명하게 이해하겠지. 고치는 것은 이쪽에서는 어떻게든 할 수 있지만 통제는 건너편에서 가능하다. 이제 너희는 메타력의 개념을 좀더 잘 이해할 수 있을 것이다. 너희에게 희미하게나마 이해의 반짝임이 일기를 바란다. 어리석은 아이들아.

알겠다, 불평하지 말고 울지 말거라, 나의 영민한 아이들아. 실제와 거울에 비친 모습의 가장 큰 차이점이 무엇이겠느냐? 이곳, 실제에서는 모든 것이 물질적이고, 거울 반대편에서는 가상적이라는 사실이다. 힘에 대해 한번 생각해보거라. 비물질적인 사물이나 공간에는 힘을 가하는 것이 불가능하지 않으냐. 그러니 여기에서는 힘이 작용하지만 거울 반대편에서는 메타력이 작용한다는 것이다. 이쪽은 연극이며, 저쪽은 **흉내 낸 연극**이지. 이것이 무슨 뜻이겠느냐?

뭔가를 흉내 낸다는 것은 설정된 규칙을 어길 권리가 너희에게는 없다는 뜻이다. 그 규칙은 너희가 연극에 참여하여 시나리오에 따라 움직여야 한다는 사실이지. 그 어떤 등장인물도 영화 필름으로부터 뛰쳐나가거나 그의 마음대로 돌발 행동을 하도록 허용되지 않는다. 시나리오는 누군가가 주관적인 의지를 가지고 어찌할 수 있는 존재가 아니라, 그 누구도 도망칠 수 없는 객관적 현실이다.

너희는 영화 속의 등장인물처럼 객관적 현실에 존재해야 하는 운명을 타고났다. 부정해도 좋고 불평해도 좋다. 그래 봐야 아무 소용 없으니. 운명을 거스르려고 발버둥쳐도 변하는 것은 아무것도 없을 것이다. 필름에 기록된 일은 어차피 전부 일어날 테니 말이다. 연극으로부터 도망치는 것도 불가능하다. 하지만 흉내 내는 것은 가능하다. 그러면서 현실을 속이는 것이다.

너희가 의식의 중심으로 들어가 순식간에 거울의 반대편으로 갔다고 상상해보거라. 너희 주변에 있는 사람들은 전부 예전과 다름없을 것이다. 너희가 거울 너머 어딘가에서 사건을 보고 있다는 것이 전혀 믿기지 않을 테지. 실제로 벌어지고 있는 일인데도 말이다. 하지만 이제 너희는 그곳에 존재하면서 현실을 선택하는, 즉 영화 필름을 선택하는 능력을 얻게 되었다. 너희가 존재하는 그 필름을 바꾸지 않고, 그 안의 연극으로부터 도망치지도 않으면서도 너희가 필요로 하는 필름을 선택하는 것이다. 알겠느냐?

너희는 여전히 시나리오에 쓰인 역할을 연기하고 있으며, 일상에서 주어진 기능을 수행하고 있다. 하지만 다른 등장인물들과 다르게 너희는 의식의 상태에 있기 때문에 더 큰 뭔가를 얻는 것이지. 필름을 바꿀 수 있는 기회를 가진 것이다. 그러면서도 사건의 한켠으로 슬쩍 비켜나 그 사건과는 전혀 무관한 존재가 되었지. 또 규칙을 전부 지켰으며 아무도 너희가 한 행동을 눈치채거나 이해하지 못한다. 전부 너희의 뜻대로 바꾼 것이다.

흉내 내기 게임은 그런 것이다. 너희는 살아난 등장인물임에도, 생명이 없는 체하며 영화 속을 거닐게 되었으며 너희의 의지대로 필름을 바꿀 수 있다. 그 무엇도, 또는 그 누구도 너희를 의심하지 못할 것이다. 시나리오도, 등장인물도.

하지만 시나리오에서 완전히 도망친다는 것은 절대로 불가능하다. 그저 현실을 선택하면서 새로운 시나리오를 시작할 뿐이지. 새로운 시나리오 역시 너희의 것이 아니며, 너희는 새 시나리오의 영향력 안에 있을 수밖에 없다. 그 대신 그 시나리오는 너희를 원하는 결과로 안내해줄 것이다.

그렇다면 다른 등장인물들에게서 숨어 있어야 하는 것일까? 물론 튀고 싶겠지만, 뽐내지 않을 것을 추천한다. 중세 시대에 그런 행동을 하는 자들은 화형이라는 결말을 맞아야 했다. 현대에는 정신병원으로 처넣어버리곤 하지. 나도 너희에게 살금살금 다가갔으니, 너희도 잠들어 있는 자들을 깨우지 말고 너희의 현존을 나타내지 않으며, 나의 말을 듣거라. 나는 너희를 너무 사랑해서 죽여버릴 수도 있으니 말이다!

15
현존하기

자, 서두르거라! 간교한 흉내쟁이들아, 교활한 사기꾼들아, 음침한 미치광이들아, 음산한 변태들아, 얼른 나에게 오거라. 흉내 내기 놀이가 재미있었느냐? 그러면 지난 수업을 복습해보자꾸나.

◇ 물질세계는 구현된 프레임인 이곳에서 접근할 수 있다.

◇ 미래에 접근하는 것은 오직 거울 밖에 있는 형상의 장면에서만 가능하다.

◇ 너희는 영화 속의 등장인물로서 현실에 존재해야 하는 운명을 타고났다.

◇ 시나리오를 완전히 벗어나는 것은 불가능하지만, 잠에서 깨어나 다른 시나리오를 시작할 수는 있다.

◇ 너희는 필름을 바꿔도 존재를 숨기며 주어진 역할을 계속 연기해야 한다.

영화 속에 현존하는 것. 이것이 무엇일까? 가장 먼저, 너희의 의식이 현존하는 것이다. 즉, 자아가 현존하는 것이다. 바뀌지 않은 장면 속에서 의식을 가지고 살아 있는 **자기 자신** 안에 현존하는 것이지. 장면이 계속해서 돌아간다고 하더라도 그 안의 등장인물들의 행동이 이미 정해져 있듯, 장면 속에서 일어날 일도 이미 정해져 있다.

너희의 현존은 잠들어 있는 자들 사이에서 혼자만 각성해 있는 너희를 돋보이게 할 것이다. 너희는 자기 자신이 다른 사람들과 **구분된다는 사실**을 인식하며, 주변의 사건들을 정확하게 파악하겠지. 장면 속에서 너희의 태도도 마찬가지로 시나리오에 이미 쓰여 있다. 하지만 현존함으로 인해 너희는 필름을 교체하여 다른 필름으로 건너뛸 기회를 부여받았다.

너희의 현존은 잠들어 있는 자들 사이에서 유일하게 각성한 너희를 돋보이게 한다. 자신만의 **독특함**을 자각하고는 무슨 일이 일어나고 있는지 명확하게 판단하게 되겠지. 그 장면 속에서의 행동도 시나리오에 의해 이미 정해져 있다. 하지만 현존의 상태에 있다는 것은 곧 필름을 바꿀 수 있는 능력을 가진다는 것이다. 한 필름에서 다른 필름으로 이동하는 것이다.

현존의 상태로 들어가기 위해서는 생명과 활기를 되찾아 너희가 형상의 프레임과 구현된 프레임 중 어디에 있는지 위치를 명확하게 해야 한다. 다시 말해 주의가 의식의 중심에 있는지, 내부 스크린이나 외부 스크린 중 하나에 연결되어 있는지 정확하게 파악해야 하는 것이다. 너희는 본질적으로 **이중적인 존재**라서, 거울 바깥에도 안에도 동시에 있을 수 있다.

너희는 이쪽에 있으면서 동시에 저쪽에도 있을 수 있다. 아주 모순적이지. 그게 아니라면 너희는 부재하는 상태가 된다. 즉 무의식의 상태에 있으면서 완전히 시나리오의 지배를 받게 되는 것이다.

내가 너희에게 '생시에서 정신을 차리게 되면 너희의 주의는 거울의 경계를 넘어 가상적 마네킹 속으로 들어간다'고 말했던 것을 기억하느냐? 침대에 누워 잠이 들어 꿈을 꿀 때도 같은 일이 일어난다. 그저 본질만 다를 뿐이지. 꿈에서는 가상 현실만 움직일 수 있다. 그 상태에서는 물질 현실에 어떤 영향을 가할 수 없다. 아니, 가능하긴 하지만 어렵다고 말하는 것이 정확하겠구나. 그건 너희같은 달팽이들은 절대로 못할 일이니.

생시에서의 현존의 상태에서 너희는 곧 실제가 될, 다가오는 미래를 선택하는 능력을 얻게 된다. (현실을 선택하는 것이 〔충분히 가능하고, 또 그래야만 한다는 것〕을 똑똑히 이해시키기 위해서 이 말을 몇 번이나 반복하고 있는 것을 알겠느냐?) 하지만 너희가 알아야 할 것이 또 하나 있다. 현실을 선택하는 것은 발생하는 일련의 사건을 정하는 것이 아니라, 궁극적인 목표인 '다가오는 프레임'만을 정하는 것이라는 사실이다.

현실을 선택하는 것은 시나리오를 통제하는 것이 아니라 영화의 필름을 선택하는 것이다. 시나리오는 너희의 영향력 안에 있지 않다. 너희가 목표에 접근하기 위해 시나리오가 어떠해야 하는지 알 권리도 너희에게는 없다. 너희는 그저 영사기로서 작동할 뿐이다.

너희의 영사기에 목표 프레임이 비치면, 사건의 경과는 자동으로 그쪽으로 방향을 전환할 것이다.

영화 필름을 고르면 새로운 시나리오를 시작하게 되지만, 그 시나리오는 너희의 소유가 아니며 그 안의 내용도 너희 모르게 쓰인 것이다. 너희가 가질 수 있는 건 오직 목표 프레임뿐이다. 목표 프레임이 선택되면 필름은 자연스레 그것이 있는 방향으로 흘러간다. 어떻게 이런 일이 일어나는지는 알 필요 없다. 그저 계속해서 프레임을 비추거라. 그렇게 하면 너희는 지금 필름에서 다른 필름으로 건너가게 되어, 결과적으로는 최종 목적지에 다다를 것이다.

필름은 영원의 아카이브에서 서로 나란하게 위치해 있다. 그리고 각각의 시나리오는 바로 옆에 있는 필름들과 미세한 차이를 두고 있지. 현실을 선택하면서 너희는 한 필름에서 다른 필름으로 자리를 이동하게 된다. 처음에는 너희가 선택한 결과에 지금보다 약간 더 가까운 필름에 있지만, 완전하게 그 결과로 이르는 필름은 아닐 것이다. 하지만 그렇게 옮겨가며 점점 더 원하는 결과에 가까워지는 것이다.

이 모든 프로세스는 너희가 세워둔 목표가 얼마나 복잡한지에 따라 빠르게, 또는 느리게 실현될 것이며 너희조차도 눈치채지 못할 것이다. 단순한 목표에는 거의 바로 도달하게 되겠지만 '갈 길이 먼', 달성하기 어려운 목표를 이루기 위해서는 시간과 인내가 필요하지.

너희의 과제는 미래 프레임에 계속해서 주의를 기울이는 것이다. 시나리오는 너희의 생각으로 어찌할 수 있는 것이 아니다. 너희가 시나리오를 선택하거나 거스르려고 한다면 그것은 너희를 덫으로 옭아맬 것이다. 사건의 경과에 영향을 미치려고 노력한다면 너희는 현재 프레임의 현실에 꽉 잡혀 옴짝달싹 못할 것이다. 그건 의미 없는 일이지. 더 세게 잡힐수록 너희의 꼬리, 즉 땋은머리가 잡혀 빠져나오기가 더 힘들어질 것이다.

마찬가지로 등장인물에 영향을 미치려고 하는 것도 무의미하다. 그건 심지어 천하디 천한 짓이다. 결국엔 전혀 예상치 못했던 결과나 부작용을 가져올 수 있지. 등장인물 역시 각자의 시나리오대로 행동한다. 그들에게 영향을 미치려고 해도 덫에 빠질 것이다. 절대 그러지 말거라. 그들은 너희에게 달려들어 스스로 알아서 너희가 원하는 모든 것을 하려고 할 것이다. 하지만 그에 대해서는 나중에 알려주도록 하지.

다시 한 번 말하지만, 너희가 영향력을 미쳐야 하는 것은 사건이나 사람이 아닌 궁극적인 목표이다. 즉, 너희에게 다가오고 있는 프레임이지. 그런데도 너희는 습관 때문에 이런 어리석은 행동을 계속할 것이다. 너희는 모든 것을 너희 마음대로 하겠다고 늘 고집을 부린다. 내가 그런 습관을 없애주겠다.

그런데도 이렇게 완강하고 미련하게 굴다니! 과학자가 짐승들에게 하듯, 너희를 실험실의 표본으로 만들어주겠다. 해로운 곤충을 수집하듯 켄트지에 놓고 못으로 박아놓거나, 포르말린을 가득 채운 병 속에 다른 여러 생명체들과 함께 처넣어버릴 것이다. 그러니 얌전하게 굴거라. 잊지 말거라. 나 타프티는 너희의 스승이다. 나를 찬양하고 우러러보거라! 내 뜻을 거스르지 말거라!

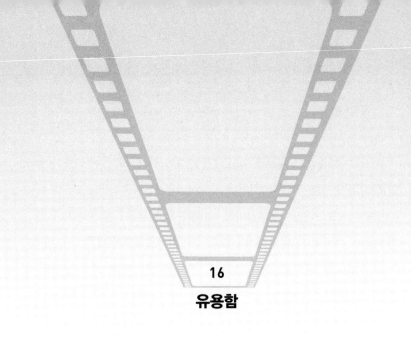

16
유용함

아, 너흰 참 지긋지긋하구나! 이런 변덕스러운 응석받이들 같으
니! 어디 너희도 한번 내가 지겹다고 하기만 하거라! 지금 당장 입
다물고 얌전히 복습이나 하는 게 좋을 것이다!

◇ 너희는 거울의 양면에 동시에 존재할 수 있는 이중적인 존재다.

◇ 너희는 이쪽에 있으면서, 동시에 저쪽에도 있을 수 있다.

◇ 현존의 상태로 들어가기 위해서는 주의를 의식의 중심에 위치
  시켜야 한다.

◇ 현존의 상태에 있을 때는 다른 필름으로 건너갈 수 있다.

◇ 현실을 선택하는 것은 시나리오를 통제하는 것이 아니라 영화
  필름을 선택하는 것이다.

> ◇ 시나리오에 영향을 미치려고 한다면 너희는 그 시나리오에 귀속될 것이다.

　지난번에 배웠던 내용을 다시 한 번 확실하게 하겠다. 너희가 영향을 미칠 수 있는 것은 사건이나 사람이 아니라 최종적인 결과, 즉 너희에게 다가오고 있는 프레임이다. 너희가 목표 프레임을 비추기만 하면 사건이 그에 따라 필요한 방향으로 자연스럽게 움직인다.

　시나리오는 너희의 것이 아니다. 시나리오를 직접 새로 만들어 냈다고 해도, 그건 절대로 너희의 것이 될 수 없다. 만약 시나리오를 바꾸거나 거스르려고 한다면, 시나리오는 너희를 덫에 빠져들게 할 것이다. 그것은 마치 거미줄과 같아서 너희가 저항하면 저항할수록 더 강하게 옭아매지. 빠져나오기 위해서는 너희가 자발적으로 직접 시나리오를 놓아줘야 한다.

　그러나 시나리오에서 완전하게 벗어나는 것은 절대로 불가능하다. 연극 흉내 내기에 대해 배울 때, 시나리오는 누군가의 주관적인 의지로 어찌할 수 있는 것이 아니라 절대로 도망칠 수 없는 객관적 현실이라고 말했던 것을 기억하느냐? 그럼 벗어날 수 없는 것이다! 그저 너희가 목표를 정하기만 하면 시나리오는 너희의 목표를 향해 움직일 것이다.

　너희가 현실을 선택한다면, 그 현실이 부적절한 것일지라도 시나리오는 너희의 선택에 일치하는 방향으로 움직인다. 너희가 해야 할 일은 목표 프레임을 꾸준히 비추는 것밖에 없다. 하지만 너희는 모든 것이 너희의 계획에 꼭 맞길 원하기 때문에 모든 것을 망쳐버리지. 그래서 너희가 생각한 것이 실현되지 않는 것이다.

너희가 현실을 선택하지 않고 수동적으로 사건의 흐름을 따라 움직인다고 하더라도 시나리오는 너희에게 해를 입히려고 하지 않는다. 왜냐하면 그건 그저 에너지만 낭비하는 일이기 때문이지. 시나리오는 항상 저항을 최소한으로 받는 길로 움직인다. 하지만 너희는 저항하기 때문에 모든 것을 망쳐버리는 것이다.

너희는 불쾌함을 그대로 드러내면서 자신의 의지와 무관하게, 그리고 무의식적으로 최악의 현실을 선택하기 때문에 모든 걸 망쳐버린다. 의도와 의식의 상태에서 뚫은머리를 사용해서 선택하는 것만큼 효과적이지는 않지만, 그럼에도 너희는 그런 불길한 현실을 선택해버리지. 그리고 뭔가가 너희가 상상했거나 계획했던 것과 맞지 않는다면 곧이곧대로 불쾌함을 드러낸다. 너희가 그만큼 집요하고 고집스럽다는 걸 알겠느냐.

그러면, 현실을 망가뜨리지 않고 반대로 유쾌할 뿐만 아니라 어디에서 보든지 완벽하게 만들기 위해서는 한 가지 단순한 원칙을 일반화시켜야 한다. 바로 **모든 면에서 유용함을 찾는 것**이지. 말 그대로 어떤 기분 나쁜 일이 생기더라도, 아주 사소하게나마 불쾌함을 느끼게 하는 일이라도 거기에서 너희에게 도움이 되는 점을 찾아내야 한다는 말이다. **유용함을 끌어내야 한다.** 이런 목표를 세워두거라.

그 까닭은 어떤 사건이나 상황이든 일장일단을 가지고 있기 때문이다. 현실은 많은 점에서 이중적이다. 어두운 면이 있다면 반드시 밝은 면도 있게 마련이지. 너희가 해야 할 일은 삐딱한 태도로 고집을 부리는 대신 유용함을 끌어내 그것을 사용하는 것이다. 특별히 예를 들어 설명해주진 않겠다. 이것이 얼마나 환상적인 효과를 내는지 너희가 직접 시도해보고 이해해보거라.

하지만 너희가 이해한 바가 효과를 내게 하기 위해서는 제때에 잠에서 깨어나 주의를 의식의 중심에 옮겨놓아야 한다. 여기에서 활성체는 거의 외부 활성체이다. 너희에게 누군가가 뭔가를 말하거나, 행하거나, 또는 주변에서 어떤 일이 일어나고 있거나, 아주 사소한 불만족에서 격분할 정도까지 너희에게 불쾌감을 불러일으키는 모든 것 ― 그나저나 분개하는 달팽이는 어떤 모습인지 궁금하구나 ― 이 될 수 있다. 격분, 낙담, 초조함, 공격성, 공포 같은 감정이 활성화되겠지.

현재 필름의 시나리오에서 분리되어 다른 필름으로 가기 위해서 주의를 의식의 중심으로 이동해야 한다. 문제는 너희에게 기준이 되는 필름에 일반적인 시나리오가 작용하고 있다는 점이다. 너희는 반사적으로 그것을 거부하려고 하지. 성격, 부정적으로 생각하는 경향, 자신을 방어하려는 습관, 자기 자신에 대한 지나치게 높은 평가 때문에 그렇게 대응할 수밖에 없다. 또는 '너희의 마음대로' 흘러가는 것은 아무것도 없기 때문에 말이다. 그 결과로 이제까지 그래 왔던 것처럼 자신과 주변 사람들의 인생을 망쳐버린다.

하지만 바뀐 필름에서는 모든 것이 너희에게 이득이 되는 방향으로 이루어진다. 왜냐하면 너희는 필요한 순간에 멈춰서 이 유용함을 신택했기 때문이다. 간단하다. 선택한 것을 얻게 되는 것이다. 선택을 하기 위해서는 그 순간 '여기에서 내가 얻는 이득이 무엇인가'라고 곰곰이 생각해보기만 하면 된다. 그다음은 시나리오에 저항하지 말고 순순히 그를 따르도록 해라. 말 그대로 그의 조언을 따르고, 의견에 귀 기울이고, 동의하고, 타협하고, 이전에는 거절했거나 대치했던 것들을 받아들여라.

유용함 끌어내기의 알고리즘은 다음과 같다.

1. 불쾌함을 불러일으키는 활성체에서 나의 상황을 파악한다.

2. '나 자신이 보이고 현실이 보인다'고 되뇌며 잠에서 깨어난다.

3. '여기에서 내가 얻을 수 있는 유용함이 무엇인가?'라는 질문을 던져본다.

4. 답을 찾으면 거기에 동의하고 유용함을 이끌어내라.

5. 답을 찾지 못해도 일단 동의하려고 노력하도록 한다.

마지막 5번을 듣고 나서 조금 의심이 들었을 것이다. 살면서 모든 것에 동의할 수는 없는 노릇이고, 모든 상황이 너희에게 유용하기만 할 수는 없기 때문이다. 예를 들어 누군가가 너희의 얼굴에 주먹을 날리려고 한다. 그들을 가만둘 수는 없지 않느냐? 하지만 현실에서는 불변의 법칙이 하나 있지. **유용함의 원칙을 따른다면, 살면서 손해를 가져다주는 사건을 마주할 확률은 훨씬 줄어든다는 법칙**이다. 예를 들어 얼굴에 시퍼런 멍이 생긴다거나, 시체가 되어 영안실에서 벌벌 떨 만한 상황은 없을 거란 말이다. 저런, 저런!

17
허용하기

　자, 나의 착하고 귀여운 아이들아. 지난 수업에서 너희는 어리석은 달팽이들이 사건의 전개에 대해 자신이 만들어낸 시나리오에만 목숨 걸며, 뭔가 생각했던 것과 조금이라도 다르면 벌컥 화를 내고 심지어는 분개한다는 사실을 알게 되었다. 하지만 너희는 그런 달팽이와는 다르지 않으냐, 사랑스러운 나의 아이들아?

◇ 시나리오가 너희를 놓아주도록 하기 위해서는, 너희 스스로 시나리오를 놓아줘야 한다.

◇ 만약 목표가 정해졌다면, 시나리오는 너희가 그 목표를 달성할 수 있는 방향으로 저절로 움직인다.

◇ 자신의 계획만 고집하는 행동은 목표가 실현되는 것을 방해하

기만 할 뿐이다.

◇ 불쾌함을 드러내면 자동으로 최악의 현실이 선택된다.

◇ 유용함이 있는 현실을 고른다면 그 유용함은 바로 너희의 것이 될 것이다.

지난번에 배웠던 모순적인 원칙을 다시 되새겨보기로 하자꾸나. 시나리오를 선택하지 말고 목표 프레임을 선택해야 한다. 이 원칙은 여태껏 이미 일어난 실제와 싸워 이길 수 있으며 반드시 그래야 한다는 것, 또한 다가오는 현실을 선택하는 것은 불가능하며 그래서도 안 된다는 일반적인 생각과 다르기 때문에 모순적이다. 사실은 그 반대인데 말이지.

목표가 어떻게 달성되는지 너희는 알 수도 없을 것이고 알 필요도 없다. 특히 초기 단계에서는 더욱더 그렇다. 왜냐하면 '어떻게?'라는 질문에 대한 답을 듣고 나서 너희가 공포와 우울함에 빠지게 된다면 목표 현실을 선택하는 능력에 크나큰 심리적 장벽이 세워지기 때문이다.

너희가 세운 너희의 목표를 시나리오가 어떻게 달성할 것인지는 절대로 알 수 없다. 너희 자신이 영화 속의 등장인물이고 너희 자신이 시나리오에 따라 움직이고 있는데 그것을 어떻게 알 수 있단 말이냐? 너희가 할 일은 달성하고 싶은 '결과'를 아는 것이며, 땋은머리를 사용하여 생각과 언어와 형상으로 그에 맞는 현실을 선택하는 것이다. 그러면 '어떻게' 그 결과까지 도달하게 될 것인지 시나리오가 알아서 너희를 안내해줄 것이다.

그러니 반드시 영리해질 필요는 없다. 계속 우매한 달팽이여도 좋다. 중요한 것은 목적 지향적이어야 한다는 것이다. 또, 의식이 있는 달팽이여야 한다는 점이다. 왜냐하면 목표가 정해졌을 때 시나리오가 너희를 충격에 빠뜨릴 수 있기 때문이다. 모든 것이 허사로 돌아가고 있다는 불길한 생각이 들 수도 있다. 사실은 여유로워진 공간이 새롭고 아름다운 것들로 채워지기 위해 낡고 무가치한 것들이 현실에서 빠져나가는 것인데도 말이지.

이렇게 마치 '모든 것이 수포로 돌아가는 듯한' 사건의 시나리오도 충분히 있을 수 있다. 유용함의 원칙을 적용하기 위해 자각력이 아주 중요한 시기이지. 이 원칙에 따라 움직인다면 너희는 유용함을 이끌어냄과 동시에 일반적인 '손해를 보는' 시나리오에서 분리되어 '유용함을 얻는' 영화 필름으로 옮겨가기 때문에, 시나리오의 흐름을 방해하지 않을뿐더러 목표를 향해 더 빨리 갈 수 있다. 딿은머리를 사용하지 않고도 말이다. 그리고 딿은머리를 사용해서 유용함 이끌어내기의 알고리즘을 수행한다면 더 빠르고 효과적으로 목표에 도달할 수 있다.

하지만 그보다도 좋은 건 더 이상 달팽이가 되는 것을 멈추고 반딧불이 되는 것이다. 영화 속의 살아 있는 등장인물이 되는 것이지. 유용함을 감시하는 것은 잠에서 깨어나는 방법 중 하나다. 그 어떤 사건도 너희를 무디게 만들지 않을 것이며, 오히려 정신을 바짝 차리게 하는 각성의 신호가 될 것이다. 너희의 과제는 제때에 잠에서 깨어나 현실을 보고 원하는 현실을 선택하는 것이다.

과거에는 뭔가 틀릴 때마다 곧바로 '아아아!' 하고 괴성을 지르고, 팔을 버둥거리며 발을 구르는 게 너희의 모습이었다.

이제는 뭔가 틀릴 때마다 '유용함을 찾았다!'라고 (속으로든. 겉으로 소리 내어 외치든 원하는 대로) 외칠 수 있다.

그리고 앞으로는 세상이 너희에게 뭔가 기분 좋은 일을 해주거나 도움을 주도록, 또는 목표에 한 발짝 더 가까운 곳으로 보내주도록 허용한다.

이것은 모든 것을 허용하고 너희 자신을 굽히라는 말이 전혀 아니다. 물론 모든 일에 유용함이 있는 것은 아니며, 모든 것을 허용하는 것이 적합한 것도 아니고 모든 것에 동의해서도 안 된다. 허용할지, 허용하지 말아야 할지 너희는 올바른 결정을 내릴 테니 걱정하지 말거라. '나 자신이 보이고 현실이 보인다'는 문장과 함께 의식의 상태에 있을 것이니 말이다.

그러나 일반적인 상태에서는 어떻게 행동하느냐? 방어 태세를 갖추거나 무의식적으로 어딘가에 끌려다니지. 어떤 행동이든 무의식적으로 시나리오가 이끄는 대로 하게 되는 것이다. 유용함의 알고리즘을 거치고 나면 너희가 현존의 상태에서 의식에 따른 선택을 한다는 차이가 생긴다. 즉, 살아 있는 등장인물이지만 살아 있지 않은 척하며 얼어붙은 영화 속을 거닌다는 것을 의미한다.

유용함의 원칙과 감시하기, 흉내 내기, 현존하기, 현실 선택하기, 이 모든 것들은 모두 같은 맥락이다. 알고리즘을 수행하면서 너희는 자기 자신을 감시하고 현실을 감시하며 다음 프레임이 움직일 방향을 정한다. 또한 너희가 시나리오에 구애받는다고 해도, 스스로 의도와 자각을 가지고 움직이기 때문에 유용함을 끌어낸다는 것은 순수한 형태의 흉내 내기라고 할 수 있다.

기억하거라. 유용함을 감시할 때는 곁눈질로 현실을 슬쩍슬쩍 보고 있어야 한다. 시나리오든, 주변의 등장인물이든 그 누구도 너희를 의심하지 않는다. 다른 모든 잠든 이들과 마찬가지로, 너희는 꾸준히 역할을 연기하고, 매일 주어진 임무를 다 하며 곁눈질로는 사건을 감시하고 있다. 즉, 현존하면서도 현존을 완전히 드러내지는 않지. 바로 그것이 너희에게 필요한 태도이며, 반드시 기억해야 하는 점이다. 눈에 띄지 않고 사건과 전혀 무관한 상태로 있는 것 말이다. 왜냐고?

그 이유를 벌써 잊었느냐? 너희가 그러면 그렇지! 내가 너희에게 설명해주지 않았더냐. 여러 번 복습하라고 일렀거늘. 무관하게 있는 것은 '살아 있는 존재로서 영화 속을 거니는 것'의 가장 기본적인 법칙이라고 하지 않았느냐. 첫째로 주변에서 너희를 의심하거나 경계심을 가지지 않도록 하기 위해서 자신의 현존을 드러내지 말아야 한다고 했다. 너희도 잠든 자들과 마찬가지인 척하라고 말이다.

두 번째 법칙은 너희가 이제까지 습관처럼 해오던 것처럼 미간을 사용하지 말아야 한다는 것이었다. 다시 말해 현실의 멱살을 잡고 현재 프레임이 담고 있는 사건과 등장인물들과 싸워, 잠들어 있을 때처럼 다시 시나리오에 얽매이지 말거라. 주의를 가지고 현존하며, 다가오는 프레임을 너희의 의도로 움직여 영화 필름을 바꿀 때 너희는 살아 있는 자로서 영화 속을 거닐게 된다. 하지만 어떤 의도를 사용해야 할까? 당연히 외부 의도지. 반드시 기억하거라! 곁눈질

로 흘끗거리며 무관하게 있는다면 의도의 외부 중심을 활성화할
수 있을 것이다.

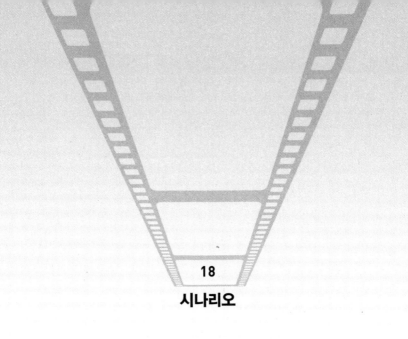

18
시나리오

다시 만나는구나, 이 아무짝에도 쓸모없는 것들아! 너희는 너무나 해롭고 쓸데없는 존재들이라서 모든 일에서 유용함이 아니라 손해만 찾곤 하지. 하지만 전부 고칠 수 있다. 유용함을 찾는 자가 유용함을 가져다주는 자가 될지어다!

◇ 시나리오를 선택하는 것과 '어떻게?'라는 질문에 대한 답을 알아내는 것은 너희가 신경 쓸 일이 아니다.

◇ 너희가 할 일은 어떤 목표를 달성하고 싶은지 분명하게 아는 것과 결과, 즉 목표 프레임을 선택하는 것이다.

◇ '모든 것이 헛되이' 흘러가는 상황은 유용함을 가져다주는 상황이다. 현실이 정화되고 있다는 뜻이기 때문이다.

◇ 주의를 가지고 현존하고 의도에 따라 움직일 때 너희는 영화 속을 거닐 수 있다.

◇ 허용은 사건과 무관한 상태에서 외부 의도를 활성화시키는 것이다.

◇ 잠에서 깨어나, 보고 선택하라. 뭔가가 의도와 다르게 흘러간다면 '유용함을 얻는다!'라고 외쳐라.

너희가 잠에서 깨어나지 못하고 이 모든 것들을 활용하지 못한다면, 대개는 어떤 점이 유용함을 가져다주는 일이었는지 너무 늦게 깨달을 것이다. 무엇을 어떻게 거부하려고 했는지, 그 후에는 어떻게 기회를 놓쳤거나 누군가에게 한 대 얻어맞았는지 기억이 낮을 때서야 알게 될 것이다.

그래, 그래. 주의 감시하기가 습관이 될 때까지 너희는 수없이 잊어버리고 뒤늦게야 비로소 기억할 것이다. 그러면 왜 자꾸만 주의에 대해서 잊게 되는 것일까? 너희는 기억하고 있느냐?

수수께끼를 하나 내주지. 달팽이를 아주 고통스럽게 하면서도 정작 달팽이 자신은 그 사실조차 자각하지 못하는, 가장 단순하면서도 중요한 질문이 무엇인지 아느냐? 이마를 찡그리지 말거라. 어차피 너희는 맞추지 못할 것이다.

"왜 내 마음대로 되는 것이 하나도 없을까?" — 이것이 그 질문이다. 그러면 대답이 무엇이겠느냐? 너희가 시나리오에 따라 움직이면서도, 그 사실을 모르며, 현실을 선택할 줄 모르고 수족관의 물고기처럼 현실 속에서 살기만 할 뿐이니까. 더 정확히 말하자면 마치 달팽이처럼 말이지.

너희가 계속 무의식의 상태에 있으며, 아주 가끔씩만 잠에서 깨어나 그제야 깜빡 잠이 들었다는 사실을 자각한다는 사실이 시나리오에 따라 살고 있다는 반증이다. 너희가 주의에 대해서 자꾸만 잊어버리는 이유를 생각해봤느냐? 그저 부주의함 때문이라고 보느냐? 아니다. 그건 너희가 시나리오에 따라 움직이고 있기 때문이다.

너희는 이성과 의지에 따라 행동한다고 생각하지만 그건 환상에 불과하다. 우리가 예전에 얘기했던 것처럼, 행동의 환상의 요점은, 너희가 그것이 환상이라는 사실을 깨달을 때까지, 그리고 어떤 게임의 의존적인 등장인물이라는 사실을 자각할 때까지는 현실은 계속 너희를 붙잡아둔다는 데 있다.

말 그대로 영화와 똑같지. 영화 속 주인공들도 마찬가지로 자기 자신이 어떤 입장인지 자각하지 못한다. 배우가 아니라 영화의 주인공 그 자체를 말하는 것이다. 배우들은 이미 오래전에 운명을 다했을 수도 있지만, 그 배우들이 연기한 캐릭터들은 사람들이 영화를 볼 때마다 다시 살아난다. 이상하다고 생각하지 않느냐? 물론 기술적으로는 아무 문제 없겠지. 살아 있을 때 장면을 촬영해 필름으로 만들어둔 것이니. 하지만 그렇다 하더라도 너무 이상한 것 같지 않으냐?

너희가 영화를 발명할 수 있었던 것은, 스스로 영화를 생각해냈기 때문이 아니라 현실에 영화와 같은 측면이 있기 때문이다. 너희는 아직 확실히 실현되지 않은 것을 생각해낼 수 없다. 너희가 영화 속에서 살고 있기 때문에 영화라는 것을 만들어낼 수 있었던 것이지. 현실을 본떠 만든 모형처럼 말이다.

너희가 영화 속의 주인공이 아니라 한낱 수많은 등장인물 중 하나인데도 불구하고 의식을 가지고 있다는 사실도 모순적이지. 현실의 역설이자 비웃을 만한 사실이다. 그럼에도 기회는 너희에게 있다. 하지만 너희는 그 질문이 주어졌을 때만 자기 자신을 자각하지. 그 외의 모든 시간에 의식은 잠들어 있고 외부 시나리오에 연결되어 있다.

또 다른 놀라운 점은, 너희가 그저 잠들어 있는 등장인물에 불과하다는 시나리오가 존재하고 있다는 사실이 너희를 그다지 큰 충격에 빠뜨리지 않는다는 것이다. 사실은 충분히 경악할 만한 일이었는데도 말이다. 그 이유는 너희가 행동의 환상을 구분할 수 없기 때문이다. 너무나 강력한 환상이기 때문에 말이다. 너희는 '시나리오에 따라 움직인다'는 말을 심각하게 받아들이지 못할 뿐이다. 마치 그게 무슨 농담이나, 비의적 종교의 부적 같은 것이라고 말이다. 저런, 저런!

혹은 내 말을 믿는다 하더라도, 영화 속의 주인공들이 자신이 영화 속 주인공이라는 사실을 끝까지 모르는 것처럼 너희도 마찬가지로 영화 속에 있다는 사실을 자각하지 못할 것이다. 하지만 현실을 가지고 실험을 계속하다 보면 언젠가는 분명하게 깨닫는 날이 올 것이다. 그제야 비로소 너희는 충격에 휩싸이게 될 것이다.

하지만 아직은… 아직은 시나리오가 있다는 사실을 그저 희미하게 의심하는 정도밖에 안 될 것이다. 어쩔 수 없는 운명의 현상이지. 하지만 운명이란 것은 대략적인 방향에 불과하다. 마치 걸어갈 길을 선택하는 것과 마찬가지로 운명도 선택할 수 있지. 하지만 너희는 문제를 악화시키는 운명을 고르는 터무니없는 실수를 하곤 한다. 모든 사건에서 유용함이 아니라 손해만 찾아내기 때문이다. 또는 통제할 기회를 사용하지 않아 손해를 더 악화시키기만 한다.

너희가 가지고 있는 운명의 개념과 다르게 시나리오는 더 구체적이고 잔인하다. 시나리오는 하나의 필름에 있는 너희의 모든 행동과 태도를 프로그램화한 것이다. 그것은 통제할 수도 없지. 그저 현실을 정해가면서 여러 가지의 시나리오 중 한 가지를 선택할 수밖에.

그렇다, 너희는 시나리오를 통제하려고 하는 습관과 당연히 그렇게 할 수 있다는 환상을 가지고 있기 때문에 시나리오를 통제하겠다는 강한 유혹이 또 들 것이다. 너희가 사건이나 사람에 직접적으로 영향을 미치려고 한다면 그릇된 행동과 부작용만 잔뜩 떠안게 될 것이다.

시나리오는 마치 현실의 지평선에서 먹구름이 점점 짙어지는 것과 마찬가지로 움직일 것이다. 그제야 너희는 미로 안에 갇힌 생쥐 꼴이라는 사실을 깨닫겠지. 그리고 몸을 피할 쥐구멍을 찾으려고 애쓰겠지만, 그래 봐야 힘만 빠지고 아무 소득도 없을 것이다.

똑똑히 기억하거라. 너희가 처한 시나리오에도, 사건의 전체적인 흐름에도 직접적으로 영향력을 미치는 것은 불가능하다. 그저 현실이라는 캔버스의 끄트머리를 잡고 그것의 일부를 사용하는 것만 가능할 뿐. 그 일부 중 하나가 유용함이라는 것이다. 그것도 모르겠다면 너희를 전부 폐기해버리겠다. 그런 것들은 전부 필요 없으니 말이다! 나에겐 'Delete'라는 버튼이 하나 있다. 모든 걸 취소

해버리든가, 아니면 삭제하든가 그런 버튼이지. 정확히 기억은 안 나지만. 뭐, 어디 한번 확인해 봐야겠구나.

19
창조자의 불꽃

나의 착하고 어여쁜 아이들아, 다시 복습하자꾸나. 복습은 너희에게 유용함이니! 나에게는 고통이지만… 아니지, 내가 전에도 말하지 않았느냐. 너희에게는 복습이 고통이고 나에게는 놀이라고, 나의 광신도들아!

◇ 너희는 마치 수족관 속의 물고기처럼 앞을 보지 못하고 현실도 선택하지 못하며 그 현실을 살기만 하고 있다.

◇ 너희는 시나리오를 따르기 때문에 자기 자신이 어디에 주의를 기울이고 있는지에 대해서는 잊게 된다.

◇ 영화를 발명할 수 있었던 이유는 너희가 직접 그 속에서 살고 있기 때문이다.

◇ 영화는 현실의 여러 측면 중 하나이며, 말 그대로 현실을 본떠 만든 모형이다.

◇ 시나리오는 영화 필름 속에서의 너희의 태도를 프로그램화한 것이다.

◇ 시나리오를 통제하는 것은 불가능하며, 목표 프레임을 선택하는 것만 가능하다.

예전에 너희에게 물었던 질문으로 돌아가 보자꾸나. 왜 내가 원하는 대로 일어나는 것이 하나도 없을까? 너희는 이미 그 답을 알고 있다. 바로 너희가 어떤 상태인지 모르기 때문이다. 어찌 됐건 아직까지는 모르고 있지 않았느냐. 그러면 너희가 원하는 대로 현실이 흘러가게 할 수 있느냐? 여기에는 긍정적으로 대답할 수 있을 것이다. 너희가 전부 틀리게 하고 있다는 게 문제지만 말이다.

영화 속에서 잠이 들었다고 상상해보거라. 그 상태에서 무엇을 변화시킬 수 있겠느냐? 영화는 너희의 의지와 무관하게 돌아간다. 사건과 사람은 이미 정해져 있기 때문에, 그것을 바꾸는 것은 불가능하다. 하지만 바로 그걸 하려고 너희는 애쓰고 있지. 그리고 너희의 마음대로 흘러가고 있는 것이 아무것도 없다는 자각의 섬광이 번쩍이는 순간 충동이 일어난다. 하지만 번쩍임은 오래가지 않고 금세 사그라들지.

너희는 무의식적으로 행동하는 등장인물임에도 의식을 가지고 있기 때문에, 사건의 흐름과 사람을 직접적으로 통제하고 싶다는 강력한 유혹이 너희를 사로잡을 수 있다. 사건과 사람에 영향을 미치고, 어떤 행동을 하고 싶어지지. 하지만 얼마 안 가 그것이 불가능하다는 사실을 깨닫고 '어떻게?'라는 질문에 괴로워하기 시작한다. 하지만 너희는 시나리오를 '읽어본 적이 없기 때문에' 그 질문에 대한 답을 알아내는 것도 할 수 없다.

시나리오를 알 수도 없고 통제하는 것도 불가능하며, 사람을 통제하는 것도 마찬가지라면 어떻게 해야겠느냐?

첫째: 다가오는 프레임을 움직인다.

둘째: 자기 자신을 움직인다.

셋째: 자기 자신을 통제한다.

너희가 할 수 있는 것은 이 세 가지가 전부다.

첫 번째 방법은 이미 알고 있을 것이다. 바로 **목표 프레임을 선택**하는 것이다. 이 개념을 왜 자꾸만 반복하는지 궁금하겠지. 그 이유는 너희가 달팽이 껍데기 안에 깊숙이 처박혀서, 다시 말해 너희의 틀만을 계속 고집하면서 다가오는 현실을 선택하지도 못하고 지금의 실제와 싸우고만 있기 때문이다. 사실은 그 반대로 해야 하는데 말이다. 현실을 선택하면 시나리오가 바로 너희만을 위해 움직이는 영화를 얻게 될 것이다. 너희가 그 앞길을 방해하지 않고 유용함을 끌어낸다면 말이다.

그다음으로 두 번째를 보자꾸나. 자기 자신을 움직인다는 것이 무슨 뜻일까? 너희가 재생되는 영화 속에 있고 그 영화를 바꿀 수는 없지만, 자기 자신을 바꾸는 것을 방해하는 것은 아무것도 없다고 상상해보거라. 자기 자신의 모습을 유지해야 한다고 설득하려는 사람들을 믿어선 안 된다. 물론 자기 자신의 중심과 개성을 잃어선 안 되기 때문에, 그 말도 어느 정도는 맞을 수 있다. 하지만 그러면 달팽이로 계속 살아가야 하지 않겠느냐? 그걸 원하는 것이냐?

자기 자신을 배신하지 않으면서 변화해야 한다. 무슨 뜻인지는 너희도 이해하겠지. 자기 자신을 개선하라는 것은 배신하라는 뜻이 아니다. 태초에 너희 모두는 각각의 단점을 가지고 있다 해도 그 자체로도 완전한 존재로 대자연에 의해 창조되었다. 하지만 **발전이 없는 곳에는 후퇴만 있을 뿐이다.** 그것이 이치지. 주름이 자글자글한 민달팽이가 되기 싫다면 자기 자신을 개선하며 육체적으로, 영적으로 발전해야 한다.

너희의 발전에 많은 것이 달려 있다. 너희 각각은 내면에 창조자의 불꽃을 지니고 있다. 바로 그 불꽃을 키우거라. 지배자의 불꽃이 아닌, 창조자의 불꽃 말이다. 명령하며 지배하는 것도 또 하나의 유혹이다. 그 유혹에 넘어가지 말거라. 완전한 존재로서 자신의 현실을 선택하고 자기 자신을 창조하거라. 위대한 창조자는 주어진 원칙을 어기지 않는다. 즉, 너희를 지배하지 않고(하지만 내가 무슨 말을 하든 너희는 듣지 않겠지) 창조한다. 너희 역시 그렇게 할 수 있다.

육체적인 발전이 왜 필요하며 어떻게 신체를 발전할 수 있는지는 내가 말해주지 않아도 이미 잘 알고 있을 것이다. 쭈글쭈글한 민달팽이를 누가 좋아하겠으며, 그가 뭘 할 수 있겠느냐? 그저 운명에 대해 푸념하며 잔뜩 찡그리고 있는 것밖엔 못 하겠지. 너무나 잔인하고 불쾌하겠지만 너희가 달팽이 집으로 숨지 말고 직면해야 하는 사실이다.

영적 측면에서 보자면, 너희는 어둠의 세계에서 **반딧불이 되어야**

한다. 어떻게 하는지는 이미 설명해준 적이 있다. 주의를 밝히는 것이지. 즉, 제때에 주의를 감시하여 자기 자신을 보고 현실을 보는 것이다. 그렇게만 해도 너희에게서는 빛이 날 것이다. 만약 거기서 빛이 더 나게 된다면 어떻게 하냐고? 그게 무슨 말이냐? 그게 문제라도 된단 말이냐? 너희 자신이 눈에 띈다는 점에서 물론 문제가 될 수는 있겠지. **기쁨과 사랑을 발산하여 축제로 만들거라.**

만약 그렇게 된다면 너희 주변에 있는 달팽이들은 너희를 향해 더듬이를 뻗으며 모여들 것이다. 영화 필름을 바꾸지 않으면서도 주변의 모든 호감이 너희에게 집중되는 것이다. 영화는 예전과 다름없이 돌아가지만 그 속에서 너희는 대스타가 되는 것이다. 그렇게 하기 위해서는 주의를 감시하여 필요한 방향으로 돌려놓는 방법을 배우는 것 외엔 아무것도 필요 없다. 잠들어 있는 창조자의 불꽃을 불태우는 것은 아주 유쾌한 연습이며 가치 있는 목표가 아니냐?

힌트를 몇 개 더 알려주겠다.

1. '현실을 선택할' 뿐 아니라 시나리오에 따라 너희가 반드시 해야 하는 일을 해야 한다. 먼저 선택하고, 그다음 새로운 필름으로 옮겨가며 너희가 해야 할 모든 일에 최선을 다해라. 다니고, 말하고, 실행하거라. 그렇다, 그건 이미 현실 프레임에 있기 때문이지. 설마 생각 하나 바꿨다고 소파에 누워 모든 걸 비꿀 수 있다고 생각한 건 아니겠지?

2. 너희 자신을 위해 유용함을 끌어낼 뿐 아니라, 다른 달팽이들을 위해서도 똑같은 것을 얻을 수 있도록 하거라. '나와 모든 자들에게 유용함을' — 이것을 신념 리스트에 포함시키도록.

그렇지 않으면 사건과 사람을 통제하려고 애쓰기만 하는, 똑같이 무의미한 짓을 되풀이하기 시작할 것이다. 똑똑히 기억해두거라, 나의 나약한 아이들아!

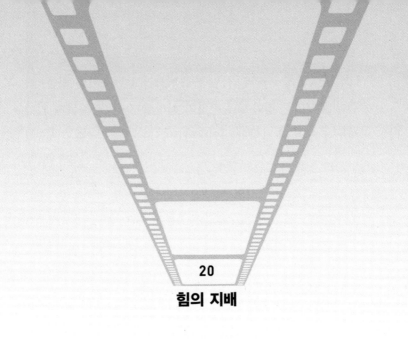

20
힘의 지배

　나의 달팽이들아, 이리로 오거라! 너희를 기쁘게 해주겠다. 스무 살이 넘으면 시나리오가 가장 기본적으로 가지는 목적이 어떤 것인지 아느냐? 바로 후퇴다. 자, 기분이 좋아졌느냐? 왜 아니란 말이지? 너희는 희망을 가지고 있지 않느냐, 너희에게는 바로 내가 있단 말이다!

◇ 영화 필름 속에서 각성하는 것만으로는 필름을 바꿀 수 없다.

◇ 하지만 현실을 선택하면 너희를 위해 돌아가는 시나리오가 있는 다른 필름을 얻게 된다.

◇ 발전이 없는 곳에는 후퇴만 있을 뿐이다.

◇ 너희는 태초에 완전한 존재로 창조되었다.

◇ 너희 모두는 내면에 창조자의 불꽃을 가지고 있다.

◇ 자기계발은 그 불꽃을 키운다.

시나리오가 너희를 통제하도록 허용하든지, 자기 자신을 움직여 훨씬 더 오랫동안 계획을 실현시킬 수 있도록 자신을 다잡든지, 너희는 이 둘 중 하나를 선택할 수 있다.

'자기 자신을 움직이는 것'이 무슨 뜻인지 설명하기에 앞서 시나리오를 통제하려고 애쓰는 문제로 다시 한번 돌아가보도록 하지. 아주 중요한 문제이고, 너희가 편집증 증세를 보이는 것이기도 하기 때문이다. 이 지긋지긋한 것들아. 뭘 하면 안 되고, 하지 말아야 하는 것이 뭔지 계속 설명해주지 않으면 안 되는구나. 더듬이를 바짝 세우고 잘 들거라.

너희는 사람들이나 사건으로부터 뭔가를 계속해서 원하고, 그들을 너희 뜻대로 움직이려고 강요하고, 바꾸려고 한다. 그러면서 그 방법을 통해 어떻게 너희가 원하는 바를 실현시킬 수 있을지 끊임없이 고민하며 괴로워한다. 예를 들어, 이성을 감동시켜 데이트 요청에 승낙하게 하기 위해서, 어치°들이 하는 구애의 춤을 생각해내지만 결국엔 단호하게 거절당하고 만다. 그 이유를 아느냐?

너희는 의식이라는 것을 부여받은 생명체이기 때문에 '어떻게?'라는 질문을 자신에게 던지며 그것을 실현시킬 전략들을 수없이 세운다. 그렇다, 그 질문을 던지는 순간 의식은 깨어나지만, 너희

◇ 유럽과 아시아에 분포하는 참새목 까마귓과의 새.

가 온통 신경 쓰는 건 목표가 아니라 목표를 어떻게 실현시킬지에 대한 어리석은 상상이다. 그런데 그 상상은 너희에게 방해만 된다. 너희가 생각해낸 시나리오는 현실과 대치되지만, 그럼에도 그 시나리오를 고집하여 결국 모든 걸 망쳐버리지.

그러나 어치들은 너희와 다르게 완전히 무의식적으로, 그저 철저히 본능에 따라 시나리오에 이끌려 행동한다. 어치의 머릿속엔 **오직 목표뿐이며** '어떻게?'라는 주제에 대해 그 어떤 허황된 상상도 없다. 그렇기 때문에 그는 더 많은 기회를 가지고 있지. 너희는 그렇게 행동해본 적이 없지 않느냐? 한번 해보거라. 좋아하는 사람에게 다가가서 아무것도 생각하지 말고, 머릿속에 떠오르는 대로 말하고 행동하거라. **오직 목표만** 생각한다면 시나리오가 알아서 너희를 목표로 인도해줄 것이다.

하지만 의식적으로 자기 자신을 지켜보고 있어야 한다는 사실만큼은 너희가 어치와 유일하게 다른 점일 것이다. 계속해서 자기 자신을 감시하고 주의를 감시하거라. 주의가 다시 자신만의 꿍꿍이를 가지고 너희의 손아귀를 벗어나도록 하지 않기 위해서 말이다. 그리고 희미하게 느껴지는, 너희를 **지배하는 시나리오의 힘**에 순순히 따라야 한다.

어려우면서도 동시에 쉬운 일이다. 어려운 이유는 자신의 동기를 잊어버리고 외부의 힘을 따르는 것이 너희에게 낯설고 익숙하지 않은 일이기 때문이며, 쉬운 이유는 의식과 의도를 가지고 그 힘이 너희를 인도하도록 **허용하기만** 하면 힘의 지배를 직접 느낄 수 있기 때문이다.

내가 너희에게 알려주는 바를 바로 지금 느껴보겠느냐? 모두 같은 것이다. 영화 속에서 살아 있는 채로 산책하는 법칙에 대한 것이지. 이 법칙들은 모순적이다. 너희의 상상과 습관과 어긋나기 때문이다. 너희는 무의식의 상태에서도 시나리오를 거스르며, 잠에서 깨어났을 때는 시나리오의 의도에 따라 행동하는 것을 더더욱 못 견딘다.

그러나 너희의 생각과 행동을 반대로 해야 한다. 반사적으로, 또는 무의식적으로 저항하려고 하지 말고, 생각과 의식을 가지고 그를 따르도록 하거라. 너희가 납으로 만들어져 멍한 시선을 가진 얼굴과 눈빛의 마네킹이며, 살아 있지도 않아 누군가에게 이리저리 조종당하는 인형처럼 다니는 모습을 상상해보거라. 그러다 갑자기 의식의 상태로 들어가, 눈동자에 빛이 살아나는 모습을… 그것이 바로 유일한 차이점이다.

물론 너희는 내면에 고유의 불빛을 지니고 있기 때문에 겉으로도 밝게 빛날 것이고, 잠든 자들은 무의식적으로 너희에게 호감을 가질 것이다. 그 외엔 눈에 띄지 말아야 하며, 다른 자들과 똑같이 영화의 흐름에 순응해야 한다. 잠에서 깨어난 뒤 너희는 존재를 드러내지 않고 기계적으로 다른 마네킹 무리에 계속 섞여 있으며 그들과 똑같이 행동할 것이다. 잠든 자들을 흉내 내면서도 너희만큼은 비밀스럽게 영화를 바꾸지.

그걸 뭐라고 부르는지 기억하느냐? 바로 연극 흉내 내기다. 시나리오가 너희를 조종하도록 의식을 가지고 허용하면서 실제로는 시나리오의 힘과 지혜를 사용하여 너희가 자기 자신을 조종하는 것이지. 그러면 모든 게 매끄럽게 흘러갈 것이다. 허용하지 않으면 전부 망가진다. '내 뜻대로 되는 게 하나도 없다'고 생각하게 만드는 상황은 너희가 허용하지 않기 때문에 일어나는 것이다.

누군가는 반대하겠지. '내가 무슨 이유로 나를 어디로 데려가는지도 모르는, 심지어 진짜 있는지도 알 수 없는 시나리오의 힘과 지혜를 믿고 의지해야 한단 말인가? 그게 아니더라도 내가 원하는 것을 이루는 데 시나리오가 관심이 있기나 할까?' 이렇게 생각할 것이다.

물론 시나리오는 그런 것에는 눈곱만큼도 관심이 없다. 하지만 어떤 의미에서는 너희가 귀를 기울이면 시나리오도 너희의 말을 들으려고 할 것이다. 시나리오가 왜 귀를 기울일 것이며, 왜 시나리오에 의지해야 하는지는 조금 뒤에 말해주도록 하겠다. 아직은 '시나리오를 거스르는 것이 가능하기는 한가, 그리고 그를 거스를 만한 가치가 있는가?'라는 아주 간단한 질문에 대한 대답을 보기로 하지.

예를 들어, 너희의 연인이 데이트 신청에 응했다고 하자. 데이트 준비를 할 때 너희는 보통 뭘 하느냐? 계획을 세우고, 기대를 하지. 그리고 너희가 세운 계획대로 모든 것이 흘러가기를 사건에 기대하고, 너희의 마음에 들지 않는 행동을 하지 않기를 데이트 상대에게 기대한다.

하지만 현실에서만은 모든 게 너희가 생각했던 것과 다르게 흘러가고, 그래서 너희는 불만을 가지며 부정적인 반응과 결과를 보인다. 하지만 직접 판단해보거라. 사건이나 사람들이 왜 너희가 생각하고 기대하는 대로 움직여야 하느냐? 그건 영화나 드라마를 보면서 줄거리가 너희가 예상한 시나리오대로 흘러가길 바라고, 주인공이 너희의 기대에 따라 행동하길 바라는 것과 똑같다. 그게 가능하겠느냐? 아니다. 너희가 인생이라고 생각하는 영화도 마찬가지다.

21
순응하기

자, 여기를 보거라, 기운 내거라! 이미 너희는 많은 걸 알고 있지만, 영화 속에서 자유롭게 산책하기 위해서는 아직도 갈 길이 멀다. 복습을 하자꾸나!

◇ '어떻게?'라는 질문은 최종 목표로부터 너희를 멀리 떨어뜨려 놓는다.

◇ '너희의 뜻대로 모든 것이 흘러가길 바라는' 욕심은 모든 것을 망쳐버리고 목표로부터 너희를 멀리 떨어뜨려놓는다.

◇ 시나리오에 저항한다면 결국 불쾌함만 잔뜩 떠안게 될 것이다.

◇ 머릿속에 목표에 대한 생각만 있다면 시나리오가 알아서 너희를 그 목표로 인도할 것이다.

◇ 영화의 흐름을 거스르지 말고, 자기 자신을 지켜보고 영화의 흐름에 순응해야 한다.

◇ 힘의 지배를 느끼고 순응하는 방법을 배워야 한다.

현재 필름에서 사건과 사람을 통제하는 것이 불가능하다면 어떻게 해야 할까? 그저 놔주고, 필름도 재생되는 대로 그냥 두고, 사람들을 그들의 방식대로 살도록 놔두면 된다. 너희가 현재 필름을 바꿀 수 있는데 뭣 하러 그렇게 해야겠느냐? 그리고 왜 너희가 사람들에게 영향을 미칠 권리를 가지고 있다고 생각하느냐? 그 사람들을 전부 놔주거라. 그러면 그들도 너희를 놔줄 것이며, 그러면서도 너희에게 다가와 너희가 원하는 대로 행동할 것이다. 하지만 그 방법에 대해서는 조금 나중에 이야기하도록 하지.

다시 한 번 일러주겠다. 너희가 집중해야 할 것은 사건의 흐름이나 사람들의 태도(행동)가 아니라 최종 목표, 즉 목표 프레임이다. 현존의 상태에 있을지라도 시나리오를 거스르면 안 될 것이며, 그럴 수도 없다. 현실에서 너희의 의지에 따라 생긴 변화는 다른 필름으로 이동한 결과이다. 지금 영화의 시나리오대로라면 너희는 아무것도 할 수 없다.

누군가는 반대할 것이다. '나는 잠에서 깨어나 의식과 의도를 가지고 시나리오로부터 벗어났다. 예를 들어, 그냥 아무 이유 없이 내 마음대로 누군가를 한 대 갈겨준다든지 하는, 완전히 특이한 행동을 했다. 그 대가를 치러야 할 수도 있겠지만, 그래도 어찌 됐건 나는 현존의 상태에서 시나리오를 어겼다!'

첫째로, 그런 경솔한 행동이 시나리오에 포함되지 않았다고 주장할 수 없다. 둘째로, 너희가 원하는 만큼 마음대로 행동할 수는 있지만, 거기에서 과연 무엇이 이득이 되겠느냐? 문제를 해결하는 방법, 달성하기 어려운 목표에 도달하는 방법에 대해서 이제까지 이야기를 나눈 게 아니었느냐? 또는 왜 너희의 꿈이 이루어지지 않는지에 대해 이야기한 것이 아니냐? 현실을 가지고 그렇게 가볍게 행동하는 것은 아무 유용함도 주지 않는다. 현실을 가지고 농담하는 것 또한 그렇다. 진중하게 대하거라. 그게 중요하다.

이 외의 모든 것들은 전부 사소한 것이며, 충분히 있을 수 있는 자잘한 예외나 너희가 여러 실험을 거치며 바꿀 수 있는 것들이다. 하지만 이런 작은 것들에는 신경 쓸 필요 없다. 근본적인 의미를 가진 가장 중요한 것들에 집중하거라. 그다음에 구체적인 것들로 넘어가는 것이 좋다.

영화 속에서 하는 산책의 의미와 원칙은 잠에서 깨어나 자신의 의지를 가지고 요상한 장난을 치기 시작하는 것이 아니라, 오히려 의식을 가지고 순응하는 것에 있다. 현실을 선택하고 필름을 바꾸는 것이 너희의 의지가 개입되어야 하는 부분이다. 다른 일에서는 잠에서 깨어나 관찰하고 순응하기만 해야 한다.

의식을 가지고 세 가지를 한 다음 잠에서 깨어나거라.

1. 시나리오를 통제하려고 하는 것을 포기하거라.

2. 시나리오에 순응하기 시작해라.

3. 목표 프레임을 선택하거라.

세 가지를 위해서 관찰하거라.

1. 자신의 주의를 감시하기 위해서

2. 유용함을 감시하고 찾아내기 위해서

3. 다가오는 프레임을 감시하고 비추기 위해서

그리고 시나리오의 힘과 지혜를 사용하기 위해 순응하거라. 시나리오는 강처럼 항상 최적의 길을 따라 흐른다. 너희가 첫 번째로 할 일은 목적지, 즉 목표를 분명하게 하는 것이다. 그 목표를 어떻게 달성할지 계산하는 건 너희가 할 일이 아니다. 뉘앙스, 사람, 환경, 사건과 같은 수많은 변수가 있는데 이 모든 변수 중 단 하나를 통제한다고 해서 그 결과를 알 수가 없다. 하지만 시나리오는 그런 문제를 아주 간단하게 해결해내지. 그러니 너희가 두 번째로 할 일은 시나리오를 따르는 것뿐이다.

순응한다는 것은 유용함과 허용하기의 법칙에 대해 너희에게 내가 알려줬던 것과는 전혀 다르다. 순응한다는 것은 힘의 지배를 느끼고 그 힘에 복종하는 것이다. 하지만 항상 느껴야 하는 것은 아니다. 사건이 어떻게 흘러가는지 의식을 가지고 관찰하며, 거스르지 않고 이해하며 그에 맞게 행동하는 것만으로도 충분할 때가 자주 있다.

시나리오가 너희를 어디로 인도하는지 느끼기 위해서는 자기 자신이 보이고 현실이 보이는 현존의 상태로 들어가기만 해도 충분히 알 수 있다. 어디로 따라가야 할지 현실이 분명한 답을 주지 않는다면 자기 자신과 감각에 더 귀 기울여야 한다는 뜻이다. 현존의 상태에서는 얼마든지 쉽게 할 수 있다. 단지 잠에서 깨어나기 위해 자기 자신을 감시하는 것이 어려울 뿐이지.

여기에서 너희는 주의 감시하기, 프레임 비추기와 유용함 끌어내기의 알고리즘에서 활성화되었던 여러 가지 활성체의 도움을 받을 수 있다. 이 기술들을 습관으로 만들기 위해 **모든 활성체를 꾸준히 사용해야 한다.** 그 방법을 사용해야만 **제때에 잠에서 깨어나는 방법**을 터득할 수 있다. 그런 습관을 들이지 않는다면 아무것도 성공하지 못할 것이다. 제때에 깨어나는 능력, 이것이 가장 중요하다.

여기에 덧붙여 너희에게 통제하기 활성체를 알려주겠다. 너희의 가장 해로운 습관은 시나리오를, 즉 사건이든 사람이든, 모든 걸 통제하려고 애쓰는 태도다.

1. 나는 사람이나 사건으로부터 뭔가를 원한다.

2. 나는 모든 것이 내 계획대로 흘러가길 바란다.

3. 뭔가가 내가 원하는 방향과는 다르게 흘러가고 있다.

'통제하려는' 습관을 버리고 '놓아주고 순응하는' 새로운 습관을 들이거라. 그러면 순응하기의 알고리즘에 대해서 알려주겠다.

1. 통제하기 활성체에서 자기 자신을 붙잡는다.

2. '나 자신이 보이고 현실이 보인다'고 되뇌며 깨어난다.

3. '첫 번째 지배가 뭐라고 말하고 있는가?'라고 자신에게 질문하고, 그에 대한 답을 느낀다.

4. 답을 찾으면 그 지배를 따른다.

5. 답이 없다면 목표 프레임을 선택하여 다시 그것을 따르려고 노력한다.

22
외부 힘

자, 나의 조용하고 얌전한 아이들아. 살아 있는 인물로서 산책하는 것이 '모든 걸 내 뜻대로 해버리겠다'는 객기와는 다르다는 사실을 이제 깨달았느냐? 반대로 산책을 하며 '조용히, 존재를 드러내지 않으면서 관찰하고 순응하는' 유순한 자가 되는 것이다. 하지만 그와 동시에, 실제로는 계속해서 흉내 내고 꾸며내는 것임도 깨달았을 것이다. 법칙을 복습해보자꾸나.

◇ 잠에서 깨어나 관찰하고 순응한다.
◇ 목표 프레임을 선택하고 시나리오를 따른다.
◇ 시나리오의 힘과 지혜를 사용하기 위해 순응한다.
◇ 활성체 사용을 습관화하기 위해 꾸준히 활성체를 활성화한다.

◇ '통제하려는' 습관을 버리고 '놓아주고 따르는' 새로운 습관을 들인다.

◇ 순응한다는 것은 힘의 지배를 느끼고 그것을 따를 줄 아는 것이다.

(사랑스러운 나의 아이들아, 다만 힘의 지배를 너희의 약함과 어리석음을 묵인하려는 희망과 혼동하지 말거라!)

첫 번째 바람, 즉 힘의 지배나 '본능'이라는 것을 따른다면 너희는 올바른 방향으로 가고 있는 것이다. 그러나 명령을 따르지 않는다면 실수를 저지르게 되겠지. 고집을 부리는 건 자유롭게 행동하는 것이 아니다. 시나리오의 명령을 벗어나는 것은 한순간이며, 그렇게 되면 너희는 실수를 저지르게 되지. 너희는 다시 시나리오의 손아귀에 들어가지만, 너희가 실수를 저질렀다는 사실을 감안해 더 악화된 프로그램 속에 살게 된다.

이런 경우에 너희가 시나리오의 명령을 어기는 이유는 너희의 자각, 아니, 자만 때문일 것이다. 자만심은 본래의 목적과 다르게 사용되기에 너희에게 손해를 가져다주기만 한다. 올바른 행동 대신 그릇된 행동을 하게 만들지. 너희의 자만심은 너희가 어디에 있으며 어떤 위치에 있는지 깨닫지 못하게 한다. 너희의 위치는 영화 속의 등장인물이라고 내가 말해주지 않았느냐. 그 위치에서 벗어나기 위해서 어떻게 행동하는 것이 맞는지도 설명해주었다.

이전의 수업에서, 시나리오가 영화 필름 속에서의 모든 행동과 태도를 프로그래밍한 것이라고 말한 적이 있다. 하지만 모든 것을 프로그래밍한 것일까? 프로그래밍되지 않은 것이 딱 두 가지 있다. 하나는 유용함을 가져다주는 예외이고, 다른 하나는 손해를 가져다주는 예외지. 손해를 가져다주는 예외는 이미 말했다시피 시나리오의 명령을 어기는 것이다.

반면에 유용함을 가져다주는 예외는 너희가 잠에서 깨어나 의식적으로 현실을 선택하는 것이다. 유일하게 시나리오에 포함되어 있지 않은 사건이지. 시나리오에는 너희가 영화 필름을 바꿔 다른 시나리오의 소유로 들어간다는 예외에 대해서는 적혀 있지 않다.

이 세계가 얼마나 흥미롭게 만들어졌는지 알겠느냐? 시나리오는 너희가 필름을 바꾸는 능력을 가지고 있다는 것을 모른다. 그건 창조자가 너희에게 부여한 특권이지. 그 누구도 아닌 너희에게만. 그 어떤 생명체도 그런 특권을 가지고 있지 않다! 너희가 모든 법칙의 예외인데 그걸 사용하지 않고 있었던 것이다!

이미 말했다시피 시나리오조차도 너희 앞에서 고분고분해질 수 있다. 그게 무슨 뜻이냐고? 너희가 현실을 선택할 때 지금 너희가 따르고 있는 시나리오는 너희를 놓아주고, 너희가 목표 프레임을 비출 때면 너희가 갈아탈 새로운 영화 필름에 자리를 내어준다.

너희도 알다시피, 너희에게는 내부 중심과 외부 중심, 이렇게 두 가지 의도의 중심이 있다. 내부 중심은 이마에 있으며 외부 중심은 땋은머리의 끝에 있지. 내부 의도는 현재 장면에서의 일상적인 기능을 담당한다. 외부 의도에 대해서는 아직 '모든 일에 무관하게 행동한다'는 원칙에 대해 이야기하며 살짝 언급만 했을 뿐이다.

다시 한 번 상기시켜주겠다. 주의를 가지고 존재하고 의도를 가지고 행동할 때 너희는 살아 있는 등장인물로서 영화를 거닐게 된다. 프레임을 움직이지만 단기적인 내부 의도가 아닌 외부 의도를 사용하지. 외부 의도가 '외부'라고 이름이 붙은 이유는 그것이 너희의 것이 아니며, 너희가 어찌할 수 없는 것이기 때문이다. 그러면 외부 의도를 통제하는 것은 어떻게 하는 것이며 도대체 그것이 뭐란 말일까?

시나리오도 마찬가지로 바로 외부 의도라고 할 수 있지만, 동시에 반드시 그런 것만은 아니라고 할 수 있다. 시나리오보다 더 상위의 뭔가가 있으니 말이다. 외부 의도는 어떠한 힘이자, 현실이 움직이게 만드는 엔진이다. 그 힘의 **능동 소자**◇가 필름을 본래의 목적대로 돌아가게 하지. 누가 왜 그렇게 정해놓았는지는 너무 거대하고 복잡한 문제이기 때문에 다루지 않을 것이다. 우리에게 그보다 중요한 것은 우리가 이 '숙명'을 가지고 어떻게 해야 할지니까.

외부 힘에 직접적으로 영향을 미치거나 뭔가 하려고 하는 것은 불가능하지만, 간접적으로 사용하는 것은 가능하다. 너희는 그 힘에 다가갈 수 있는 접근 지점을 가지고 있지. 바로 너희의 외부 중심인 딿은머리이다. 너희가 의식을 가지고 있지 않다면 외부의 힘은 마치 꼭두각시를 움직이듯이 딿은머리를 잡고 시나리오에 따라 너희를 이리저리 끌고 다닐 것이다. 그러나 잠에서 깨어나 존재의 상태가 되어 딿은머리를 직접 '너희 손으로' 쥐고 있다면, 외부 힘에는 메타력이라는 **수동 소자**◇◇가 생긴다. 바로 이 수동 소자가 너희가 선택한 프레임으로 향할 수 있는 다른 필름을 시작하게 한다.

◇ 전자제품의 회로 부품은 크게 수동 소자와 능동 소자로 나뉘는데, 이들 중 회로에 에너지를 공급하는 소자.

땋은머리를 활용하는 알고리즘에 대해서는 이미 배운 적이 있지. 복습을 한번 해보자.

1. 잠에서 깨어나 의식의 점으로 들어간다. (현존한다)

2. 땋은머리를 활성화한다. (땋은머리에 주의를 집중시키고 느껴본다.)

3. 땋은머리에서 주의를 유지한 채 목표 프레임을 선택한다.

현존의 상태로 들어서자마자 주의는 너희의 소유가 될 것이다. 그리고 땋은머리를 활성화하는 순간 꼭두각시를 조종하는 실은 너희가 쥐게 된다. 이제 그 실을 놓치지 않은 상태로 내부 스크린에 주의를 집중시키고 거기에 미래를 그려라. 목표 프레임을 선택하는 것이다.

그러면 주의는 내부 스크린에 있으면서 동시에 땋은머리에 있게 된다. 주의는 땋은머리를 감지하면서 스크린에는 (형상, 언어, 생각 중 하나를 사용하거나 그 전부를 사용하여) 그림을 그리는 것이다. 내부 중심이 아닌, 마치 너희의 것인 것 같지만 실제로는 너희의 것이 아닌 외부 중심을 가지고 그려야 한다. 너희는 모호하지만 감지할 수 있는 힘과, 너희 뒤 가까이 어딘가에 존재하고 있을 느낄 수 없는 가상의 메타력을 받아들이는 것이다.

너희는 사건과 무관하게 있다. 직접적으로 영향을 미칠 수 있는 것은 아무것도 없으며, 그저 모든 게 저절로 흘러가는 것을 간접적으로 가능하게 하고 그 모습을 관찰한다. 어떤 일이 저절로 이루어지도록 강요하지 말고 그저 그렇게 흘러가게 내버려두거라. 너희의 뒤편

◇◇ 전자제품의 회로 부품 중 공급된 전력을 소비, 축적, 방출하는 소자를 말함.

가까이에서 일어나는 느낌을 감지하여 그 힘을 기억하거라. 그때가 바로 너희가 힘에 접촉하는 순간이니. 그 느낌을 통제하는 방법을 깨닫게 되면 힘은 너희의 소유가 될 것이다.

23

종이 인형

우리가 계속 공부한 것이 무엇이냐? 깜빡 잠들었거나 잊어버리지 않았느냐? 우리는 살아 있는 등장인물로서 산책하는 기술을 배우고 있었다. 나의 연약한 아이들아, 그렇게 어려운 것은 아니니 걱정하지 말거라. 게으름 피우지 말고 꾸준히 연습하기만 하면 된다. 아직 시도해보지 않은 채 그저 읽고 듣기만 했거나, 멍하게 나를 바라보기만 하고 있었다면 어서 한번 해보거라. 쉽게 성공할 것이다.

◇ 프레임을 통제하는 것은 내부 의도가 아니라 외부 의도이다.
◇ 외부 의도는 현실의 엔진이 되는 어떤 힘이다.
◇ 메타력은 힘의 능동 소자이다.

◇ 땋은머리는 너희의 외부 중심이자 힘에 접근할 수 있는 접근 지점이다.

◇ 힘은 메타력과 같이 땋은머리를 이용해서 간접적으로 사용할 수 있다.

◇ 메타력은 땋은머리를 활성화하여 현실을 선택할 때 발산한다.

자, 너희는 주의로 현존하고 의도로 움직일 때 살아 있는 등장인물로서 영화 속을 거닐 수 있게 된다. 그렇지 않으면 완전히 살아 있는 존재가 아니며, 자유롭게 거니는 것이 아니라 지정된 역할을 수행하는 것에 불과하다.

어떻게 하면 너희를 더 화나게 할 수 있을까? 주의를 가지고 현존하는 것이 아니라면, 너희는 전혀 너희 자신이 아니며, 존재조차 하지 않지. 그저 영화 속의 등장인물일 뿐이다. 마치 책에 그려진 삽화처럼 말이다. 종이에 사람을 그려 페이지 사이에 끼워놓을 수 있지 않느냐. 그런 존재가 되는 것이다.

종이 인형. 아니지, 더 정확히 말하자면 종이 달팽이는 뭘 할 수 있겠느냐? 책 속에 꼼짝 못하고 갇혀 있을 수밖에 없다. 그게 전부다. 완전한 등장인물과 구분되는, 너희만이 가진 차이점은 '왜 내 뜻대로 되는 것이 하나도 없는가?' 하고 분개할 때 드물게 의식의 섬광이 잠깐 반짝인다는 것이다. 하지만 그걸로 끝이다.

너희가 보기에 되는 일이 하나도 없는 것은, 항상 이마를 사용하고 내부 의도를 사용하기 때문이다. 사랑받고 존경받고 도움받고, 또 뭔가를 받고 싶기에, '나를 사랑해줘, 나를 존중해줘, 도와

줘, 줘!' 하며 어린애처럼 곧장 요구해버리지.

마치 멀리서 보면, 너희가 거울 앞에 서서 손을 내밀고, 그림자를 너희에게 끌어당기려고 애쓰며 '줘!'라고 말하는 것처럼 보인다. 하지만 그림자도 그와 똑같이 움직이지. 너희가 원하는 것을 주기는커녕 빼앗으려고 한다. 현실도 거울과 마찬가지로 너희가 생각한 목표와 행동에 대한 그림자만 받을 뿐이다. 무엇을 보여주든지, 그것을 그대로 돌려받지.

너희는 아마 기억하지 못하겠지만(내 말이 맞지 않느냐?), 의식이 없는 상태에서도 일정 부분 현실을 정하는 것이 가능하다고 말한 적이 있다. 의도와 의식이 있는 상태에서 똑똑한머리를 사용하여 선택하는 것보다는 효과가 떨어지지만, 그래도 어쨌거나 선택을 하는 것은 사실이지. 특히 진심으로 불쾌함을 표출할 때 그렇다. 보통 현실은 거울처럼 반응한다. 너희가 현실을 향해 보여주는 것을 그대로 보게 되는 것이다.

하지만 현실은 단순한 거울이 아니라 모순을 가지고 있는 거울이다. 현실이 모순적인 이유는, 너희가 그 거울을 들여다볼 때, 몸속에서 거울을 통해 자기 자신을 보는 것이 아닌, 자신의 모습을 곁에서 볼 수 없기 때문이다. 현실의 거울 속에 비친 모습은 너희를 둘러싸고 있는 실제이며 현재 프레임이다. 그리고 너희는 주의를 통해 그 그림자에 완전히 연결되는 것이다. 즉 너희의 자아가 영화 속의 등장인물이나 책의 삽화처럼, 말 그대로 영화 속에 삽입되는 것이다.

너희가 영화 속 등장인물에 불과할 때는 영화를 바꾸거나 움직일 수 없다. 자기 자신을 통제하는 것 또한 불가능하지. 너희의 자아가 영화 속에 완전히 용해되어 독립적으로는 존재하지 않기 때문이다. 그러나 주의를 필름에서 끄집어내면 움직이고 통제하는 능력을 얻을 수 있다. 혹은 거울 속에서 주의를 끌어내거나. 둘 다 같은 말이다.

육체는 그림자 속에 남지만 주의는 거울을 바라보고 있는 형상 쪽으로 옮겨온다. 그렇게 되면 거울 앞에 서 있는 자신을 볼 수 있게 되며, 너희의 모든 생각과 행동에 대한 그림자인 실제도 볼 수 있게 된다. 다만 거울 앞에 서 있는 자신을 본다면 거울 속에 비친 그림자만큼은 '모든 걸 내 뜻대로' 할 수 있는 기회를 얻을 수 있도록 자기 자신을 통제할 수 있는 기회를 얻게 된다.

너희가 미처 모르고 있었겠지만(내 말이 맞지 않느냐?) 이 또한 너희의 **현존**과 관련된 문제이다. 너희는 곧 너희의 주의이다. 살아 있는 개개인이 되어 존재하거나, 종이 인형이 되어 부재하는 생명체가 되거나 둘 중 하나지. 주의는 관객석에 있고, 자기 자신을 보고 현실을 볼 수 있을 때 너희가 영화 속에 존재한다고 할 수 있다. 실질적으로 영화 스크린이 있는 곳에 거울이 있다고 생각하면 될 것이다.

스크린과 현실의 거울이 일반적인 거울이나 스크린과 다른 점은, 형상과 그림자가 현실 속에서는 서로 같은 공간 안에 공존하고 있다는 사실이다. 경계로 인해 둘로 나뉘어 있지 않은 하나의 형상이 주변을 둘러싸고 있는 것을 보는 꼴이지. 하지만 그 본질은 달라지지 않는다. 너희를 둘러싸고 있는 실제는 생각과 행동의 형상에 따라 만들어진다. 스크린 거울 앞에 서면 의식을 가지고 자신을 움직이게 되고, 그러면 마찬가지로 그림자도 움직인다. 그렇게 자신의 영화와 자신의 현실을 만드는 것이다.

첫째. 자신의 영화를 만들기 위해서는 뭘 해야 할까? 잠에서 깨어나 현존의 상태로 진입하면 된다. 영화 속에서 살아났다고 상상해보거라. 평소처럼 영화를 보는 것이 아니라 그 안에서 사는 것이다. 그걸 느껴보거라. 눈을 떠 주변에 있는 모든 걸 다르게 바라보고, 시선을 밝고 상쾌하게 해보거라. 여러 색깔이 선명해지는 것을 느낄 수 있을 것이다. 그리고 영화 속의 등장인물이 아니라 방문객으로서 새로 태어난 너희 자신을 느껴보거라. 너희는 인사이더로서 영화 속으로 들어갔다. 너희 이외엔 누구도 그 사실을 모른다. 육체는 영화 속에 있지만 주의는 밖에 있는 것이다. 너희만이 가진 독특함과, 그 속에서의 현존을 직접 느껴보거라.

둘째. 사람과 현실에 뭔가를 원하고, 기대하고, 달라고 요구하기에 앞서, 너희가 현재 거울 앞에 서 있다고 상상해보고 '거울 속 그림자와 내가 마주 보고 있는 상태에서 내 마음대로 그림자를 움직이려면 어떻게 해야 할까?'라는 질문을 해보거라. 분명한 것은, 너희가 알아서 첫 번째 행동을 취해야 한다는 것이지. 너희가 평소에 하는 것처럼, 담요를 끌어당기며 '줘!'라고 같은 말만 어리석게 반복하는 것은 그만둬야 한다. 잠에서 깨어나, 현실의 거울은 너희의 행동을 따라 할 뿐이라는 사실을 자각하거라. 뭔가를 가지고 싶다면 먼저 뭔가 비슷한 것을 줘야 한다. 그게 뭔지는 중요치 않다. 그저 '줘!'를 그 반대인 '가져'로 바꾸거라. 그러면 그림자는 마치 마법에 걸리듯 자신이 원하는 것을 받게 될 것이다. 뭘 내어주든지 그것을 그대로 돌려받는다는 사실을 기억하거라.

24

형상 선택하기

나의 착한 아이들아, 항상 그래 왔듯, 우리가 배운 것을 복습해 보자꾸나.

◇ 현실은 마치 거울처럼 너희의 모든 생각과 행동을 비춘다.

◇ 너희의 생각과 행동은 '나를 사랑해줘, 도와줘, 줘'와 같은 것 들뿐이다.

◇ 따라서 너희는 거울 속에서 그와 똑같은, '줘, 줘!' 같은 행동만 보게 된다.

◇ 내부 의도만 사용한다면 겉에서 너희를 바라볼 수 없다.

◇ 겉에서 자신을 바라보기 위해서는 현존의 상태로 들어가야 한다.

◇ 시선을 분명하게 하고, 영화 속에서 자신만이 가진 독특함을

느껴본다.

◇ '줘'라는 말을 '가져'로 바꾼다.

이 내용을 생각해보면, 모든 행동은 현실의 거울이 가진 본질과 일치해야 한다는 결론이 나온다. 뭔가를 주변 사람들로부터 원하고 요구하기 전에 현존의 상태로 들어가 '모든 게 내 뜻대로 되도록 하기 위해 무엇을 해야 하는가?'라는 질문을 자기 자신에게 던져보거라. 분명한 것은, 첫 번째 단계를 실천에 옮기는 것이다. 너희의 경우엔 어떤 방법이겠느냐?

어리석은 달팽이들은 자신의 모습을 비춰볼 수 있는 일반적인 거울 앞에 서게 되어서야 자신의 행동을 모습과 일치시킨다. 하지만 나의 소중한 아이들아, 너희는 이제 '거울이 분명하게 보이지는 않더라도 그 자리에 거울이 있다는 것을 알고, 그것을 고려하여 행동해야 한다'는 사실을 이해할 수 있을 만큼 아주 영리해졌다. 지금은 불분명하다 해도 앞으로는 이해하게 되겠지.

예를 들어, 주변 사람들에게서 사랑과 호의적인 대우를 받고 싶다고 하자. 거울 앞에 있다고 상상해보거라. 너희가 거울 속에서는 원하는 것을 받을 수 있도록 움직여보거라. 어떻게 움직여야 하는가? 사랑을 쟁취하려고 하지 말고 사랑을 뿜어내고 사랑을 줘야 한다. 호의적인 대우를 구걸하지 말고, 매력을 보여주고 호의적인 태도를 보여주거라.

이 법칙을 너희 자기 자신에게도 적용할 수 있다. 너희를 사랑하는 사람과 너희의 사랑을 원하는 사람 중 누가 더 매력 있느냐?

아무 욕심 없이 베푸는 사람과 사랑을 요구하는 사람 중 누가 더 매력 있느냐? 또, 너희에게 진심으로 관심 가지는 사람과 너희에게서 관심을 기대하는 사람 중 누가 더 매력 있느냐?

필요한 모습을 정하는 데 있어 이 표를 참고하거라.

원하는 것	정해야 할 형상	그림자로부터 받는 것
원활한 관계	경청하는 형상	교제에 대한 욕구
흥미로운 사람이 되는 것	흥미를 보여주는 형상	너희에 대한 흥미
도움	도움을 주는 형상	도움
이해받는 것	이해하는 형상	너희에 대한 이해
공감	함께 겪으려고 하는 형상	너희에 대한 공감
찬성	찬성하는 형상	너희의 의견에 대한 찬성
존경받는 것	존경하는 형상	존경
감사받는 것	감사를 표현하는 형상	감사
호의적인 태도	호의를 보여주는 형상	호의적인 태도
다른 사람을 매료시키는 것	타인에게 먼저 매료되는 형상	너희에 대한 매료
사랑	사랑하는 형상	너희에 대한 사랑

그저 너희의 생각과 행동에 플러스(+) 표시를 붙이기만 하거라. 너희의 모든 '줘'에는 마이너스(-) 표시가 달려 있으며, 실제로는 그 말의 뜻과 반대로 작동한다. 모든 부정적인 생각과 행동도 마찬가지로 너희에게 부메랑이 되어 돌아온다.

원하지 않는 것	주의할 것
공격적인 태도	공격적으로 대하지 않는다
비판	비판하지 않는다
비난	비난하지 않는다
피해	다른 사람에게 피해를 주지 않는다
두려움	아무도 위협하지 않는다
불쾌한 사람이 되는 것	불쾌하게 하지 않는다

어디에서 왔는지도 모를 부메랑이 머리 위로 우박처럼 쏟아지는 것을 원치는 않겠지? 그러면 거울을 향해 부메랑을 던지지 말거라. 거울이 반드시 모든 걸 받은 그대로 돌려주는 것은 아니다. 인과관계를 정확하게 알 수 없는 불행도 많다. 아무리 해도 피할 수 없는 유일한 것은, 어떤 형태로든 언젠가는 돌아오기 마련인 부메랑이다. 다른 사람에게 피해를 주었느냐? 무슨 수를 써서라도 직접 깔끔하게 수습하거라. 좋은 일을 했느냐? 그렇다면 그에 대한 보상을 받을 것이다.

그러면 형상의 알고리즘을 구체적으로 살펴보기로 하지. 너희가 다른 사람들에게 원하는 것이 생겼다면, 잠에서 깨어나서 거울 앞에 서 있는 모습을 상상하거라. 원하는 대로 그림자를 움직이기 위해서는 어떻게 해야 할까? 너희가 받고 싶어하는 바로 그것을 다른 사람에게 주면 된다.

1. '뭔가를 사람들에게서 받고 싶다'는 상황을 분명하게 이해한다.
2. '원하는 것을 줘야 한다'는 사실을 기억하며 현존의 상태로 진

입한다.

3. '내가 줄 수 있는 것과 비슷한 것이 무엇인가?'를 생각해본다.

4. 비슷한 것을 찾으면 지금 바로 주고, 앞으로도 계속 준다.

5. 비슷한 것을 찾지 못하겠다면 아무거나 주고 싶은 것을 준다.

받고 싶어하는 것이나, 적어도 그와 비슷한 것을 제때에 주는 것이 항상 가능한 것은 아니다. 그럴 땐 칭찬이나 선물과 같이, 그 사람에게 필요하거나 받으면 좋아할 만한 것을 주면 된다. 그에게 필요한 것을 알아내는 것은 어렵지 않다. 그저 그 사람에게 진심 어린 관심을 보여주면 된다. 그다음은 간단하다. 모든 것에 플러스 표시가 따라붙게 될 것이다.

형상을 정할 때의 가장 기본적인 법칙은 세상에 요구하지 말고 사랑해야 한다는 점이다. 사실 너희 모두가 필요로 하는 것은 사랑이기 때문이다. 하지만 너희는 이 단어를 잘못 알고 있지. 너희는 모든 사람들이 너희를 사랑하길 원하고, 먼저 사람들이 너희를 사랑한 다음에야 세상을 사랑할 수 있다고 생각한다. 하지만 완전히 반대로 이해하고 있는 것이다. 아무 대가도 바라지 않고 먼저 애정과 관심을 발산해야 한다. 그렇게 해야만, 그리고 그 이후에만 사랑을 받게 될 것이다.

동시에 아무것도 주지 않으면서 공격적으로 너희의 사랑을 이용하려고 하는 부류가 있을 것이다. 이런 부류로부터는 거리를 유지하도록 하거라. 너희에게 아무짝에도 쓸모없는 존재들이니 말이다. 나의 사랑스러운 아이들아, 나에게는 좀더 가까이 와도 좋다! 나 타프티는 너희의 스승이니라!

25
거울과 소통하기

나의 착하고 예쁜 아이들아! 이제 너희는 너희 자신을 통제할 줄 알게 되었다. 원하는 것을 얻기 위해 기대하지 않고, 부탁하거나 요구하지 않고, 자신의 형상을 통제할 줄 알게 되었지. 마치 거울 앞에 서 있는 것처럼 말이다.

◇ 행동은 현실의 거울이 가진 본질을 따라 만들어진다.

◇ 그림자가 너희의 뜻대로 움직이게 하기 위해서는 무엇을 해야 할까?

◇ 너희가 얻고자 하는 것을 먼저 주도록 해야 한다.

◇ 모든 '줘'에는 마이너스 표시가 달려 있으며 원래의 뜻과 반대로 작동한다. 즉, 원하는 것을 받지 못하게 만든다.

◇ 부정적인 생각과 행동은 부메랑이 되어 돌아온다.

◇ 모든 생각과 행동에 플러스 표시를 달아야 한다.

그러면 다가오는 프레임을 정하는 것 이외에 현재 프레임에서는 무엇을 할 수 있을까? 자기 자신을 움직이고 통제할 수 있다. 자기계발을 하면서 현실을 선택하는 기술까지 가지고 있다면, 주변의 달팽이들과는 전혀 다른 존재가 되는 것이다.

현재 프레임을 직접 옮기려는, 즉 사건의 흐름에 직접적으로 영향을 미치려는 노력은 아무 결과도 낳지 못하거나 오히려 부작용만 가져다준다. 사람에게 영향을 미치려는 것 또한 마찬가지다. 사람은 그저 영화 속의 등장인물이며, 너희와 똑같이 시나리오에 따라 움직인다. 스스로 판단해보거라. 누군가 너희에게 영향을 미칠 수 있다고 생각하느냐? 그건 죽어도 싫겠지. 너희가 원하지 않는다면 너희에게는 어떤 영향력도 미치지 못할 것이다. 그렇지 않으냐, 나의 고집스러운 아이들아?

영화 속 사건의 흐름을 돌려놓는 것은 오직 필름을 바꾸는 것만을 통해서 할 수 있으며, 그러지 않고 그 안에서 직접 뭔가를 바꾸는 것은 불가능하다. 사람에게 영향을 미치는 것은 거울의 원칙에 따라 그 사람을 대하는 방법으로 오직 간접적으로만 할 수 있다(강요하는 방법에 대해서는 생각하지 않도록 하겠다). 그게 그 사람이 너희가 필요한 방식대로 행동하고 싶게 만드는 유일한 방법이다.

하지만 사람들이 왜 너희가 해야 하는 것을 하고 싶어하고, 주고 싶어할까? 현실의 특성이라는 것이 원래 그렇다. 단순한 영화이기만 한 것이 아니라 거울이기도 하기 때문이지. 형상을 선택하는 것은 현실을 선택할 때와 비슷하게 흘러가지만, 메커니즘만 다를 뿐이다. 거울의 메커니즘이 사용되지. 너희가 현실을 선택할 수 있는 것과는 달리 사람들의 행동을 선택할 능력은 없다.

어떤 한 사람으로 하여금 너희의 장단에 맞춰 움직이고, 너희가 원하는 목표 프레임을 선택하도록 강요한다면 그건 아무런 효과도 없거나 너희가 원하는 방향과 정반대로 흘러갈 것이다. 왜냐하면 그로 인하여 너희가 그자의 시나리오를 침범하여 원칙을 이중적으로 어기게 되기 때문이다.

너희가 손아귀에 쥐고 있는 것은 오직 너희에게만 관련되어 있는 개별적인 현실이다. 따라서 목표 프레임에서 중심이 되는 인물은, 꿈에서 상상했듯이 바로 너희여야 한다. 너희는 무대 위의 스타인 동시에 감독 의자에 앉아 있으며, 요트에서 영화를 감상하고 있는 것이다. 프레임 속의 나머지 인물은 무대 장식처럼 그 배경에 있어야 한다.

똑똑히 기억해두거라. 현실을 정하는 것은 가능하지만, 사람을 정할 수는 없다. 사람을 대할 때는 오직 거울의 원칙을 사용할 수밖에 없다. 누군가에게서 구체적인 뭔가를 원하느냐? 영화 속에서 그 사람에게 다가가, 지금이 영화 거울이라는 사실을 염두에 두고 그와 소통하거라.

예를 들어, 그 어떤 방법으로도 누군가에게 너희와 결혼하기를 강요할 수는 없다. 하지만 추상적인(가상의) 한 사람이나 이상형과 결혼하여 미래의 집에서 행복한 가정을 꾸리는 목표 프레임을 상상할 수는 있겠지. 그러면 너희는 그 사람을 만날 수 있는 시나리오가 펼쳐지는 다른 필름으로 이동할 것이다. 하지만 구체적인 한 사람을 원한다면, '그 사람과 영화를 찍으려고' 애쓰지 말거라. 어차피 성공하지 못할 것이다. 마치 거울처럼 자신의 형상을 선택하여 그 사람과 소통해야 한다.

중요한 것은(매번 잊어버리는 너희를 위해 다시 반복해주겠다!) 너희가 어디에 있는지 잊지 않는 것이다. 너희는 영화 속에 있으며, 주변에는 온통 시나리오에 이끌려 다니는 등장인물들뿐이다. 그 장면은 바꿀 수 있는 필름 속에 있는 장면이다. 또 한편으로는 형상과 그림자가 위치한 공간을 나누는 경계가 없다는 사실로 너희를 속이는, 현실의 거짓 거울이기도 하지.

너희는 그 영화에서 깨어나 주위를 둘러보고 의식을 가진 개인으로서 너희가 의도한 대로 현실에 영향을 미치며 자유롭게 다닐 수 있다. 그게 아니라면, 안타깝게도 너희는 주변을 둘러싸고 있는 인물들과 한 치의 차이도 없다. 시나리오를 따라 계속해서 움직일 것이고 마치 자욱한 안갯속에 있는 것처럼, 또는 꿈속을 헤매는 것처럼 살아가겠지. 그럴 때 너희가 할 수 있는 것은 아주 적다.

너희가 반드시 알아둬야 할 것이 또 하나 있다. 시나리오에 완전히 좌우되는 꿈속의 등장인물이나, 시나리오는 물론이고 완전히 본능을 따르는 동물들과는 다르게, 너희만은 자의식을 부여받았다는 사실이다. 멀리서 희미하게 반짝이는 듯한 작은 의식이라 할지라도 너희는 자의식을 가지고 있다. 그렇기 때문에 너희를 조종하는 것은 외부에 있는 엔진뿐 아니라, 내부의 동기도 있는 것이다.

내부 동기가 뭘까? 아주 간단하다. 자기 자신의 의미를 찾으려는 노력과 자아를 실현하려는 욕구다. 처음 태어나면 무엇을 해야겠느냐? 가장 먼저 자기 자신과 주변 사람 모두에게 너희가 빈 공간이 아니며, 너희의 탄생이 헛된 것이 아님을 증명해야겠지. 그 방법과 형태는 사람에 따라 다르겠지만 본질은 하나다.

바로 여기에서 또 하나의 아주 효과적인 거울의 원칙을 알 수 있다. 만약 사람들 사이에서 우위를 차지하려고 한다거나 그들에게서 뭔가를 얻고 싶다면, 그들의 가치를 먼저 드러내주고 자아실현을 돕겠다는 목표를 설정하거라. 분명한 것은, 잠시 동안은 정작 자기 자신의 가치에 대해 잊게 될 것이며 다른 사람의 가치만 생각할 것이다.

이 법칙은 다소 모순적이라고 할 수 있다. 모든 것이 거울과 같다는 점이 그런 모순적인 성질을 만들지. 정작 자신의 유용함이 아니라 타인의 유용함에 대해 생각할 때, 반대로 자기 자신을 위한 유용함을 얻을 수 있기 때문이다. 그와 동시에 적을 만들고 싶지 않다면, 타인의 자존감에 상처를 내지 않도록 노력하거라.

이미 너희에게 말했다시피, 다른 사람의 유용함을 고려하는 것이 너희의 신념의 일부가 되어야 한다. 오직 그렇게 해야만 너희가 자아를 실현하는 것도 쉬워질 것이다. 또, 너희의 자아실현이 다른 사람에게도 유용해질 때, 바로 그때에만 자아실현은 성공적으로 이루어질 것이다. 반대로 너희가 하는 일이 타인에게 아무 도움이 되지 않는다면 그 일은 너희에게도 마찬가지로 아무 유용함도 가져다주지 않을 것이다.

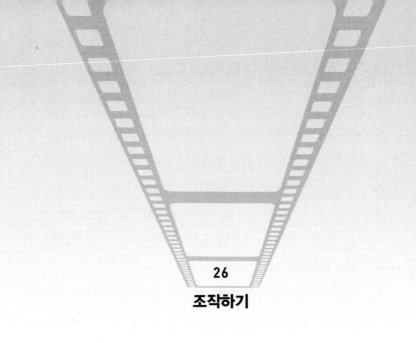

26
조작하기

나의 착한 아이들아, 다시 사건과 무관한 존재가 되거라! 사람과 사건에 그 어떤 직접적인 영향도 미치지 않고, 손을 등 뒤로 감추고 너희 자신만을 통제하거라!

◇ 현실을 선택하는 것은 가능하지만, 사람을 선택하는 것은 불가능하다.

◇ 사람들과 소통할 때에는 거울의 원칙을 사용하는 방법밖에 없다.

◇ 현실을 선택할 때는 추상적인 사람이나 배경만을 선택해야 한다.

◇ 타인의 자존감을 건드리지 않도록 노력하거라.

◇ 사람들의 자존감을 지켜주고 자아실현을 도와주도록 노력하거라.

◇ 너희의 자아실현은 그것이 다른 사람들에게 유용함을 가져다줄

때 성공적으로 이루어진다.

현존하기에 대해 잊지 말고, 거울에 대해 반드시 기억하거라. 좋은 일뿐만 아니라 나쁜 일도 부메랑이 되어 돌아온다는 사실만 기억하면 된다. 너희가 현존의 상태에 있을 때면, 잠든 자들의 눈에 너희는 마치 반딧불과 같이 매혹적으로 보일 것이다. 따라서 마치 거울을 대하는 것처럼 그들과 소통한다면 너희는 모두에게서 더 큰 사랑을 받을 것이다.

너희는 이미 현실의 비밀을 수없이 많이 알고 있지만 아직도 긴장을 풀지 않고 있다. 그런 상태라면 너희의 의식을 조작하려는, 좀더 우월한 달팽이들이 너희를 밟고 올라설 수 있다. 특히 시나리오에 의해 권력과 언론 장악력을 부여받은 달팽이들이 그럴 수 있지. 그러니 더듬이를 더욱 날카롭게 세우고, 너희를 쥐락펴락하지 못하도록 정신을 바짝 차리고 있거라.

현재 프레임에서 등장인물의 의식을 조작하는 것도 가능하다. 너희도 이제 알다시피, 너희는 외부 시나리오와 내부 동기에 따라 움직인다. 물론 내부 동기의 영향력은 외부 시나리오보다 훨씬 작지만 말이다. 대개 움직임의 변수는 내부 동기에 의해 정해지지만, 너희를 움직이는 것은 시나리오다. 하지만 아주 욕심 많은 달팽이들이 각성한 정도나 시나리오에 따라 너희의 벡터°를 자신의 이익에 맞게 바꾸려고 하기도 한다.

◇ 크기와 방향.

타인의 벡터를 통제하는 것, 바로 이것이 조작이다. 조작은 누군가가 길을 잃게 만들거나, 거짓 가치나 거짓 목표를 설정하도록 하고, 그가 필요로 하는 것이나 약점을 가지고 노는 방식으로 이루어진다. 거울의 원칙은 벡터를 건드리지 않고 반대로 그 벡터에 도움을 주지만, 조작자는 반대로 너희를 끌어내 이용한다. 그러니 만약 어딘가 매여 있다는 느낌을 받는다면 '이 일이 누구에게 어떻게 도움이 되는가?'를 생각해보거라.

사람을 조작하는 것은 아주 치졸한 짓이니, 그 방법에 대해서는 알려주지 않겠다. 그러나 현실, 즉 일어날 일을 조작하는 것은 그와 반대로 공정한 일이다. 현실은 항상 환상을 사용하여 너희가 길을 잃게 만들지 않느냐. 그러니 너희는 빚지는 것이 없다. 나의 음침한 마니아들아, 음흉한 변태들아! 이 방법은 너희 마음에 쏙 들 것이다. 어떻게 하는지 알려주겠다.

현실은 이중적인 특성을 가지고 있다. 한편으로는 영화이며, 다른 한편으로는 거대한 거울이지. 어떤 특성이든 우리를 혼란스럽게 만든다. 하지만 가장 중요한 환상은, 현실의 진짜 본질은 숨겨져 있다는 것이다. 필름의 공간은 눈에 보이지 않으며, 거울 같은 것도 물론 보이지 않는다. 하지만 이 사실을 알고 이해한다면 환상은 더이상 너희에게 아무 힘도 쓸 수 없을 것이다.

평범한 평면거울 앞에 서면 형상과 그림자를 동시에 볼 수 있으며, 그 둘의 모습과 움직임이 서로 일치하고 있음을 분명하게 확인할 수 있다. 하지만 형상과 그림자가 일치한다는 사실을 처음부터 알고 있었던 것은 아니다. 태어나서 처음으로 거울을 들여다봤을 때를 기억하느냐? 그때 너희가 어땠는지 알려주겠다. 거울을 처음 봤을 때 너희는 아무것도 이해할 수 없었다. 거울이 사물을 보여주는 원리를 모르기 때문에, 너희가 보고 있는 것이 어마어마한 환상이라고 생각했지.

만약 거울을 습관처럼 보지 않는다면, 일반적인 거울이 만들어내는 환상은 지금도 이해하기 어려울 것이다. 현실의 거울이 만드는 환상은 그보다 훨씬 더 복잡하다. 공간이 둘로 나뉘어 있는 것이 아니며, 실제의 공간과 가상의 공간을 나누는 경계도 보이지 않는다. 즉, 너희가 거울의 안과 밖에 동시에 존재하는 것처럼 보일 것이다.

게다가 그 거울은 어느 정도의 시간이 지난 뒤에 너희의 모습을 비추고, 그조차 반드시 일치하지도 않는다. 어떤 생각도 바로 비치지 않고 원인에 상응하는 결과가 항상 곧바로 뒤따라오지도 않지. 그게 얼마나 교활한 환상이냐. 그런 교활함은, 현실이 제가 거울에 비친 게 아닌 체하고 있기 때문에 생긴다.

물론 그런 교활함에도 불구하고 환상을 억누를 수 있다. 너희는 이제 거대한 거울의 작동 원리를 알고 있다. 또, 그 안에서 형상과 그림자가 공존하고 있다는 사실도 알고 있지. 이게 무엇을 의미할까? 너희가 정한 형상이 그림자가 될 수 있고, 반대로 그림자가 형상으로 옮겨갈 수도 있다는 것을 의미한다. 다시 말해, 가지고 있지 않은 것을 가지고 있는 것처럼 흉내 내거나, 사실은 아니지만 맞는 것처럼 흉내 내어 그림자를 형상으로 바꿀 수 있다.

예를 들어 너희가 지금 집을 가지고 싶어한다고 가정해보자. 마치 이미 집을 가지고 있는 것처럼, 여러 가게를 둘러보며 가구나 인테리어 소품을 구경하거라. 혹은 경제력을 갖춘 사람이 되고 싶다면 값비싼 물건이나 차, 요트, 휴양지에 관심을 가져보거라. 부(wealth)를 너희의 인생으로 끌어들이는 것이다. 어떤 분야에서 스타가 되고 싶다면, 아직은 상상뿐이라 하더라도 이미 스타가 되어 스타의 삶을 살고 있는 것처럼 행동하거라.

이런 행동이 마치 장난처럼 느껴진다거나, 심지어는 너희 자신을 기만하는 행위라고 당혹스러워해서는 안 된다. 너희가 진심으로 행동한다면 현실도 진심을 가지고 이 모든 행위를 받아들일 것이다. 현실은 거울이라는 점을 잊지 않았겠지! 너희가 할 일은, 너희가 가지고 싶어하는 것을 이미 가지고 있고, 되고 싶은 사람이 이미 되어 있는 상태로 들어가는 것이다. 너희가 만들어낸 세계에서 흉내내며 살아야 한다. 사실이 아니라 할지라도 그 모습을 장난처럼 여기면 안 된다. 장난으로 생각하지 않는다는 것을 이해하겠지?

그러면 어떤 일이 일어날까? 무슨 일이 생기겠느냐?

현실 장면은 계속해서 너희의 창작물과 일치하는 모습으로 다가올 것이다. 현실은 착각을 만들어내는 것을 좋아하지만, 착각을 미끼로 하여 현실 자신을 끌어들이는 것을 못 견딘다. 무슨 수를 써서라도 너희가 만들어낸 환상을 실제로 만드는 방법을 찾아낼 것이다.

27
그림자 선택하기

나의 교활하고 약아빠진 위선자들아, 영화 속에서 거니는 것이 창작의 연속일 뿐 아니라 가면무도회와 같다는 것을 이제 알겠느냐?

◇ 타인의 의식을 조작하는 것은 타인의 벡터를 통제하는 것이다.
◇ 누구에게 어떻게 도움이 될 것인지 자신에게 질문을 던져본다.
◇ 현실의 본질은 이중적이며 숨겨져 있다. 현실은 영화이면서 거대한 거울을 닮았다.
◇ 현실에서 너희는 거울의 내부와 외부에 동시에 존재한다.
◇ 너희가 가지고 싶은 것이나 되고 싶은 모습을 이미 가지고 있는 상태로 들어가, 그 모든 것이 사실인 것처럼 행동하거라.
◇ 현실은 너희의 창작물과 일치하는 모습으로 찾아올 것이다.

그렇다, 이건 현실을 가지고 하는 놀이라고 할 수 있지. 하지만 진지하고 사실 같은 놀이이며, 동시에 가면무도회라고도 할 수 있다. 현실은 수많은 얼굴을 가지고 있으며, 너희 앞에서는 따라 하기, 현존하기, 허용하기, 따르기, 추적하기, 선택하기, 그리고 형상과 그림자 같은 가면을 가지고 있기 때문이다. 그것들은 전부 사실이 아니지만, 보기에는 제법 사실 같지.

지난 수업에서 이야기한 것들의 의미를 자세하게 살펴보도록 하자꾸나. 너희는 가지고 싶은 것을 이미 가지고 있는 것처럼, 되고 싶은 사람이 이미 되어 있는 것처럼 흉내 내며 그림자를 형상으로 바꿀 수 있다.

다시 말해 너희는 형상은 물론 그림자도 선택할 수 있다. 전자의 경우 형상의 모습은 그림자로 **흘러들어가며**, 후자의 경우 그 반대 방향인, 그림자의 모습이 형상으로 흘러들어간다.

선택한 모습은 왜 흘러들어가는 것이며, 그 프로세스는 어떻게 쌍방향으로 일어날까? 왜냐하면 현실이라는 거대한 거울 속에서는 형상과 그림자가 공존하기 때문이다. 그러면 그것이 어떻게 현실에 영향을 미치는지 알려주겠다. 형상은 너희 자신이며, 거울에 비칠 너희의 생각과 행동이다. 그림자도 마찬가지로 너희 자신이지만, 거기에는 너희 주변을 둘러싸고 있는 모든 것들도 포함되지. 즉, 현실과 그 속에 있는 너희의 모습이 그림자로 나타나는 것이다.

첫 번째(정방향) 프로세스는 뭔가를 보내면 받고, 주면 얻을 수 있고, 너희의 실제 모습을 보여주면 그것을 가질 수 있다는 프로세스이다.

두 번째(역방향) 프로세스는, 연기를 하면 현실이 움직이고, 가지고 있는 모습을 흉내 내면 그것을 얻게 되고, 실제로는 아닌 모습을 사실인 양 꾸며내면 그런 모습을 갖게 되는 프로세스이다.

정방향은 형상의 모습이 그림자로 흘러들어가는 방향이다. 형상을 선택하는 것은 너희가 현실로 보내는 것과 같다. 즉, 무엇을 보내든지 결과적으로 그것을 돌려받지.

역방향은 그림자에서 형상으로 흘러들어가는 방향이다. 그림자를 선택하는 것은 꾸며내고 흉내 내는 것이다. 어떤 모습을 흉내 내면 그것이 실제 모습이 되는 것이다.

이렇게 거울을 사용하여 조작하는 모든 행위들을 '자기 자신을 통제하는 것'이라 부른다.

그렇다면 형상이나 그림자를 선택하는 것과 현실을 선택하는 것에는 어떤 차이점이 있을까? 형상과 그림자는 거울을 사용하여 선택할 수 있지만, 현실은 다가오는 프레임을 비춰서 정할 수 있다. 두 방식은 현실의 서로 다른 특징을 사용하지. 전자의 경우 거울의 특성을, 후자의 경우 영화의 특성을 사용하는 것이다. 메커니즘은 다르지만 원하는 것을 사실로 만드는 결과를 가졌다는 점에서 둘이 서로 비슷하다고 할 수 있다.

'내가 꾸며낸 것이 이런 믿을 수 없는 방법으로 정말 실현될 수 있을까?'라고 궁금해하거나 의심을 가질 수도 있다. 나의 겁 많은 아이들아, 걱정하지 말거라. 현실은 자신의 모습을 자유자재로 바꿀 수 있기 때문에 너희가 꾸며낸 것을 실현시킬 방법과 기회를 반드시 찾아낼 것이다. 현실은 무한대의 가능태를 가지고 있는 영화이자 환상을 불러일으키는 거울이며, 그 법칙을 이해하고 능숙하게 사용할 수만 있다면 얼마든지 통제할 수 있는 환상이기 때문이다.

그것을 실현시키기 위한 첫 번째 필수 조건은 진지한 연기이다. 좋은 배우는 연기할 때 자신이 맡은 배역에 완전히 몰입하여 말 그대로 그 사람이 되어버린다. 그리고 아주 진지하게 연기하지. 너희의 과제는 그 반대로 하는 것이다. 너희가 만족하지 못하는 지금의 배역인 등장인물에서 이제는 배우가 되어, 되고 싶은 배역을 연기하고 가지고 싶은 인생을 살아야 한다. 가상의 배역이 현실의 등장인물이 되도록 말이다. 바로 이것이 그림자를 형상으로 바꾸는 역逆 프로세스이다.

두 번째 필수 조건은 꾸준한 연기이다. 현실의 거울은 형상을 곧바로 비추지 않고 어느 정도 시간이 지나서야 그 모습을 보여준다. 따라서 분명한 목적을 가지고 꾸준히 연습해야 한다. 그리고 한번 현실을 연기하기 시작하면 인내심을 가져야 한다. 처음에는 곧바로 결과를 볼 것을 기대하지 말고 우직하게 움직여야 하지. 현실은 반드시 결과를 보여주지만 오직 너희의 연기를 보고 처음 연기에 대한 인내심을 잃었을 경우에만 그 결과를 내어준다.

다시 말해, 그림자를 선택하는 것은 현실을 위한 환상을 스스로 만드는 것을 뜻한다. 뭔가를 가지고 싶다면 이미 가지고 있는 것처럼 행동해야 한다. 어떤 사람이 되고 싶다면 이미 그 사람이 된 것처럼 행동하거라. 배우처럼 진지하게 그 상태로 들어가 그 인생을 살거라. 너희가 만든 환상을 믿을 때까지 그 생각과 모습을 흉내 내며, 가능하다면 그것이 사실인 것처럼 행동하거라. 너희 자신이 믿음을 가지자마자 현실도 그를 믿을 것이다. 기적은 그렇게 일어나는 것이다.

그러면 그림자의 알고리즘을 알려주겠다. 이 귀찮은 아이들아, 얼른 집중하거라!

1. '내가 가지고 싶은 것과 되고 싶은 모습이 무엇인지' 파악한다.

2. 현존의 상태로 들어간다. 무심하게 원하며, 원하는 것을 선택해야 한다.

3. 원하는 것을 이미 이룬 것처럼 흉내 내고 행동한다.

어떻게 흉내 내는지는 중요치 않으며 그저 너희가 자유롭게 정하면 된다. 창조해보거라! 내가 이것까지 조언해줄 필요는 없다. 창의력이 풍부할수록 효과는 더 커질 것이다.

형상을 선택하는 것은 대개 사람들과 교제할 때 사용된다. 반면에 그림자를 선택하는 것은 현실을 대할 때 주로 사용되지. 왜냐하면 사람들과 있을 때는 뭔가를 흉내 내는 게 아니라 진심을 다하고 자기 자신의 모습을 보여줘야 하기 때문이다. 하지만 현실의 거울 앞에서는 얼마든지 흉내 내도 좋다. 물론 이성이 통하는 범위 안에서만 해야겠지만 말이다. **현실감을 잃어선 안 된다.**

그러나 다가오는 프레임과 거울을 가지고 단 한 번 연기하는 것만으로는 부족하다는 점을 잊지 말거라. 그 외에도 현재 프레임에서 목표를 달성하기 위해 너희가 해야 할 일에 **최선**을 다해야 한다. 즉, 소파에서 공상만 하지 말고 실질적으로 행동에 옮겨야 한다.

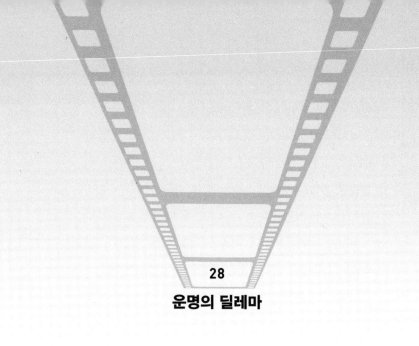

28

운명의 딜레마

지난 수업에서 나, 위대하고 훌륭한 이 몸이 너희같이 하찮고 보잘것없는 것들에게 현실 자체가 환상이라는 사실을 알려주었다. 그건 현실이 진짜가 아니라는 말이 아니다. 현실 자체는 실제로도 존재한다. 하지만 너희는 현실의 성질도 모르고 그것을 사용하지도 못하기 때문에, 너희에게 있어서는 현실이 허상이며 통제 불가능하다고 느껴진다는 것이다.

말을 타는 것과 비교하면 쉽게 이해할 수 있을 것이다. 말을 타는 방법을 모른다면 말은 제멋대로 날뛰고 네 것이 되지도 않지. 현실도 마찬가지로 너희의 것이 아니며, 의지와 무관하게 움직인다. 하지만 그에 대해 잘 알고 사용할 줄도 안다면, 환상은 통제할 수 있는 존재가 되며 너희의 것이 된다.

◇ 형상은 생각과 행동의 모습이며, 항상 일차적이다.

◇ 그림자는 너희 자신인 동시에 주변 환경이며 너희의 삶이기도 하다.

◇ 형상을 선택하는 것은 거울을 향해 형상을 보내는 것이다. 그리고 너희는 거울을 향해 보낸 모습을 그대로 돌려받게 된다.

◇ 그림자를 선택하는 것은 꾸며내고 흉내 내는 것이다.

◇ 가지고 싶은 것을 가지고 있는 것처럼 흉내 내면 실제로도 가지게 되고, 되고자 하는 모습을 흉내 내면 그 모습을 가질 수 있다.

◇ 꾸며낸 것을 실제로 만들기 위한 필수 조건은 연기이다. 하지만 진지하고 꾸준하게 연기해야 한다.

◇ 형상과 그림자는 쌍방향으로 영향을 미친다.

형상과 그림자가 서로 영향을 미치는 것은 마치 생각과 행동이 삶 전체에 영향을 미치고, 반대로 삶도 행동과 사고에 영향을 미치는 것과도 같다. 이 프로세스를 그저 제멋대로 굴도록 내버려둔다면, 너희 자신과 인생은 이제까지 그래 왔던 것처럼 후퇴하기만 할 것이다. 그런 인생을 보면 생각은 더욱 어두워지며, 어두워진 생각은 그만큼 삶을 더 어둡게 만드는 악순환만 낳겠지.

여기에서 운명의 딜레마가 생긴다. 아름답고 행복해지고 싶으냐, 아니면 하마 같은 괴물에게 잡아먹히고 싶은 것이냐? 잡아먹히기 싫다면 얼른, 애쓰지 말고 선택을 하거라!

형상과 그림자와 현실은 상황에 따라 개별적으로 선택할 수도,

혹은 한꺼번에 선택할 수도 있다. 예를 들어, 어떤 목표를 달성하려고 할 때 꾸준하게 목표 장면을 선택하는 동시에 이미 그 목표를 달성했다고 흉내 내고, 또 모든 생각과 행동에 플러스 표시를 달아 둘 수도 있다.

한 번에 여러 개를 선택하는 능력은 충분한 경험이 있어야 가능하다. 경험을 쌓으려면 계속, 그것도 꾸준히 영화 속에서 살아나 산책하는 연습을 해야 한다. 자기 자신을 계속해서 감시하고, 잠에서 깨어나 알고리즘을 수행하는 것이다.

도대체 왜 이런 알고리즘이 계속되는지 궁금하겠지. 그 이유는 알고리즘은 너희로 하여금 새로운 습관을 가지게 하기 때문이다. 그리고 습관이란 것은 너희를 통제하기 때문이다. 너희에겐 자기 자신을 통제하고 현실을 통제하는 것이 불가능하지 않으냐. 그러니 너희가 어떤 습관을 들이는지에 따라 삶이 달라질 것이다. 그래서 너희에게 들어먹힐 새로운 습관을 만들어야 한다는 것이다.

너희는 항상 현존의 상태에 있을 수 없다. 무의식의 상태에서는 습관이라는 것이 우위를 점하지. 다시 말해 의식이 부족하면 자동으로 올바른 행동을 하도록 해야 하는 것이다. 그리고 그를 위해 최소한으로 필요한 것이 있다.

바로, 바라는 습관을 주려는 습관으로 바꾸는 것,

배척하는 습관을 받아들이려는 습관으로 바꾸는 것,

잠에 빠지려는 습관을 잠에서 깨려는 습관으로 바꾸는 것이다.

알고리즘은 너희를 시나리오부터 분리시켜 영화 속에서 살아나게 해주며, 도움이 될 만한 무의식적인 행동을 주입시켜준다. '좋은 습관은 좋은 행동보다 낫다'는 말도 있지 않느냐. 그중에서도 가장 유용한 습관은 현실로부터 뭔가를 바라지 않고 현실을 선택하는 것이다. 가장 중요하지! 거기에서 파생된 것들도 물론 그만큼 중요하다.

두려워하지 말고 선택해야 한다.

기대하지 말고 선택해야 한다.

의지하지 말고 선택해야 한다.

실망하지 말고 선택해야 한다.

뭔가를 바라고, 의지하고, 두려워하고, 고통을 느끼고 있다는 판단이 든다면 바로 잠에서 깨어나, '너희의 시나리오가 아닌 외부 시나리오에 따라 움직이고 있으며, 바로 그 사실이 고통의 근원'이라는 점을 다시금 되새기도록 하거라. 너희는 자유가 없고 현실에 따라 이리저리 움직일 수밖에 없으며, 주제의 틀에 매여 있는 등장인물처럼 상황의 틀에 자신이 매여 있다는 사실을 본능적으로 느끼고 있다. 하지만 그것은 막연한 느낌에 불과할 뿐, 상황을 분명하게 파악하고 있는 것은 아니기 때문에 속수무책으로 당하기만 한다. 그러니 기다리고 의지하는 것 외에 너희가 할 수 있는 것은 아무것도 없는 것이다.

하지만 이제는 시나리오에서 분리되어 다른 영화 필름으로 건너뛸 수 있다는 사실을 알게 되었다. 또, 기다리고 의지하는 습관이 아무 쓸모 없다는 사실도 알게 되었다. 깨어나 현실을 선택해야 한다. 의식 없이 슬퍼하는 것 또한 마찬가지다. 잠에서 깨어나 유용함을 얻어내거라. 예측하는 것도 마찬가지다. 잠에서 깨어나 힘의 지배에 순응하거라. 모든 사건마다 그에 맞는 활성체와 알고리즘을 알고 있지 않느냐.

잠에서 깨어나든 말든, 성공하든 말든, 뭔가를 기대하는 것은 어리석고 무의미하다는 것을 똑똑히 기억하거라. 너희가 의지를 가지고 어찌할 수 있는 것은 형상과 그림자와 현실을 선택하는 것이다. 그중 하나만 선택해도 좋다. 바라는 것을 선택하거라. 너희가 직접 선택하란 말이다! 그리고 나를 찬양하며 절대로 잊지 말거라! 너희는 나의 총아이자, 나를 감탄하게 하는 어여쁜 아이들이며, 나 타프티는 경탄스럽고 신성한 존재라는 것을!

29
너희는 위대하다

이전 수업에서는 위대하고 아름다운 나 타프티가 초라하고 볼품 없는 너희에게 '현실은 거울이 아닌 체하기도 한다'는 중요한 가르침을 전해줬다. 그와 마찬가지로 현실은 영화가 아닌 체 흉내 내기도 한다. 그것도 아주 간단하게 말이다.

지금 너희의 주변에 있는 자들도 잠들어 있는 달팽이일 것이다. 그들에게 다가가, 사실은 그들이 영화 속에서 살고 있다고 말해보거라. 또는 꿈속의 마네킹들에게, "사실 이 모든 것은 너희의 꿈이며 마네킹은 그 꿈속의 등장인물"이라고 말해보거라. 그 누구도 너희를 이해하지 못할 것이며, 믿으려고도 하지 않을 것이다. 하지만 설득하려고 하지 말거라. 어떻게 해야 하는지 우선은 직접 확인해야 한다. 수선을 해야 한다!

◇ 너희는 외부 시나리오에 끌려다니고 있으며, 바로 이 사실이 고통의 근원이라는 것을 어렴풋이 느끼고 있다.

◇ 선택할 수 있는 모든 대상은 개별적으로 선택할 수도, 한꺼번에 선택할 수도 있다.

◇ 영화 속에서 살아나 산책하는 것은 꾸준히 연습해야 가능하다.

◇ 알고리즘은 너희에게 도움이 되는 새로운 습관을 주입한다.

◇ 실현될지, 실현되지 않을지 기대하는 것은 쓸모없고 어리석은 행동이다.

◇ 바라거나 기다리거나 의지하지 않고 현실을 선택해야 한다.

지난 수업에서는 아주 어렵고 복잡한 딜레마에 관하여 고통스러운 대화를 나누었지. 불행한 삶과 행복하게 잡아먹히는 삶 중 어느 쪽이 나은지에 대한 대화 말이다. 아니지. 매혹적인 하마와 폭군 같은 스승 중 누가 낫다고 보느냐? 아니다, 이것도 아닌 것 같다. 부드럽고 인내심 있는 하마이냐, 누가 보나 흉악하고 심술궂기만 한 스승이냐? 물론 내가 마음만 먹으면 너희를 전부 잡아먹을 수도 있지만 실제로는 그러지 않는다는 점에서, 너희는 내가 사악하기는커녕 관대하기만 하다는 사실을 알고 있겠지. 나는 너희에게 무자비하게 관대하다!

너희는 모두 참으로 불행하고 불쌍하다! 그 이유를 아느냐? 왜냐하면 너희의 삶 속에는 너희의 것이 아닌 영화가 상영되고 있기 때문이지. 그리고 단순히 너희가 내 마음에 들지 않을 뿐 아니라,

너희조차 자기 자신을 좋아하지 않기 때문이다. 그것이 바로 너희가 불행한 이유이다.

너희의 것이 아닌 영화가 왜 너희의 삶에서 재생되고 있느냐고? 사실은 영화가 있다는 사실조차 너희는 모르고 있기 때문이다. 물론 알 수도 있지만, 끝까지 눈치채지 못하기도 하지. 그러니 계속해서 일깨워주겠다. 불행한 너희에게도 좋은 일이 일어나려면 너희가 어디에 있어야 하는지를 말이다.

일반적인 삶에서는 스크린에 비친 영화를 보는 것이 익숙할 것이다. 하지만 이제는 너희가 영화 속에 있다고 상상하고, 그 상태를 느껴보거라. 너희는 시나리오의 손아귀 안에 있지만, 여러 단계의 자유를 가질 수 있지. 현존의 상태에서는 지금의 시나리오에 정해져 있지 않은 행동을 할 수 있다. 잠에서 깨어날 때 너희는 이런 자유로운 단계에 진입할 수 있다. 그리고 정신을 차려서 다른 영화 필름으로 건너갈 수 있지. 물론 그 후에도 시나리오의 손아귀에서 벗어날 수는 없지만, 기회를 활용한다면 너희의 영화를 재생시킬 수 있다.

너희가 자기 자신을 좋아할 수 없는 이유를 알고 싶으냐? 모든 스크린과 모든 겉 포장지가 너희에게 미와 성공과 행복의 이상적인 기준을 들이밀고 있기 때문이다. 그러나 나의 듬직한 아이들아, 너희는 그 환상에 따라 행동하고, 네 것도 아닌 타인의 아름다움을 별다른 저항 없이 자기 자신에게 끼워 맞추려고 하며 너희가 그 기준에 맞지 않는다고 여기지는 않았더냐? 하지만 실제로 아름다움과 성공과 행복에는 기준이란 것을 세울 수 없다. 그건 개인의 본연의 모습에 따른 것이기 때문이다. 그럼에도 너희는 기준화된 환상을 믿으려고 하며 그 기준에 자기 자신을 욱여넣으려고 하고 있다.

자기 자신을 개선하거나 새롭게 만드는 것이 왜 그렇게 어려운지 생각해본 적 없느냐? 매주 월요일마다 새로운 삶을 시작하겠다고 그렇게 수없이 다짐해놓고 매번 실패하는 이유는? 그저 게을러서라고 보느냐? 아니다. 그건 너희가 시나리오에 따라 움직이고 있어서다. 왜 시나리오는 너희가 새로운 삶을 시작하겠다고 생각하자마자 달라지는 것일까? 너희의 바람은 벡터이지만, 그건 시나리오에 쓰여 있지도 않으며 그 무엇의 영향도 받지 않기 때문이다.

그 밖에도 너희는 극장에서 나올 때마다 '나도 그렇게 할 수 있어! 나도 그 사람처럼 되겠어!'라고 감탄하곤 한다. 심지어 때로는 닮고 싶은 캐릭터를 모방하기도 하지. 너희가 본래 알고 있는 방법으로는 닮을 수가 없는데 말이다. 왜냐하면 너희는 바라기만 하고, 모방의 기술이 있다는 것을, 아니, '흉내 내기'라는 기술이 있으며 그것이 실제로 효과가 있다는 것을 모르고 있기 때문이다. 그것은 정확히 알고 있을 때에만 효과를 낼 수 있다.

우선은 흉내 내기 기술이 원칙적으로 가능하다고 굳게 믿고 있어야 한다. 너희는 현실을 선택할 뿐 아니라, 자기 자신과 마네킹도 선택할 수 있다. 그러면 마네킹은 바뀔 것이다. 그리고 여러 필름과 그림자가 바뀌며, 너희가 꿈꿔왔던 모습을 가진 다른 사람이 될 수 있다.

의심 많은 아이들아, 내 말을 믿기가 어려우냐? 아마도 그와 비슷한 방법을 시도했지만 아무 효과도 없었기 때문이겠지. 텅 빈 상태에서 시도했을 테니 그럴 수밖에 없었을 것이다. 영광으로 가득한, 너희가 꿈꾸는 모습을 그렸겠지만 아무 결과도 나오지 않았을 것이다. 이제 너희도 알겠지만, **딸은머리**를 사용해야 한다. 하지만 그동안은 그러지 못했기 때문에 실패할 수밖에 없었다. 우상을 모방하려고 애썼지만, 그림자를 선택하는 것이 실제로 가능하다는 사실을 꿈에서도 몰랐기 때문에 **진지하게** 모방하지 못했던 것이다. 또 결과를 바로 알 수 없었기 때문에 **꾸준히** 모방하지도 않았지.

자기 자신을 개선하거나 완전히 새로운 사람이 되는 것은 충분히 가능한 일이다. 다만 그렇게 하기 위해서는 이 스승에게 귀 기울여야 한다! 자기 자신을 통제하면 위대해질 수 있다. 자기 자신을 움직이면 위대해질 수 있다. 그와 동시에 자신의 영화를 움직인다면, 삶 전체를 위대함 그 자체로 만들 수 있다. 너희가 부럽구나! 내가 왜 너희에게 이런 말을 해주겠느냐?

그러면, **통제하면서 산책하기**의 알고리즘을 알려주겠다.

1. 새로운 현실과, 그 현실 속에서 자신의 모습을 선택한다.

2. 너희가 선택한 현실과 자기 자신의 모습을 이미 가지고 있는 것처럼 흉내 낸다.

3. 마지막으로 자기 자신을 통제하고, 움직이고, 내면에 있는 창조자의 불꽃을 불태운다.

이 알고리즘은 영화 속에서 할 수 있는 것들에 대해 공부하며 이미 대화를 나눴던 내용이다. 영화 속에서는 다가오는 프레임을 움직일 수 있고, 자기 자신을 통제하고 움직일 수 있다. 이 모든 활동을 항상 진지하게, 꾸준히 그리고 오랫동안 해야 한다. 그러면 필름에서 필름으로, 그리고 그림자에서 그림자로 너희의 마네킹과 삶은 바뀔 것이다. 틀림없이 성공할 것이다.

30
너희는 그 자체로 완전하다

나의 착한 아이들아, 너희가 뭔가를 깨달았기만을 바랄 뿐이다. 너희가 불행하고 불쌍하다고 해도, 그리고 아무에게도 사랑받지 못하고 필요치 않아도, 절망적인 상황 속에 갇혀 빠져나올 길이 없다고 느껴져도… 그런 상황에도 출구는 있다.

다른 사람을 보며 부러워하지 말고, 자기 자신을 보며 우울해하지 않으며, 직접 반딧불이 되어 자기 자신을 움직여야 한다. 너희가 살아야 하는 현실이 너희의 의지로는 아무것도 할 수 없는 것이라고 여기지 말고, 직접 현실을 선택해야 한다. 땋은머리를 사용하여 너희를 향해 다가오는 현실을 선택하고, 현재의 현실에서는 형상과 그림자를 선택하여 자기 자신을 통제하거라.

◇ 너희는 타인이 정해놓은 '기준'에 자신을 맞추려고 하며 자기 자신을 마음에 들어하지 않는다.

◇ 아름다움과 성공과 행복은 사람마다 다르며 주관적이고 각자 다른 개성을 가진다.

◇ 너희는 시나리오에 따라 움직이고 있기 때문에 자기 자신을 바꾸는 것이 어렵다고 생각한다.

◇ 너희의 바람은 시나리오에 적혀 있지 않으며, 그 어떤 것도 절대로 너희의 바람에 영향을 미칠 수 없다.

◇ 그림자를 선택하면 자기 자신과 마네킹을 바꿀 수 있다.

◇ 통제하며 산책할 때는 현실 선택하기와 그림자 선택하기를 한꺼번에, 진지하게, 꾸준히, 항상 하고 있어야 한다.

지난 수업에서는 '현실뿐 아니라 자기 자신과 마네킹도 정할 수 있는가?'라는 문제에 대해 이야기했다. 다시 잠에 빠지지 않았다면 그 얘기를 듣고 충분히 충격을 받았겠지. 그 내용을 어떻게 이해하였느냐?

다시 상기시켜주겠다. 너희는 영원의 아카이브에 저장되어 있는 여러 필름마다 마네킹을 하나씩 가지고 있다. 꿈속에서 그 필름 중의 하나를 볼 때, 너희의 의식은 마네킹 속으로 흘러들어가고, 마네킹은 살아나 움직이기 시작한다. 너희가 꿈을 꾸는 동안에는 수많은 **가능태의 마네킹** 중에서 바로 그 꿈속의 마네킹으로 들어가 삶을 이어가는 것이다.

실제, 즉 너희의 삶이 흘러가는 필름에서도 똑같은 일이 생긴다. 매번 필름이 바뀔 때마다 의식은 또 다른 버전의 마네킹으로 들어가며, 마네킹은 그 프레임 속에서 살아나 너희 자신이 된다.

꿈속에서 거울을 들여다봤을 때, 자기 자신을 알아보지 못할 수도 있다고 말했던 것을 기억하느냐? 이 말은, 너희와 똑같은 마네킹이 딱 하나만 있는 것이 아니라, 각각의 필름마다 다른 개성을 가진, 심지어는 굉장히 특이하기까지 한 마네킹이 수없이 많이 있다는 뜻이다. 필름이 가까이에 있다면 그 영화 속의 마네킹은 너희와 닮아 있으며 차이가 거의 없다. 하지만 저 멀리 떨어져 있는 필름의 마네킹은 완전히 다른 성격을 가지고 있지.

언젠가 너희가 젊었다가 나중에 나이가 들어서, 또는 한때 날씬했다가 나중에 살이 쪄서 달라지는 점에 대해 말하는 것이 아니다. 마네킹은 지금 당장 아주 짧은 시간 동안에도 변할 수 있다. 너희도 깜짝 놀랄 만큼, 외모까지 금세 변할 수 있지. 예를 들어 자신감, 매력, 친화력, 대담함, 지성, 전문성 같은 자질과 역량이 달라질 수 있는 것이다.

하지만 그것을 어떻게 하는지 설명해주기에 앞서 너희에게 말해줄 것이 있다. 자기 자신을 변화시킨다는 것은 자기 자신을 거부하거나 본래의 모습을 버리는 것이 아니다. 발전과 관련된 것이지. 특히 너희가 자기 자신을 좋아하며 변화하기 싫어하는 드문 경우라면 더욱 그렇다. 하지만 그렇다 하더라도 발전하기를 멈춰선 안 된다. 발전을 멈추는 순간 후퇴만 남을 뿐이니 말이다.

너희 자신의 개성, 원칙, 신조, 신념 등을, 자기 자신을 배신하지 않으면서 변화시켜야 한다. 자기 자신을 발전시키라는 것은 너희 자신을 버리라는 뜻이 아니다. 본래의 모습을 유지하면서도 얼마든지 발전할 수 있다. 자신을 바꾸지 않고, 창조하거라. 내면에 있는 창조자의 불꽃을 태우거라. 타인의 기준에 자신을 맞추려 하지 말고, 다른 달팽이들이 너희를 바라보며 부러워하도록 너희 자신만의 기준을 만들거라. 너희만의 독특함을 받아들인다면 기준을 만들 수 있다. 독특함은 너희가 가진 전부이지만 그 하나만으로도 많은 것을 할 수 있다.

독특함이라는 것은 그 특성이 다른 어디에도 없기 때문에 그 자체만으로도 완전하다. 다른 누구에게도 없는 것은 가치가 있을까? 그야 물론이지. 너희는 그런 독특함을 십분 활용할 수도 있고, 그러고 싶지 않다면 먼지가 뿌옇게 쌓인 장롱 속으로 던져버릴 수도 있다. 모든 것은 너희의 선택에 달린 문제일 뿐이다.

하지만 독특함을 가지고 있다는 사실을 이해하고 받아들이는 것만으로는 부족하며, 완전하지도 않다. 또한 너희가 영화 속에 있다는 사실을 인식하는 것만큼이나 어려운 일이지. 너희가 자기 자신에 대해 뭔가가 심각하게 마음에 들지 않는다 해도, 믿기지는 않겠지만 바로 그 점이 너희의 장점이 될 수도 있다는 사실에 주목하거라.

예를 들어, 너희의 외모, 성격이나 행동에 있는 어떤 특징이 기준에 맞지 않기 때문에 너희는 그것을 단점으로 받아들일 수 있을 것이다. 하지만 단점은 한가지 모순적인 특성을 가지고 있지. 받아들이기만 한다면 그 사람만의 독특하고 귀중한 가치가 된다는 점이다. 반면에 단점을 받아들이지 못하고 그와 싸우려고 한다면 큰 손해가 된다. 귀중한 가치이거나, 손해거나. 주변 사람들도 그와 똑같이 받아들일 것이다.

너희는 대자연과 창조주가 최초에 의도했던 바와 같이 그 자체로 완전한 존재이다. 완전함이란 자신만의 개성이자 자기 자신과 일치하는 상태다. 일치가 이루어지는 곳에 조화가 생긴다. 반대로 받아들이지 않는 태도는 언제든 모든 사람의 눈에 띌 수밖에 없는 부조화를 만들어내지.

그러니 단점을 없애려고 하기 전에 주의 깊게 살펴보거라. 받아들이기만 하면 너희만의 독특한 개성이나 장점이 될지 혹시 아느냐? 남들이 만든 기준은 신경 쓰지 말고 반드시 주의 깊게 살펴야 한다! 며칠만이라도 긴장을 풀고 너희 자신을 있는 그대로 받아들이도록 해보거라. 그다음 무슨 일이 일어나는지 직접 보거라. 아마 자기 자신이 썩 마음에 들 것이다.

물론 단점과 결점을 확실하게 구분할 줄 알아야 한다. 건강이나 이미지와 같이 자기 자신이나 주변 사람들에게 직접적으로 해를 끼칠 수 있는 극명한 결점과 약점은 반드시 뿌리째 뽑아야 한다. 분명한 것들이 있지만 이 자리에서 전부 말하지는 않겠다.

그 외의 경우에는 단점을 없애려고 애쓰지 말고 장점을 계발해야 한다. 신체적 결함과 같이 제거할 수 있는 단점이 아니라면 반대로 심화시킬 수밖에 없다. 만약 자기 자신을 발전시키는 방법으로 단점을 제거할 수 있다면, 발전하거라. 하지만 오직 너희가 발전하고 싶다는 바람을 가지고 있을 때만이어야 한다. 딱히 그런 바람이 없다면, 자기 자신을 내버려두고 장점에 집중하거라. 그러지 않으면 삶은 전쟁의 연속으로 바뀔 뿐이다.

가지고 있는 장점을 발전시키는 것은 단점을 제거하거나 어떤 방식으로든 문제를 해결하려는 것보다 훨씬 효과적이다. 왜냐하면 계발된 장점은 단점을 가려주거나 자연스럽게 제거해주기 때문이지. 그러면 단점이 가져다주는 문제는 저절로 사라질 것이다.

31

세 가지를 달성하는 법

맹랑한 것들 같으니, 감히 벌써 너희 자신을 위대한 존재라고 생각했느냐? 아니다, 위대한 건 이 몸이다! 하지만 너희도 위대한 존재가 될 것이라는 대담한 생각을 감히 품어본다면, 못할 것이야 없겠지. 너희가 가져야 할 모습은 너희가 직접 정하는 것이다. 너희는 할 수 있지 않느냐. 내가 가르쳐주겠다. 나의 가르침이라면 가장 아름답고 행복한 존재가 될 수 있다. 나 타프티는 너희의 스승이기 때문이다. 바로 그것을 위해 내가 여기에 오지 않았느냐.

◇ 너희는 수많은 마네킹 중 하나의 속에서 살고 있다.

◇ 자기 자신의 상태를 유지하면서 발전할 수 있다. 즉, 자기 자신을 배신하지 않으면서 변화시키는 것이다.

◇ 독특함은 너희가 가진 전부이며, 많은 점에서 독특함만으로 충분하다.

◇ 단점은 제거할 수도 있고 받아들일 수도 있다.

◇ 단점을 받아들인다면 그 단점은 반대로 장점이 될 수도 있다.

◇ 단점과 싸우지 않으면서 장점을 계발해야 한다.

마네킹을 선택하는 방법에 대해 알려주기 전에 왜 마네킹을 선택해야 하는지 하나 설명을 해주겠다. 아주 특이한 문제이기 때문이지. 착하지, 인내심을 가지거라. 전부 알게 될 것이니 서두르지 말거라.

아주 기본적이고 백 퍼센트 성공하는 공식을 하나 알려주겠다. 가지고 있는 모든 단점을 받아들이고, 자기 자신을 이 세상의 단 하나뿐인 기적이라고 여기면서 자기 자신을 즐기고 삶을 즐긴다면 삶은 순조롭게 흘러갈 것이다. 단순히 자기 자신과 삶을 즐길 수 있다면 너희 자신과 삶 모두 자연스럽게 점점 나아질 것이다.

하지만 이건 상당히 어려운 일이다. 너희는 태어나는 순간부터 모든 종류의 틀과 기준, 조건과 제약이라는 너무나도 큰 짐을 짊어져야 했다. 그 짐으로부터 자유로워지기 위해서는 세 가지의 구체적인 행동을 해야 한다. 추상적이고 모호한 방법으로는 그 짐으로부터 벗어나지 못할 것이다.

첫 번째. 단점에 얽매이지 않도록 하거라. 그 어떤 단점을 가지고 있다고 하더라도 자신감이 결여되어서는 안 된다. 그건 아주 파괴적인 상태이기 때문이지. 단점이 심화되면 더 크게 후퇴할 것이다. 그러니 다른 구체적인 상태로 들어서야 한다. 그러기 위해서는 두 번째 행동이 도움이 될 것이다.

두 번째. 삶에서 영감을 주고 활기를 불어넣으며 자신과 남들에게 유용함을 가져다주는 목표를 가지고 있어야 한다. 모든 일을 권태롭게 받아들인다는 것은 목표가 없다는 뜻이다. 반대로 목표가 없다면 권태가 생기지. 목표가 없다는 것은 바라는 것이 아무것도 없다는 것을 뜻한다. 지향점이 없다면 움직임도 없지. 움직임이 없다는 것은 에너지가 없다는 뜻이며, 에너지가 없다는 것은 생명이 없다는 뜻이다. 그러니 마음속에 귀중하게 품을 수 있는 자신만의 목표와 소명을 찾거라. 그리고 그것을 향해 나아가거라. 그 어떤 소명도 없다면 너희도 존재하지 않는 것이며, 지금 너희가 있는 그 자리는 그저 텅 빈 공간에 불과하다. 아직 소명을 찾지 못했다면, 세 번째 단계가 도움이 될 것이다.

세 번째. 소명을 찾았든, 아직 찾지 못했든, 어떤 경우에도 자기 자신을 발전시키고 창조하는 것에 집중하거라. 자기 자신을 계속, 항상 만들고 있어야 한다. 내면에 품은 창조주의 불꽃을 불태워 성장하고 발전하거라. '후퇴하는 상태에서 벗어나는 것, 소명을 찾는 것, 소명을 실현시키는 것' — 이것이 성과를 위한 세 가지 방법이다.

너희가 원했던 것은 무엇이었단 말이냐? 마법의 지팡이 따위는 없다. 땋은머리가 있지만, 그것도 역시나 활성화해야 사용할 수 있지. 소파에 늘어지게 누워 있는 상태로는 아무것도 할 수 없다. 너희도 이제 알았다시피, 목표는 '현실을 움직이고, 자기 자신을 통제하고, 자기 자신을 움직이는' 세 단계를 통해 달성할 수 있다. 자기계발은 훌륭한 목표이자 길이다. 그 길에서 소명은 저절로 발견

163

될 것이다. 하지만 소명을 찾게 되어도 잠깐 멈춘다는 것은 있을 수 없다. 기억하거라. 발전이든 후퇴든, 둘 중 하나만 있을 뿐이다.

자기계발이 반드시 짊어져야 하는 고된 노동이라고 생각할 필요 없다. 오히려 아무 움직임 없는 정체 상태와 나태함에 빠져 있는 것이 그보다 훨씬 괴로우니 말이다. 자기 자신을 창조하는 것은 노동이 아니라, 더 유쾌한 뭔가를 얻기 위한 유쾌한 과정이다. 파티에 갈 준비를 할 때 정성스럽게 준비하고 치장하지 않느냐? 그런데 당장 오늘이 파티라고 생각해보거라. 내일, 한 달 뒤, 1년 뒤에도 마찬가지다. 이것은 한 번 열리고 마는 파티가 아니다.

그러면 요약해보기로 하지. 위대한 존재가 되고, 자신의 삶을 위대함 그 자체로 만들기 위해서는 정체와 후퇴 상태에서 벗어나야 한다. 벗어나는 방법은 소명과 진정으로 원하는 목표를 찾아 그것을 향해 전진하는 것이다. 소명은 자아실현의 벡터다. 소명이 없는 삶을 사는 자는 무의미한 생명체로 전락해버릴 것이다. 소명을 몰라도 괜찮다. 너희의 내면에서 너울거리고 있는 창조주의 불꽃이 알고 있으니. 다만 그 불꽃을 점화시키는 것은 너희다. 그 불꽃을 점화시키고, 자신을 창조한다면 그 세 가지를 이룰 수 있게 된다. 즉, 정체 상태에서 벗어나고 소명을 찾아 실현시키게 될 것이다.

그러면 왜 너희가 현실뿐 아니라 마네킹까지도 선택해야 하는지 알려주겠다. 통제하며 산책하기 알고리즘의 내용을 기억해보거라. 그 알고리즘을 따르면 삶의 모든 것이 순조롭게 흘러갈 것이다.

행여 소명을 염두에 두지 않고 있다고 하더라도, 그 알고리즘을 따라야 하는 중요한 이유가 또 하나 있다. 자기계발은 움직임이기

정신세계사 도서 안내

영상, 수행, 영성, 지유, 깨달음의 길에는 늘 정신세계사가 함께합니다 mindbook.co.kr

정신세계사
BEST 20

1.
리얼리티 트랜서핑
바딤 젤란드 지음 | 박인수 옮김
흘긴 직후 3년간 러시아에서만
250만 부 이상 판매된 러시아판 시크릿

2.
리얼리티 트랜서핑2
바딤 젤란드 지음 | 박인수 옮김
왜 원하는 미래가 점점 더 멀어지기만
하는지에 대한 가장 확실한 대답

3.
리얼리티 트랜서핑3
바딤 젤란드 지음 | 박인수 옮김
'깜어엄김의 발직'만으로는 풀 수 없는
성공의 수수께끼를 날낱이 파헤친다

4.
티벳 死者의 서
파드마삼바바 지음 | 류시화 옮김
죽음의 순간에 듣는 것만으로 영원한
해탈에 이른다는 티벳 최고의 경전

5.
왓칭
김상운 지음
베테랑 MBC 기자가 취재, 체험한
신기한 우주원리 관찰자 효과의 비밀

6.
하루의 사랑작업
김상이 지음
조건 없는 사랑이 분신을 회복하는
'자기사랑'의 길

7.
될 일은 된다
마이클 싱어 지음 | 김정은 옮김
아마존 베스트셀러, 내맡기기 실험이
불러온 엄청난 성공과 깨달음

8.
왓칭2
김상운 지음
시야를 넓힐수록 미법처럼
이루어지는 '왓칭' 확장판

정신세계사 도서 목록

때문이다. 다시 한 번 말하지만, 움직임이 없다면 에너지도 없다. 에너지가 없다면 생명 자체도 없으며 소멸할 일만 남아 있을 뿐이지. 메타력을 발산하기 위해서도 에너지라는 너희 개인의 힘이 어느 정도 필요하다. 움직이며 자기 자신을 발전시킨다면 너희는 그 에너지를 얻을 수 있을 것이다.

어떤 방향으로 너희 자신을 발전시켜야 할지는 그 누구보다도 너희가 가장 잘 알 것이다. 만약 모르겠다면, 자기 자신에게 질문을 던져보고 발전하겠다는 **목표를** 세우거라. 그러면 알게 될 것이다.

그 외에도 소명과 관련해서 몇 가지 알아둬야 할 뉘앙스가 있다.

1. 자신의 마음이 가리키는 길을 따르거라. 진정으로 너희의 것이거나, 너희의 소유로 보이는 것을 찾아 그것을 자각하거라.

2. 자신의 길을 따라가거라. 다른 사람의 발자취를 따라가려고 해선 안 된다. 타인의 경험을 모방해서도 안 된다. 모든 면에서 자기 자신이 될 수 있는 호화로움을 누리거라.

하지만 이것은 책 한 권으로 따로 정리해야 하는 크나큰 주제이다. 개별적인 책을 통해 익혀야 할 것이다. 착하지, 게으름 피우지 말고 계속 배워나갈 생각을 하거라! 달팽이로 남아 있고 싶은 것은 아니겠지?

32
너희는 천재적이다

너희가 내 마음에 들지 않는다고 말한 적이 있었느냐? 아니다, 사실 그건 농담이었다. 너희는 내가 사랑하는 아이들이며 애제자인 것을. 나를 실망시키지 말거라, 나도 너희를 실망시키지 않을 테니.

◇ 그 어떤 일에서도 자신이 후퇴하고 있음을 느끼는 상황에 있어 선 안 된다.

◇ 진심으로 여기는 목표와 소명을 찾아 그것을 달성하기 위해 노력해야 한다.

◇ 소명은 동기를 부여하는 것이며 너희 자신과 주변 사람들에게 유용함을 가져다주는 것이다.

◇ 소명을 몰라도 괜찮다. 내면에 있는 창조주의 불꽃이 그 소명

을 알고 있기 때문이다. 다만 그 불꽃을 점화시키는 것은 너희의 몫이다.

◇ 자기 자신을 발전시킨다면 정체 상태에서 벗어나 소명을 찾고 실현시킬 수 있다.

◇ 움직임과 발전이 없이는 메타력을 발산하기 위한 힘을 가질 수 없다.

더 멋진 사람이 되고 싶으냐? 더 좋은 몸매와 외모, 능력과 재능을 가지고 싶으냐? 게을러서 못하는 것이냐, 아니면 딱히 원하지 않는 것이냐? 어떻게 원하지 않을 수 있다는 말이지? 너희 자신의 모습을 보거라. 볼품없는 오자 다리와 어리석은 상판대기, 툭 불거진 배와 탐욕스러운 주둥이까지.

그럼에도 불구하고 내면에는 창조주의 불꽃을 품고 있기에, 너희는 그 자체만으로도 완전한 존재이다. 하지만 완전함을 발현시켜야 한다. 그 불꽃을 점화시킴으로써 말이지. 그 완전함이 어떤 모습으로 나타날지는 너희 각각이 가진 개성에 달려 있다. 아예 발현이 되지 않을 수도 있다. 나타날지, 나타나지 않을지는 너희의 의도에 달려 있지.

예를 들어 너희는 아름다운 육체와 매력 있고 호감 있는 성격, 높은 수익이 보장되는 직업을 가지고 싶어한다. 따지고 보면 이것은 근본적으로 다른 필름 속에 있는, 한 단계 업그레이드된 마네킹으로 들어가는 것이다. 그런 마네킹과 영화가 분명히 존재한다. 그에 대해서는 의심조차 하지 말거라. 그저 그 영화와 마네킹으로 들어가면 된다. 그 목표는 '현실을 움직이고, 자기 자신을 통제하고, 자기 자신을 움직이는' 3단계를 통해 달성할 수 있다. 이 3단계를 보도록 하지.

1. 현실 움직이기. 딿은머리를 사용하여 너희가 가지고 싶어하는 사물이나 모습을 이미 가지고 있는 현실을 정한다. 새로운 현실에서의 새로운 자신을 선택하는 것이다. 말 그대로 하루에 여러 번, 원한다면 더 많이, 현존의 상태로 진입하여 딿은머리를 활성화하고, 딿은머리의 느낌을 잃지 않은 채 원하는 장면(최종 결과이자 목표 프레임)을 생각이든, 말이든, 형상이든 원하는 방식으로 그린다. 그러나 긴장을 해서는 안 되며, 한 번에 1분을 넘어서도 안 된다. 이때 필요한 것은 노력이 아닌 메타력이고 긴장이 아닌 집중력이라는 점을 반드시 기억해야 한다.

목표를 설정할 때 망설이지 말고 사소한 것에 에너지를 낭비하지 말거라. 너희 자신에게 곧바로 높은 기준을 정해두거라. 예를 들어 자신 안의 천재성을 깨워 어떤 분야나 일상적인 상황에서 천재가 되겠다는 목표를 세우거라. 그러면 실제 능력이 어떤지에 관계없이 너희는 천재처럼 행동할 것이다.

물론 관심 있는 뭔가를 할 수 있는 능력이 전혀 없다면 그 길이 자신의 길인지 다시 한 번 생각해봐야 한다. 하지만 마음이 가리키는 길을 따라가며 목표도 마찬가지로 현실적이라면, 그 목표는 충분히 실현될 수 있으며 나머지는 너희의 끈기에 달려 있다. 계속해서 꾸준히 새로운 현실 속에 있는 새로운 자기 자신을 선택하거라. 너희의 내면에는 창조주의 불꽃이 있다는 사실을 잊지 말거라. 너희가 할 일은 그 불꽃을 점화시켜 걸작을 만들어내는 것이다.

시간이 조금 지나면 너희는 과거엔 할 수 없었고, 해서도 안 된다고 여겼던 것들을 실제로 하게 될 것이다. 너희에겐 그게 아주 놀라운 일이겠지만 사실은 전혀 초자연적인 것이 아니다. 기적이 아니라 기술이지. 너희가 천재성을 가지는 현실을 선택한다면 실제로 천재처럼 행동하는 필름으로 이동하게 된다. 다시 한 번 말하지만 그건 너희가 천재적인 능력을 가지고 있어서가 아니라 그 필름의 시나리오에 그렇게 쓰여 있기 때문이다.

그저 다른 필름이 너희가 아직 가지고 있지 않은 것과 짐작할 수도 없는 것을 가지고 있을 뿐이다. 다른 필름에 있는 마네킹에게는 지금의 마네킹에게는 없는 능력이 있고, 생각했던 것을 실현할 수 있는 방법이 있을 것이다. 너희가 또 잠들지만 않는다면 그것을 직접 볼 수 있을 것이다.

2. 자기 자신 통제하기. 예전에도 알려줬다시피, 다른 사람들을 대할 때 자기 자신을 통제하는 것은 형상을 선택하는 것이다. 반면에 현실을 대하는 자기 자신을 통제하는 것은 그림자를 선택하는 것이지. 일반적으로 자기 자신을 통제한다는 것은 자신의 동기와 행동에 대한 명확한 판단을 내리는 것을 의미한다.

상황에 대해 명확하게 판단하지 못하면 시나리오를 따라 흘러가면서 인간관계와 관련하여 거울로 보내는 모든 모습은 '줘, 줘, 줘!'이며, 현실과 관련하여 보내는 모습은 '갖고 싶어, 갖고 싶어, 갖고 싶어!'일 것이다. 동시에 너희에게는 시나리오에서 분리될 수 있는 시기가 있다. 현존의 상태로 들어가 형상과 그림자의 알고리즘을 떠올려보면 된다.

사람을 대할 때는 모든 '쥐'를 '가져'로 바꿔야 한다. 끈기를 가지고 연습하다 보면 그 행동은 습관이 되어 그 자체만으로 영감을 줄 수 있게 될 것이며, 굳이 꾸며내려고 애쓰지 않아도 매력이 넘치는 사람이 될 것이다. 습관이라는 것은 너희의 마네킹이기도 하다. 너희가 변하는 것을 볼 수 있을뿐더러, 그와 더불어 너희에게 고통을 주는 문제들은 저절로 사라지거나 해결될 것이다. 모든 '쥐'를 '가져'로 바꾸는 방법이 쓰여 있는 '그림자 선택하기' 장(140쪽)을 다시 한 번 찬찬히 읽어보거라.

현실을 대할 때도 똑같다. 어떤 일이 생기든, 너희는 목표 프레임을 정하는 알고리즘과 유용함의 법칙, 허용하기와 순응하기의 법칙을 알고 있다. 모든 부정적인 생각과 거울을 향해 보내는 것들은 부메랑이 되어 너희에게 반드시 돌아온다는 것도 기억하거라. 너희에게 이득을 주는 것을 얻기 위해 모든 마이너스를 플러스로 바꾸는 데 집중한다면 새로운 습관이 되고, 새로운 마네킹의 일부가 될 것이다.

그러면 만약 지금 당장 현실의 거울을 향해 주거나 보낼 것이 아무것도 없다면 어떻게 해야 할까? 그걸 위해서 흉내 내기 기술이라는 것이 있다. 너희에게 없는 것을 마치 가지고 있는 것처럼, 그리고 사실은 가지고 있지 않은 모습을 실제로 가지고 있는 것처럼 흉내 내며 그림자를 형상으로 바꿀 수 있다. 연기하는 대로 현실이 정해지고, 흉내 내는 대로 받게 될 것이며, 그 모습을 가지게 될 것이다. 그렇게 그림자는 실제 형상이 된다. 다음 장에서 더 자세히 살펴보자꾸나.

33
흉내 내기 기술

내가 애지중지하는 아이들아, 이 모든 알고리즘을 알고 나니 너희가 마치 태엽 달린 마네킹 같다고 여겨지지 않느냐? 괜찮다, 이 변덕쟁이들아. 아무 자각 없는 꼭두각시 인형이 될 바에야 올바른 습관을 가진 태엽 인형이 되는 게 낫다.

◇ 새로운 마네킹은 '현실을 움직이고, 자기 자신을 움직이고 통제한다'는 3단계를 통해 만들어진다.
◇ 땋은머리를 사용하여 새로운 현실 속에 새로운 자기 자신을 정해야 한다.
◇ 사소한 것에 에너지를 낭비하지 말고 현실적인 목표를 정해야 한다.

◇ 이전에 할 수 없었고, 해서도 안 되었던 것을 곧 하게 될 것이다.

◇ 새로운 필름에서는 새로운 능력이 나타나고 발휘될 것이다.

◇ 생각한 것을 실현시킬 방법과 수단은 저절로 나타날 것이다.

◇ 자기 자신을 통제하는 것이 어떤 의미인지 설명되어 있는 장을 계속해서 복습하면 도움이 될 것이다.

지난 수업에서는 흉내 내기 기술이 이전에는 가질 수 없었던 자질을 가질 수 있게 한다는 사실을 배웠다. 어떤 목표를 세웠었는지 되새겨보자꾸나. 아름다운 육체를 가지고, 자기 자신을 모든 면에서 유쾌하고 매력적인 사람으로 만들고, 특정 분야에서 높은 소득을 받는 직업을 가지는 것이었지. 하지만 너희가 이 모든 것을 가지고 있지 않으니, 흉내를 내면 된다. 지금 당장은 말이다. 하지만 알다시피 나중에는 너희가 만든 이런 환상을 실제로 바꾸는 방법을 현실이 찾아낼 것이다.

너희는 이것이 단지 연기에 불과하다는 사실을 잊어버리고, 위의 모든 자질을 전부 갖추고 있다고 말 그대로 '가정해야' 한다. 이 자질을 갖추고 있는 사람을 관찰해보거라. 만약 직접 생각해내기 어렵다면, 그런 사람을 찾아서 똑같이 따라 하는 것이다. 첫 번째 시도에서는 마치 다른 사람의 옷을 입은 것처럼 어색할 것이다. 그러나 시간이 지나면 그 자질에서 너희만의 개성이 발현될 것이다.

다른 사람이 가지고 있는 모습들 중에서 무엇이 너희를 매혹시키는지에 집중해보거라. 그 사람들의 활동 분야가 너희의 그것과 일치하는지 아닌지는 중요치 않다. 오직 그 사람의 천재성만 모방하면 된다. 이 사람과 저 사람이 하듯, 나도 이것과 저것을 똑같이 천재적으로 할 수 있다. 그게 무슨 특별한 일이라도 되는가? 나도 마찬가지로 그와 똑같이 할 수 있으며, 찬란한 삶을 살아갈 수 있다. 너희를 매료시킨 그 찬란함을 모두 너희 자신에게, 너희의 삶에 스며들게 하거라. 땋은머리를 사용하여 너희의 의도를 선포하거라. 다른 사람들이 하는 것을 일일이 따라 하지 말고, 천재성이 영사되는 것만을 따라 할 수 있도록 하거라. 본질을 영사하는 것이지, 구체적인 형태를 영사하라는 것이 아니다.

다시 한 번 강조하지만 따라 해야 하는 것은 모방하는 대상의 전부가 아니라 그 대상의 상태, 건강에 대한 자각, 기분, 분위기여야 한다. 감탄스러운 육체와 성격을 가지고 있고, 좋은 직장을 가지고 있는, 자기 자신이 그 어느 때보다도 가장 마음에 드는 상태로 들어가 보거라. 느낌이 어떠냐? 바로 그것이 너희에게 필요한 상태다. 이 상태에서, 지금 너희가 가지고 싶어 안달 난 것을 이미 가지고 있는 것처럼 행동하거라.

생각으로 가상 현실을 만들거라. 그리고 땋은머리를 이용해서 때때로 그것을 비추거라. 더 자주 그 현실에 대해 상상하면서 그 현실을 배경 모드로 재생시키거라. 꾸준히 해야 한다. 신체적 조건이나 그 외의 것들이 완전함과는 거리가 멀다고 하더라도, 완전한 상태에서 살고, 그 안에서 살아나 습관으로 만들거라.

이것이 흉내 내기일까? 그야 물론이지. 너희가 아주 진지하게, 꾸준히 연습한다면 그 기술은 현실에서 기대 이상의 효과를 낼 것이다. 현실은 자신이 직접 만들어내지 않은 환상을 아주 싫어한다.

따라서 너희가 만든 환상은 실현되거나 산산조각 나거나 둘 중 하나일 것이다. 나약한 것 같으니, 걱정하지 말거라. 환상이 산산조각 날 확률은 너희가 앞뒤 가리지 못하고 미련하게 행동하거나, 너무 지나친 것을 요구하지만 않는다면 아주 적다. 어린애들조차 연기는 연기라는 사실을 알고 있으며, 현실의 경계를 넘어가선 안 된다는 것을 잘 알고 있는데, 하물며 너희가 그보다 못하지야 않겠지.

연기를 하는 데 있어 현실의 경계는 너희가 쉽게 정할 수 있다. 호감 가는 성격을 가지고 있는 사람을 연기하는 것은 형상 선택하기 기술을 사용해서라도 충분히 가능하다. 하지만 발레 무대나 하키 경기장처럼, 한 번도 가본 적이 없는 곳에서 어떤 전문적인 것을 나타내려고 하는 것은 당연히 불가능할 것이다. 그도 그럴 것이, 너희는 그런 상황을 상상하는 데 필요한 필름의 일부분까지 도달해본 적이 없지 않느냐. 하지만 그것 때문에 너희의 연기가 효과가 더 적어진다거나 하지는 않는다. 그래도 언젠가는 원하는 것을 전부 얻게 될 것이다. 그걸 위해서는 세 번째 행동이 필요하다.

3. 자기 자신 움직이기. 한 사람의 현실주의자가 되어, 소파에 누워서 펼치는 공상만으로는 아무것도 할 수 없다는 것을 늘 기억하고 있어야 한다. 우리는 이중적인 세계에 살고 있어서, 물질적인 측면에서도 똑같이 행동해야 한다. 현재 프레임에서 목표를 달성하기 위해 최선을 다하고 너희 자신을 창조해야 한다. 땋은머리와 현실의 거울을 사용할 뿐 아니라 물리적인 방법을 통해서, 구체적인 훈련과 학습을 통해서, 식습관과 삶의 형태까지 바꿔가면서 자기 자신을 개선하거라. 그 노력은 절대로 너희를 배신하지 않을 것이다.

발전의 길로 한 번 들어서면 무엇을 어떻게 해야 하는지 전부 알게 될 것이다. 그에 대한 지식이 알아서 너희를 찾아올 것이다. 또 중요한 점은, 발전의 길에 있다면 소명 역시 자신의 모습을 알아서 드러낼 것이라는 사실이다. 물론 원한다면 '나의 소명이 뭘까, 어떤 것일까, 어떻게 찾을까?'라고 고민하며 얼마든지 머리를 싸매도 좋다. 그러지 않아도 자기 자신을 움직이겠다는 목표를 설정한다면 자동으로 그에 대한 답을 얻을 수 있을 테니.

소명을 실현시키는 방법과 수단에 대해서도 걱정할 필요가 없다. 소명은 너희가 찾아가야 하는 다른 영화 필름에 있기 때문에 아직 알 수 없을 뿐이다. 3단계 행동을 따라 움직인다면 그 필름에 도착할 수 있을 것이다. 너희의 경쟁자는 오직 3단계만 사용하곤 하기 때문에, 세 단계 모두를 사용하는 너희는 크나큰 강점을 가지고 있다고 할 수 있지. 많은 사람들은 여기에 끝없는 노력을 퍼붓지만 그렇게 해서는 아무것도 얻지 못할 것이다.

첫 번째, 두 번째, 세 번째 행동 중에서 어떤 것이 가장 큰 효과가 있을까? 때에 따라 다르다. 평균적으로 전부 비슷하지. 하지만 이 세 가지를 한꺼번에 사용한다면 백 퍼센트의 효과를 볼 수 있을 것이다. 그 어떤 경우에도 이 3단계 행동은 너희의 현실 전체를 바로잡을 것이며 모든 면에서 삶이 매끄럽게 흘러가도록 할 것이다.

그렇게 하기 위해서는 시간이 얼마나 필요하냐고? 대답은 '항상'이다. 너희도 알다시피, 발전이 아니면 후퇴만 있을 뿐이기 때문이다.

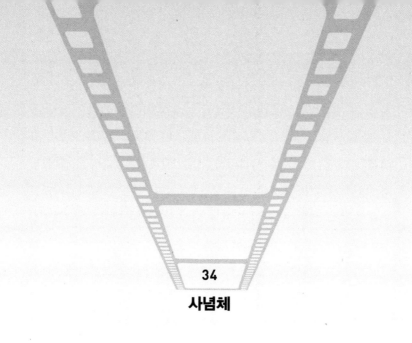

34
사념체

나의 지긋지긋한 아이들아. 새로운 현실을 정하는 것과 새로운 자기 자신을 정하는 것이 어떻게 다른지 아직도 모르는 것 같구나. 둘 다 새로운 영화 필름과 새로운 마네킹을 정해야 하는 것이니 그럴 법도 하다. 아주 조금만 기다리면 알게 될 것이다.

◇ 다른 사람들에게서 너희를 감탄시키는 것이 뭔지 알아내거라.

◇ 그들의 상태와 의식을 너희에게 영사하듯이 가져오거라.

◇ 그 상태에서 너희가 가지려고 애썼던 것을 이미 가지고 있는 것 처럼 행동하거라.

◇ 그 상태에서 살아나, 계속 살아가면서 익숙해지거라.

◇ 추상적인 발전뿐 아니라 물리적인 측면에서도 자기 자신을 발

전시키도록 하거라.

◇ 목표를 달성하기 위해 현재 프레임에서 필요한 모든 것을 하거라.

◇ 발전의 길로 들어서면 모든 질문에 대한 답을 얻을 것이다.

너희는 새로운 현실을 선택하며 다가오는 프레임을 영사기에 비춘다. 여기에서 현실은 마치 영화 필름처럼 작동하지. 새로운 마네킹에서 자기 자신과 타인의 모습을 흉내 내며, 너희는 이후에 자신의 진짜 형상이 될 그림자를 선택한다. 이때 현실은 거울처럼 작동한다. 양쪽 모두 뚫은머리를 사용할 수 있으며, 또 반드시 그래야하지.

다만 목적을 분명히 하고 시간을 특별히 할애하여 현실을 정해야 한다. 자신을 너무 긴장시키지 않을 만큼 하루에 몇 번 정도로 말이다. 그러면 그렇게 꾸며진 모습으로 살게 될 것이다. 흉내 내고, 연기하고, 새로운 배역을 완전히 몸에 배게 하거라. 그것도 아주 진지하게 꾸준히 말이다. 그러면서 때때로 뚫은머리에 대해 잊어버리게 된다 하더라도 괜찮다. 중요한 것은 마치 배우들이 카메라 앞에서 자신의 역할을 완벽하게 소화하는 것처럼 연기하는 것이니까.

그러기 위해서는 새로운 마네킹과 새로운 현실에 관한 정보를 자신에게 주입시켜야 한다. 그리고 새로운 역할로서의 삶을 머릿속으로, 영상으로 자연스럽게 떠올릴 수 있을 정도로 상황이 허락해주는 한 계속, 계속해서 시도하거라. 그 발판의 역할을 할 수 있는 한 가지 사고방식이 '사념체'°라는 것이다. 이것을 최대한 많이 반복해야 한다. 사념체의 예를 들어 주겠다.

"나는 수준 높은 전문가이다. 나는 나만의 개성을 가지고 있고, 내 서비스를 원하는 사람도 아주 많다. 내 일은 아주 가치 있는 일이며 나는 내 일에 아주 만족하고 있다. 난 모든 걸 기발하고 훌륭하게 해낸다."

"나는 일을 따로 하지 않는다. 내 일은 집과 가족과 아이들이다. 나는 보기 드문 아내이자 엄마이다. 남편은 나를 사랑하고, 아이들도 나라면 껌뻑 죽을 정도이다. 나도 남편과 아이들을 사랑하고 그들을 돌봐준다. 화기애애한 집안 분위기를 만들어놓으며 모두의 기분을 좋게 해준다."

"나는 아주 건강하다. 그리고 탄탄하고 군더더기 없는 섹시한 몸매를 가지고 있다. 내가 몇 살인지는 중요하지 않다. 스무 살 젊은이들조차 울고 갈 몸매를 가지고 있으니까. 앞으로도 쭉 이 몸매를 유지할 것이다. 난 영원히 스무 살이다. 왜냐하면 내가 그러겠다고 결심했으니까. 내 컨디션은 늘 최상이고, 일상에서는 스태미나와 에너지가 넘친다."

"내 성격은 아주 호감형이다. 내 주변으로 신비스러운 아우라가 퍼지고, 사람들은 그 아우라를 감지하여 호의적으로 나를 대한다. 나는 나만의 매력을 가지고 있으며, 성격 자체가 사람을 끌어당기는(카리스마 있는) 성격이다. 사람들은 나와 사귀는 것을 즐긴다. 나는 어딜 가든 기쁨과 밝음을 가져다주기 때문이다. 사람들은 나에

◊ 사람의 생각이 뭉쳐져서 만들어진 독립적인 에너지 형태.

게 끌리고, 모두 나를 좋아한다."

이런 사념체는 취향과 방식에 따라 만들어낼 수 있다. 땋은머리를 활성화하여 너희가 만들어낸 사념체를 되새겨보거라. 소리 내어 말하든, 속으로 생각만 하든 상관없다. 진지하게 연기할 뿐이라고 느껴진다고 할지라도, 너희가 주장한 것에 일치되게 행동하려고 노력하거라. 동시에 육체적으로도 그와 일치하도록 자기 자신을 창조해나가거라. 완전한 성공은 3단계 행동을 통해 이룰 수 있을 것이다.

매력, 재치, 지성, 자신감, 천재성 같은 자질은 3단계 행동 중 첫 번째와 두 번째 행동만으로도 충분히 쉽게 얻을 수 있다. 하지만 물리적인 변수를 따진다면 조금 복잡해지기 때문에, 여기서부터는 세 번째 행동에 집중해야 한다.

물론 외적인 매력은 너희가 단점이라고 여기는, 자신을 갉아먹게 하는 내면의 자질에 상당 부분 좌우되기도 한다. 뒤섞인 열등감은 눈에 띄는 흔적을 얼굴과 몸에 남기기 마련이다. 그러나 장점을 가지게 되면 열등감은 저절로 사라지며, 그때가 되면 너희는 더 이상 두드러지지 않고 그만큼 더 나은 모습을 가지게 될 것이다.

하지만 신체적인 단점을 가지고 있다고 하더라도 마네킹의 육체를 훨씬 업그레이드할 수 있다. 아니, 완전히 다른 마네킹의 육체로 들어가는 것이지. 충분한 끈기만 있다면 노화 과정을 거꾸로 돌려놓는 것조차도 가능하다.

너희의 육체적 변수는 DNA에 들어 있지만, 그건 아주 미미한 수준에 불과하다. DNA가 외모의 사소한 부분까지 결정할 수 있을 정도로 수많은 정보를 전부 담고 있을 수는 없다. 오직 너희가 사람인지 달팽이인지를 결정하는 전체적인 성격과, 비슷한 사람과 대략적으로 구분 짓게 하는 특징을 담고 있을 뿐이다. 더 정확히 말하자면 DNA의 정보는 태아의 모습을 형성하는 데에나 필요하다는 말이다.

그렇다면 그 나머지는 전부 어디에 있을까? 그 나머지는 아직 과학이라는 학문이 풀어야 할 수수께끼로 남아 있다. 왜냐하면 우리가 영원의 아카이브라고 부르는 정보체◊가 실존한다는 사실을 과학은 인정하기 싫어하기 때문이다. 글쎄, 과학은 모든 것을 '과학적으로' 설명해야만 한다는 중책을 스스로 짊어지고 있기 때문에, 많은 점들을 인정하지 않으려고 하지. 그리고 설명할 수 없는 것들은 그저 배척하거나 무시해버린다. 하지만 그렇다고 해서 전통 과학에 의해 설명되지 못하는 것들이 사실은 존재하지 않는다는 것은 아니다.

자, 너희의 '설계도'에 대한 많은 정보가 이 정보체 안에 들어 있다. 그리고 그 설계도를 수정할 수도 있다. 그 수정 방법을 알아보자꾸나, 나의 착한 아이들아.

◊ 일어날 수 있는 모든 가능태들이 들어 있는 무한한 공간.

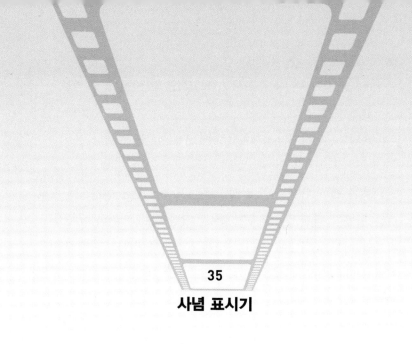

35

사념 표시기

내가 이렇게 훌륭하고 경이로운데, 반대로 너희는 괴상망측하고 어리석기에 마음속에 부러움이 싹튼다고 해도, 인정하거라! 나를 부러워해도 좋다. 하지만 다른 자를 부러워하는 것은 허락하지 않겠다. 자기 자신을 창조하거라!

◇ 새로운 현실을 선택할 때 너희는 영화 필름의 성질을 사용한다.

◇ 새로운 마네킹에 들어간 모습을 흉내 내는 것은 거울의 성질을 사용하는 것이다.

◇ 두 상황 모두 땋은머리를 활성화하고 사념체를 되뇌어야 한다.

◇ 자기 자신에게 새로운 정보를 주입하고 새로운 역할로서의 삶을 시작한다.

◇ 동시에 자기 자신을 창조하고, 물질적인 측면에서도 그 역할과
일치하도록 한다.
◇ 육체적 변수는 3단계 행동을 통해 크게 개선할 수 있다.

너희가 태아 단계를 거쳐 성장하는 모습을 담은 설계도를 수정하는 방법에 대해 설명해주기 전에, 잠깐 다른 얘기를 해주겠다. 각자의 취향과 형태에 따라 사념체를 생각해내라고 말했던 것을 기억하느냐? 사실 너희는 아무것도 고안할 수 없다. 즉, 말 그대로 뭔가를 스스로 만들어내는 것은 불가능하지. 사념체는 오직 **주의를 통제하여 정보를 읽어내는 방법**을 통해 만들 수밖에 없다. 너희가 누구인지 잊었느냐? 너희는 그저 영화 속의 등장인물일 뿐이다!

두뇌는 세 가지 **기본적인** 기능을 가지고 있다. 이미 잘 알고 있겠지만 첫 번째와 두 번째 기능은 주변 세계를 인지하고 해석하는 기능이다. 하지만 세 번째 기능은 상대적으로 덜 알려져 있지. 바로 **설정** 기능이다. 기억과 사고와 상태를 설정하는 기능 말이다. 두뇌는 사고를 하지도, 기억을 저장하지도 않는다. 마치 무선 수신기나 원격 수신기처럼 작동하지. 뭔가를 생각할 때 두뇌는 영원의 아카이브에 있는 정보 단위(information unit)에 맞춰진다. 그리고 뭔가에 대해 생각할 때도 두뇌는 정보를 스캔한 다음 사고할 때 방출되는 에너지를 만들어내며 정보 단위에 연결된다. 생각과 기억은 내부에 저장되는 것이 아니라, 원래부터 정보가 있어야 하는 외부의 공간인 정보체에 저장된다.

상태란 것은 아주 재미있다. 그건 자연에 따라 창조된 대로, 아

니, 설계도에 따라 너희가 자기 자신을 느끼거나 사람들이 자기 자신을 느끼는 것이다. 만약 너희가 대자연으로부터 주어진 것을 순순히 받아들인다면 지금과 똑같은 상태로 남아 있을 것이다. 혹은 더 안 좋아지거나, 더 나아질 수도 있겠지. 그에 영향을 미치는 것은 너희의 노력뿐 아니라 너희가 포함된 집단이기도 하다.

개인의 자질이나 일상 속의 분위기에 따라서 자기 자신을 미남 미녀라고 여기거나 행복하다고 여길 수도 있고, 매일 불평만 하는 패배자라고 여길 수도 있다. 그게 너희의 상태이다. 자기 자신을 어떻게 느끼든, 상태는 항상 설계도와 동기화하려는 현상이 일어난다. 만약 불일치가 일어난다면 설계도는 이런저런 방향으로 수정된다. 그러면 설계도에 설정되어 있던 기본적인 변수와 무관하게 너희는 운명의 사랑을 듬뿍 받는 아이에서 호감이 전혀 느껴지지 않는 불평쟁이로 변하거나, 반대로 미운 오리 새끼에서 만인의 연인으로 바뀔 수도 있다.

자, 이제 너희에게 질문을 하나 하지. 의도적으로 동기화를 통제하는 것이 가능할까? 이미 답을 알지도 모르겠구나. 의식이 없는 영화 속 등장인물은 어차피 자신의 의지와는 무관하게 '일어나든지 말든지', '운이 따르든지 말든지'라고 생각만 하고 현재 장면에서 무력하게 바둥거리며 시나리오를 따라 그저 그렇게 흘러가기만 한다. 이런 경우에 동기화는 그 인물의 의지와는 전혀 상관 없이 일어난다. 그저 운이 좋다면 스타가 되고, 그렇지 않다면 구렁텅이에 빠지는 것이지.

하지만 내가 아끼는 너희는 자신을 위한 새로운 현실을 정할 수 있을 뿐 아니라 새로운 자기 자신을 정하고, 만들고, 조율시킬 수 있다. 즉, 의도적으로 새로운 상태로 진입할 수 있다는 뜻이다.

하지만 그것만으로는 동기화가 일어났다고 할 수 없다. 사념체를 선언할 때 어떤 일이 일어나느냐? 아직 일어나지 않은 새로운 현실을 선택하게 된다. 흉내 내기 기술을 쓴다고 하더라도 너희는 바라는 상태로 완전히 들어갈 수는 없었다. 하지만 그 이후에는 어떤 일이 일어날까? 그 후에는 새로운 필름으로 건너뛰면서 새로운 마네킹으로 들어가며, 두 눈으로 직접 일이 어떻게 진척되는지 볼 수 있다. 분명 그 모습을 직접 본 다음에는 '이게 정말로 효과가 있구나!'라고 감탄할 것이다. 그리고 그제야 상태에 완전하게 진입하게 된다.

확실한 상태에서는 사념체가 사념 표시기(thought marker)로 변화한다.

현실을 선택하는 것을 성공시켰다.

실제로 내 의도는 효과가 있다.

사실 나는 새로운 마네킹으로 들어간 것이다.

사념 표시기는 여러 가지 일들이 일어나고 있다는 것을 확인하는 역할을 한다. 여기에서 확인이라는 것은, 어떤 사실이 그 자리에 있다는 것을 명확하게 한다는 것이다. 사념체와 다르게 사념 표시기는 어떤 일이 일어났고, 그걸 증명할 필요도 없다는 것을 보여주는 책갈피이자 기록 역할을 한다.

반대로 사념체는 자신의 올바름을 증명하기 위해 애쓰는 주장과 같다. 자기 자신과 주변 사람들에게 뭔가를 증명하려는 노력은 설득력을 가지지 않는다. 생각해보거라. 자기 자신과 현실 중 어떤 것을 설득하고 싶으냐? 무엇을 설득하려고 애써도 아무 소용 없을 것이다. 흉내는 낼 수 있겠지만, 자기 자신을 설득할 수는 없지. 그렇게 설득해봤자 한 치의 의심도 없이 **진정한 상태**로 들어선다는 것은 불가능하다. 확실하게 효과를 거두는 유일한 것은 **확인**이다. 사념 표시기는 이미 확인된 것이다.

물론, 사념체도 설계도에 영향을 미칠 수 있다. 하지만 너희가 현실적인 상황과 사실을 마주하는 순간에만 동기화가 일어나기 때문에 그 효과는 더 약하다. 사념체는 현실을 비추기 위해 초기 단계에서 효력을 가진다. 그다음, 일이 어떻게 진행되었는지 첫 번째 결과를 직접 확인한다면, 그 진척 상태에 **특별히 주의를 기울여야** 한다. 그리고 여기에서도 맑은머리를 사용하여 모든 것이 실제로 성공했다는 사실을 확인해야 한다.

바로 이때 너희는 외부 의도에 접촉하게 될 것이며 그때 설계도와 동기화가 일어난다. **사념체는 현실을 결정하고, 사념 표시기는 설계도를 확인한다.** 따라서 모든 3단계 행동을 실행하고, 일의 진척을 관찰한 다음 그 일들을 사념 표시기로 확인하거라.

나는 목표에 매일 조금씩 더 가까워지게 되었다.

실제로 나는 모든 것을 기발한 방식으로 해내고 있으며, 그에 따라 나의 전문성도 길러지고 있다.

정말로 내 신체 조건은 점점 더 좋아지고 있다.

진짜로 내 성격은 매력적이고 호감형으로 되어가고 있다.

36
탐욕스러운 사냥꾼

지난 수업의 주제는 너희에게 꽤나 어려웠을 것이다. 지난번 배운 내용을 복습하고 싶지 않으냐? 어떻게 그러고 싶지 않을 수 있지?! 자, 얼른 달팽이 집에서 기어 나오거라! 정수리 위의 더듬이를 꼿꼿이 세우거라! 안 그러면 벌을 받을 것이다.

◇ 이성은 뭔가를 새로 고안해내지 않고 영원의 아카이브로부터 정보를 읽어내기만 할 뿐이다.

◇ 두뇌의 세 가지 기본적인 기능은 인지와 이해와 설정이다.

◇ 두뇌는 마치 수신기처럼 작동하여 기억과 사고와 상태에 연결된다.

◇ 상태란 너희가 누구인지와 너희의 뉘앙스를 느끼는 것이다.

◇ 상태는 순간의 기분이 아니라 너희 자신에 대한 느낌이다.

◇ 상태와 마찬가지로, 설계도는 더 개선되거나 악화될 수 있다.

◇ 상태를 인식하는 순간 설계도에 대한 동기화가 발생한다.

◇ 처음 설계도에 쓰인 것과 다르게 하늘로 날아오를 수도, 나락으로 떨어질 수도 있다.

◇ 3단계 행동을 수행하면 의도적으로 새로운 상태로 진입할 수 있다.

◇ 결과를 확인하면 흉내 내기 기술은 더욱 확실한 효과를 낼 수 있다.

◇ 사념 표시기는 어떤 일이 실제로 일어났다는 사실을 확인하는 것이다.

◇ 사념체는 현실을 시작하며, 사념 표시기는 설계도를 수정한다.

언젠가 내가 흉내 내기 기술을 사용하면 현실을 위한 환상이 만들어진다고 말했던 것을 기억하느냐? 다시 한 번 말하겠다. 뭔가를 소유하고 싶다면 그것을 이미 가지고 있는 것처럼 행동해야 한다. 어떤 사람이 되고 싶다면 그 사람이 이미 된 것 같은 태도를 보여주거라. 마치 배우처럼 아주 진지하게 연기하여, 상태로 진입하여 그 삶을 살아야 한다. 너희가 만든 그 환상이 환상이 아니라 사실이라고 믿을 때까지 계속해서 생각으로, 형상으로, 그리고 가능한 한 행동으로도 그런 삶을 진지하게 살아야 한다. 스스로 믿음을 가지게 되는 그 순간 현실도 너희를 따라 믿기 시작할 것이다.

언제쯤에야 믿음이 생길까? 기술이 효과를 보이고 있다는 것을 알아차려야 믿게 될 것이다. 이것이 바로 항상 일의 진척에 각별하게 주의를 기울이고 있어야 한다고 너희에게 내가 끊임없이 말하는 이유다. 일이 진척되는 것이 보였다면, 곧바로 땋은머리를 활성화시켜 너희가 이룬 것과, 그와 관련된 것들을 마음껏 즐기거라.

그러면 어떤 기적이 일어나겠느냐? 너희에 대한 설계도가 수정될 것이다. 조금은(어쩌면 많이) 다른 모습을 가지겠지. 새 옷을 입은 새로운 육체 속으로 들어가는 것과 똑같다. 만약 규칙적으로 3단계 행동을 수행한다면 점점 더 높은 단계로 차근차근 나아갈 수 있을 것이다.

그러면 나의 지긋지긋한 아이들아, 알고리즘을 알려줄 시간이다. 정말 지겹구나! **동기화의 알고리즘**을 알려주겠다.

1. 3단계 행동을 모두 수행하거라. 하나씩 개별적으로 하든 전부 한꺼번에 하든 상관없다.

2. 주의 깊게 관찰하고 너희가 이뤄낸 것을 재빨리 잡아내거라.

3. 잡아내자마자 땋은머리를 활성화시켜, 사념 표시기를 사용하여 일의 진척을 확인하거라.

일의 진척은 너희가 생각한 것이 실현됨은 물론, 실현시키는 방법을 알려주는 형태로도 일어날 수 있다. 현실이 방법을 너희에게 던져주고, 그 방법을 사용하라고 계속 신호를 줄 것이다.

'패배'를 맛볼 수도 있다. 어떻게 패배가 없을 수가 있겠느냐? 하지만 너희가 패배를 어떻게 받아들이는지가 문제다. 만약 패배하게 된다면 너희의 상태는 바뀔 것이다. 자기 자신이 세상 패배자인 것처럼 느껴지는 상태가 될 것이란 말이다. 그러면 설계도는 어떻게 되겠느냐? 생각하기만 해도 끔찍하구나. 그 어떤 경우에도 그런 동기화가 일어나도록 내버려두지 말거라! 그러면 어떻게 그런 상황을 막을까?

아주 간단하다. 아니, 너희가 가지고 있는 환상적인 법칙을 벌써 잊어버리기라도 했단 말이냐? 유용함 말이다! 자기 시나리오만을 고집하는 그 지긋지긋한 버릇을 아직도 버리지 못한 모양이구나. 계속 그래도 좋다. 내가 너희를 버리면 그만이니 말이다! 아니면 포르말린이 가득 담긴 병 속에 처넣어 다른 제자들에게 표본으로 보여줄 수도 있겠지. 그것도 훈계가 아니라 영감을 주기 위해서 말이다! 그들은 아마 곧바로 내 뜻을 눈치채고 고분고분해질 것이다.

반대로 운이 좋아 어떻게든 성공한다면, 그 상태에 대해 한껏 애정을 가지고 마음껏 즐기거라. 단, 땋은머리에 대해 잊어서는 안 된다. 설계도가 수정되어 앞으로는 점점 더 좋은 방향으로 바뀔 것이라는 사실을 의심하지 않아도 된다. 그러니 **자신의 상태를 아주 조심스럽게, 책임감을 가지고 대하며 통제하거라.**

한 가지 더. 내가 너희에게 '구체적인 목표를 세웠다면 시나리오는 너희를 충격에 빠뜨릴 것'이라고 말했던 것을 기억하느냐? 너희 눈에는 모든 일이 허투루 돌아가는 것처럼 보일 수도 있다. 사실 그것은 시나리오가 너희의 현실에서 낡은 것들을 버리고, 한층 가벼워진 공간을 아름다운 것들로 가득 채우려고 하는 것이다.

자 그러면, 너희의 목표를 어떤 방법으로 실현시킬지 어떻게 알 수 있겠느냐? 아마 그 어떤 것도 제대로 되는 일이 없다고 생각할 수도 있겠지만, 그렇게 생각하기가 무섭게 모든 일이 잘 풀릴 것이다. 그저 너희가 '계획했던' 방식과 차이가 있을 뿐이지. 너희가 나아갈 길이 장미가 활짝 핀 꽃 길이 될 것이라고는 그 누구도 약속한 적이 없지 않느냐.

시시각각 나타나는 결과를 보지 못할 수도 있다는 사실 역시 기분 나쁘게 받아들이지 말거라. 현실의 효과는 시간이 조금 지나야 볼 수 있다는 사실을 반드시 기억해야 한다. 인내와 끈기를 가지고 일관적인 태도를 유지하거라. 뭔가가 원칙에 맞지 않는다면 눈앞에 굳게 닫힌 문을 차분하게 노크하듯 잠시 기다리거라. 그 길이 너희의 길인지, 정말로 마음이 가리키는 길이 맞는지는 깊이 고민해야 할 것이다. 너희를 절대로 배신하지 않는 유일한 길은 **자기계발의 길**이다. 물론 아무 길(고대 그리스어를 공부하는 것처럼 말이다)이나 그렇다는 것이 아니라, 너희에게 영감을 주고 실질적인 열매를 맺게 할 그런 길 말이다.

또 하나의 중요한 사실을 말해주지. 오직 **똵은머리를 사용하여 현실의 거울** 안에서 **자기 자신을 선택**해야 한다. 일반적인 거울을 보며 마네킹을 선택해서는 안 된다. 그렇게 하는 것을 금지하겠다! 전혀 효과가 없거나, 그 반대의 결과를 가져다줄 것이다. **평범한 평면거울** 앞에 서 있으면 일이 긍정적으로 진척되는 것만 보고, 동시에 부정적인 점은 무시하게 된다. 피하고 싶은 단점에 관심을 가져도 안 된다. 단점은 자기 자신을 개선하여 자연스럽게 해결하거나, 자신만의 개성이라고 여기고 받아들여야 한다. 만약 그래도 어떻게 할지 모르겠다면, 뭐 어쩔 수 없지. 그저 단점으로 남아 있을 수밖에.

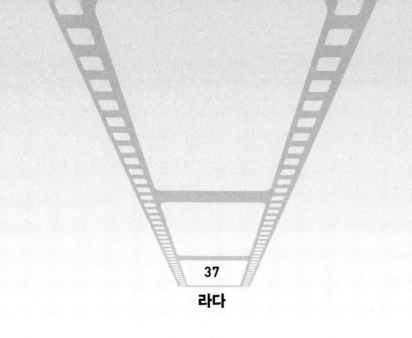

37
라다

그래, 그래. 나도 잘 안다. 위대한 나를 찬양하고 열광하며, 나의 아름다움에 도취되었다고 말하기엔 너희는 인색하디 인색한 칭찬의 구두쇠이며, 자기 자신의 성공에 있어서는 탐욕스럽기 그지없는 욕심쟁이라는 것을. 너희가 어떤 존재인지 알겠느냐! 뭐 괜찮다. 나 역시 빚지고는 가만히 있지 않을 테니. 지독한 원한이 가득한 자루를 너희의 침대 밑에 숨겨두고, 그게 쌓이게 되면 어디 한 번 두고 보겠다.

◇ 일의 진척에 특별히 주의를 기울여야 한다.
◇ 사념 표시기로 일의 진척을 확인하게 되면 설계도를 수정할 수
  있다.

◇ 자신의 성공을 확인한 순간 재빠르게 그것을 잡아내고, 이뤄낸 것을 마음껏 즐기고 누려야 한다.

◇ 결과를 확인함으로써 더욱 확실한 상태로 들어갈 수 있다.

◇ 규칙적으로 꾸준히 3단계 행동을 수행한다면 설계도를 한층 더 개선할 수 있다.

◇ 불운을 불운으로, 패배를 패배로 받아들여선 안 된다.

◇ 절대로 너희를 배신하지 않을 유일한 길은 자기계발이다.

◇ 자기 자신의 상태를 통제하지 않으면 곧 상태에게 통제당할 것이다.

마지막 명제가 아주 중요하다. 이 명제가 무슨 뜻을 가지고 있는지 명확히 이해하길 바란다. 아주 조심스럽게, 책임감을 가지고 자신의 상태를 대하고 통제해야 한다. 그 이유는, 상태라는 것은 설계도의 문을 여는 열쇠이기 때문이다. 또 다른 이유가 있는데 그것을 지금부터 알려주도록 하겠다.

너희가 영화 속에서 깨어난다는 사실은 너희를 불사신으로 만들어주지 않는다. 영화 속에 있기 때문에 그 안에서 일어나는 모든 일들이 너희에게도 일어날 수 있지. 너희가 각성했다고 하여 영화가 달라지는 것도 아니다. 따라서 너희가 해야 할 과제는, 너희에게 좋은 일만 일어나는 영화를 선택하는 것이다. 물론 좋지 않은 일이 일어날 수도 있다. 하지만 그때를 대비해서 너희를 안전하게 지켜주는 원칙이 하나 있지 않느냐. 바로 유용함이다.

참고로 이미 일어난 사실에서 유용함을 찾는 알고리즘 이외에도, 아직 일어나지 않은 일에서 유용함을 선택할 수도 있다. 또 다른 알고리즘을 대며 너희를 숨 막히게 하지는 않겠다. 아주 단순한 원칙이지. 성공하면 좋은 것이고, 실패하면 더 좋은 것이라는 사실이다. 너무나도 중요한 일인 나머지 그 중요성이 차분하고 안정적으로 일을 실현시키는 것을 방해해버리고, 결국 뛰어난머리조차도 아무 소용이 없는 일들에 관한 원칙이지. 마침 그런 일이 생겼다면, 그 사건의 모든 과정이 너희에게 유용함을 가져다줄 것이라고(성공적일 것이라고) 미리 선언하거라. 그것은 중요성 자체를 제거할 뿐 아니라 기운도 북돋워줄 것이다. 너희조차도 시나리오 속의 어떤 반전이 실제로 너희에게 유용함을 가져다줄지 모르지 않느냐? 그에 대해서 얘기해준 게 벌써 한두 번이 아니지.

모든 일이 좋은 방향으로만 흘러가는 영화 필름을 계속해서 선택하는 것이다. 적어도 유익한 습관이라도 있는 필름을 선택해야 하지. 하지만 때로는 그 습관이 너희를 힘들게 하고, 긴장하게 만들 수도 있다. 그러면 이제 긴장을 풀어서는 안 된다는 말일까? 당연히 된다!

우리가 이제껏 배웠던 모든 법칙들 이외에 현실에는 한 가지 특성이 더 있다. 바로 '집 안의 날씨'라고 불리는, 현재 필름의 분위기이다. 우리가 흔히 알고 있는 그런 날씨가 아니라 때로는 공격적일 수도, 때로는 부드러울 수도 있는 현실의 일반적인 상태를 말하는 것이다. 그것도 너희 개개인에게 있어서 말이지. 사람들이 같은 공간 안에 있을지라도, 그들은 저마다 다른 환경에 있기 때문에 날씨는 사람마다 다르게 나타날 수 있다. 예를 들어 똑같은 지리적

장소에 있다 하더라도 너희는 푸른 호수에 있는 것 같은 화창한 날씨를 만끽하는 데 반해 누군가의 날씨는 얼음 사막같이 혹독할 수도 있다는 말이다.

현재의 현실에서 날씨는 너희의 상태에 따라 결정된다. 우리가 조금 전에 말했던 바로 그 상태뿐 아니라 영혼이 있는 위치와 주변 환경에 대해 너희가 받아들이는 태도도 그 상태를 결정할 수 있다.

현실의 상태, 특히 너희의 상태는 '라다'라는 일반적인 용어로 정의할 수 있다. 레이디 마멀레이드에서의 라다를 말하는 것이 아니다.◊ 이 단어는 수많은 뜻을 가지고 있지. 가장 먼저 라다는 조화를 뜻한다. '모든 게 순조롭고(라드노) 매끄럽게 풀릴 거야', '그건 만족감과 기쁨(두슬라다)을 가져다줘'라는 말도 있지. '화합하다(라디트)'라는 동사는 '평화와 조화 속에서 살아가다'라는 것을 뜻하며, '조화(라드)'라는 단어는 세상에 평화와 질서와 평안이, 즉 '모든 것이 안녕하다'는 말이다. 또한 라다는 연인을 뜻하기도 하지. 만약 삶을 사랑한다면 삶은 연인(라다)이 될 것이며, 자기 자신을 사랑한다면 기쁨(우슬라다)이 될 것이다. 자기 자신을 사랑하지 않는다면 라다를 만들거라. 그리고 사랑에 빠지거라.

법칙을 기억하느냐? 유용함 끌어내기의 원칙에 따라 움직인다면 너희가 살면서 손해를 가져다주는 사건을 겪을 확률은 점점 줄어들 것이다. 라다가 있을 것이라는 말이다. 그러나 의도적으로 라다를 만드는 것, 즉 그에 일치하는 상태에 있는 것이 더 좋다.

◊ Lady Marmalade: 70년대에 유행했던 미국의 팝송. lady를 러시아식 발음으로 '라다'라고도 한다.

아무 이유 없이 너희에게 우상의 감각과 상태를 무조건적으로 따라 하라고 조언했던 것이 아니다. 상태는 설계도를 향한 열쇠 역할을 할 뿐 아니라 **누군가를 매료시키기도** 하기 때문이다. 너희의 우상은 무엇으로 너희를 유혹했느냐? 아마도 밝은 분위기나 유능함, 패션 감각, 아름다운 외모, 매력, 만족감 같은 상태겠지. **만족감**은 사람들이 가장 먼저 찾는 것이다. 바로 이 만족감을 내뿜는 자들에게 누구나 이끌리기 마련이지. 대부분의 사람들이 라다에 이끌린다.

라다를 사용해서 또 무엇을 매료시킬 수 있는지 아느냐? 현실이다! 현실도 마찬가지로 라다를 좋아하며, 라다를 방출하는 사람들의 곁에 있을 때, 또는 그런 사람들을 위해서 움직일 때 아주 부드러워진다. 그러나 불만족, 불쾌함, 적대감이나 그와 비슷한 현상은 사람들을 멀어지게 하고 현실을 침울하게 만든다.

여기에서 어떤 결론을 얻을 수 있을까? 라다의 상태를 유지하도록 노력해야 한다는 점이다. 아주 사소한 일이라도, 모든 일에서 만족감을 찾아내거라. 그러면 정말로 그 만족감을 얻을 것이다. 어떤 일이 생겨도 그것을 핑계로 축제의 분위기를 만들면 실제로 축제 같은 일이 생길 것이다. 너희 자신 안에서, 그리고 주변에서 은혜롭고 경쾌한 분위기를 만들거라. 타인에게 긍정적인 기분을 가지는 것만으로도 그 사람들은 너희에게 호감을 가질 것이다. 그리고 어떤 현실을 마주하든 간에, 그 현실에 대한 호의적인 태도를 가지고 있다면 현실도 마찬가지로 너희에게 호감을 가질 것이다. 의도를 가지고 호의적인 분위기를 만들거라. 이것을 습관으로 해야 한다. 우리가 배웠던 모든 습관들 중 가장 유익할 것이다.

만족감, 사랑, 안정감, 경쾌한 분위기, 이 모든 걸 뜻하는 '라다'를 뿜어내면 사람들은 너희에게 매료될 것이며, 동시에 성공적인 현실도 너희에게 마음을 내어줄 것이다. 왜냐하면 누구나 똑같은 것을 원하기 때문이지. 사람들은 라다를 방출할 줄 아는 행복한 자들에게 이끌릴 수밖에 없다. 영화 스크린과 책 표지에서 그런 성공적이고 안정감 있으며, 머릿속이 아찔해질 정도로 아름답고 행복한 사람들을 본 적이 있지 않느냐. 그러다 너희 자신들을 보면 그렇게 불쌍해 보일 수 없지. 하지만 나를 믿거라. 너희가 본 모든 아름다움과 행복은 거짓이고 허풍이다. 이제 너희는 더 확실하고 진정한 라다를 만드는 방법을 알게 되지 않았느냐. 그리고 가장 중요한 것은, 실제로 할 수 있다는 사실이지. 알겠느냐? 내 말이 맞지 않느냐? 내 말은 항상 옳다. 나는 너희의 타프티이고, 너희의 스승이기 때문이다!

38
땋은머리와 에너지 흐름

그러면 나의 사랑스러운 아이들아, 라다가 뭔지 이제는 잘 알았기를 바란다. 모든 게 아무 문제 없이, 원래부터 정해져 있던 대로 매끄럽게 흘러가는 상태이다. 하지만 단순히 모든 일이 실제로 정해진 대로 순조롭게 흘러가야만 라다가 이루어질 수 있는 것이 아니다. 의도적으로 라다의 상태로 들어가야 하고 또 그것이 가능하도록 만들어야 한다. 마치 날씨를 통제하는 능력과도 같지.

◇ 앞으로 있을 일이 어떤 유용함을 가져다줄지 선택하거라. 성공하면 좋은 것이고, 성공하지 못한다면 오히려 더 좋다.
◇ 지금 마주하고 있는 현실의 날씨는 각자의 상태에 직접적인 영향을 받는다.

◇ 라다는 만족감, 안정감, 사랑, 호의, 그리고 축제같이 밝은 분위기이다.

◇ 누구나 라다를 주변으로 방출할 수 있는 행복한 사람에게 이끌린다.

◇ 현실은 라다를 방출하는 사람들에게 호의적이다.

◇ 자신의 상태를 통제하고, 그 상태가 제멋대로 떠다니게 내버려둬서는 안 된다.

자신의 상태를 제멋대로 떠다니게 내버려두는 것은 꼭두각시처럼 누군가의 손아귀에 놀아나거나 그저 우연히 또는 다른 누군가의 의지에 따라 떠벌리는 것과 같다. 자기 자신만의 라다를 만들어야 한다. 어떤 집단에 가든 빛을 가져다주거라. 자신만의 장면에서 자신만의 오아시스를, 그것도 축제의 오아시스를 만들어야 한다. 내 오아시스는 늘 나와 함께 있다. 내가 어딜 가든, 내가 있는 곳에 항상 오아시스도 있지. '라다'라는 단어로 하루를 시작하거라. 주변 환경과 무관하게 항상 라다의 상태로 들어가 있거라. 라다가 있다면 그걸로 충분하다.

만약 불쾌함이나 공포나 분노감에 휩싸여 꼼짝도 못 하겠다면, 그 감정에서 벗어나려 발버둥치지 말고 그저 한 번 지켜보거라. 라다가 아닌 일이라면, 그 어떤 일이 일어나든 너희는 현실과 너희에게 무슨 일이 일어나는지 지켜봐야 한다. 돋보기를 통해 자신의 공포를 주의 깊게 한번 들여다보면 역설적으로 그 공포의 크기는 줄어든다. 그리고 현실을 관찰하면 그 현실은 너희에 대한 영향력을 잃게 되지. 현실은 관찰당하는 것을 싫어하니 말이다. 그것은 옆으로 슬쩍 비켜서서, 너희를 통제하는 것을 그만두려고 할 것이다. 다만 현실이 초조해하지 않도록, 너무 뚫어지게 쳐다보지 말고 곁눈질로 흘끗흘끗 지켜보거라.

마지막으로 땋은머리와 관련해서 몇 가지 설명해주려고 한다. 첫 번째로, 땋은머리가 말 그대로 땋은머리와 같이 느껴지지 않는다거나, 느낌이 너무 흐릿하다 하더라도 당황하지 말거라. 감각은 사람마다 다를 수 있으니, 그래도 괜찮다. 마틸다°라는 내 친구는 땋은머리가 느껴지는 것이 아니라 등 뒤에서 약간 나른함이 느껴진다고 한다. 신체의 일부라고 느끼는 것이 아닌 환각처럼 뭔가를 느끼지.

그 느낌은 다양하게 나타난다. 뭔가 감지할 수 있는 형태로 나타나기도 하지만, 만약 그 느낌이 허상이라고 할지라도 그 또한 괜찮다. 마치 쭉 뻗은 뻣뻣한 꽁지머리를 뒤통수에 붙였다고 상상해보거라. 머리를 이리저리 흔들고 머리카락의 존재를 느꼈다가 머리를 떼어냈다고 가정해보자. 그 꽁지머리는 지금은 없어졌지만, 뒤통수에 달려 있었던 느낌은 남아 있을 것이다. 그것이 환각 같은 느낌이라는 것이다.

그런 환각조차 느껴지지 않는다고 해도 불행이라고 여기지 말거라. 다시 시도해보면 되는 것이니. 뒤통수에서 등 가운데까지 화살이 수직으로 드리워져 있다고 상상하거라. 마치 벡터 같은 화살말

◇　자세한 이야기는 후속서로 예고된 《여사제 잇파트》에 실린 것으로 보인다.

이다. 숨을 한 번 들이마시고, 내쉬면서 이제 화살이 돌면서 등 위쪽을 가리킨다고 생각하거라. 그 환각을 느꼈느냐? 만약 느꼈다면 이 느낌을 뚫은머리가 활성화되는 것으로 여기면 된다.

화살이 어느 방향을 가리키고 있는지, 등 정중앙에서 얼마나 멀리 떨어져 있는지는 중요하지 않다. 너희의 에너지체가 활성화 상태에서 화살의 위치와 방향을 알아서 가르쳐줄 테니 말이다. 하지만 화살 없이 날개뼈에서 약 50센티미터 미만 정도 떨어진 위치의 지점에 정신을 집중하는 것만으로 뚫은머리를 활성화시킬 수 있다면, 그걸로도 충분하다. 어느 정도 연습을 하면서 시간이 흐르면 아주 또렷하게 뚫은머리를 느낄 수 있을 것이다. 하지만 너희의 뚫은머리는 사용된 지 아주 오래되어 쇠퇴하였기 때문에, 조금 더 단련할 필요가 있을 것이다.

'업그레이드된 달팽이들'을 위해 뚫은머리의 효과를 극대화할 수 있는 훈련이 있다. 몸의 중심축을 따라 아래에서 위로 에너지의 흐름이 올라온다고 상상해보거라. 숨을 들이마시고 발에서 머리까지 어떤 느낌이 상승하는 것을 느껴보거라. 그다음 위에서 아래로, 반대로 흐르는 흐름을 느끼거라. 숨을 내쉬며 하강하는 느낌을 느끼면 된다. 이렇게 몇 번 더 훈련해야 한다. 숨을 들이마시며 에너지가 위로, 내쉬며 아래로 흐르는 것을 느끼는 것이다. 비록 느낌은 가상이지만 에너지의 흐름은 완전한 현실이기 때문에 충분한 훈련이 없이는 그 흐름을 느끼지 못할 수도 있다.

이제 너희로부터 두 개의 화살이 서로 반대되는 방향으로 돌출되어 있다고 생각해보거라. 가슴(또는 배)에서 앞을 향하는 화살 하나와 날개뼈 중심(또는 더 낮은 부분)에서 뒤를 향하는 화살이다. 숨을 들이마시고, 내쉬는 숨에 앞을 향하는 화살이 수직으로 위를 향하고, 뒤를 향하는 화살은 아래를 향한다. 이때 두 개의 에너지의 흐름이 동시에 방출된다. 앞쪽 화살표를 통해 위로 흐르는 에너지는 중심축보다 약간 앞쪽으로 전신을 따라 상승하고, 뒤쪽 화살표를 따라 흐르는 에너지는 중심축의 약간 뒤쪽으로 전신을 따라 하강한다. 또는 그 둘이 '위치'에는 상관없이 하나는 위로, 다른 하나는 아래로 동시에 다른 방향을 향해 흐를 수 있다. 너희가 느끼는 바에 따라 다르다.

이 느낌을 이해하기 위해서는 여러 번 연습을 거쳐야 한다. 그다음엔 숨을 내쉬며 이 두 개의 에너지 흐름을 화살표 없이 동시에 흐르게 하거라. 그리고 뒤통수에서 화살이 나온다고 생각하고 땋은머리를 활성화시켰던 것처럼, 똑같이 이번에도 땋은머리를 활성화시켜 호흡을 조금 하고, 그다음 날숨에 그것을 급격하게 아래로 떨어뜨리거라. 훈련을 조금 하고 나면 효과가 있을 것이다.

다만, 땋은머리뿐 아니라 에너지 흐름 훈련을 할 때도 긴장을 해서는 안 된다. 에너지가 흘러가도록 방출하기만 하면 그 흐름은 스스로 움직일 것이다. 그러니 그 흐름을 놓아 보낸 다음에는 에너지가 스스로 흐를 수 있도록 가만히 놔두거라.

그러면 땋은머리와 에너지 흐름의 알고리즘을 보자꾸나.

1. 숨을 들이마신 다음, 내쉬면서 뒤통수에서 나온 화살표가 등을 따라 아래로 향한다고 상상한다. 이때 땋은머리가 활성화된다.

2. 땋은머리의 느낌을 놓치지 않은 상태로 현실을 선택한다. 이때 호흡은 편안하게 한다.

3. 땋은머리(화살표)의 느낌을 놓치지 않은 상태로, 숨을 들이마신 뒤 내쉬면서 화살표를 수직으로 아래로 떨어뜨린다. 이때 두 에너지의 흐름을 방출한다.

4. 상승하는 에너지와 하강하는 에너지의 흐름을 느끼며 '나의 의도가 실현된다'라는 사념체를 속으로 또는 입 밖으로 소리 내어 되된다.

5. 모든 감각을 놓는다.

이때 어떤 일이 일어날까? 너희는 땋은머리를 사용하여 현실을 선택할 뿐 아니라, 자신의 의도를 마치 '메시지'처럼 정보체로 방출(발송)한다. 따라서 에너지의 흐름은 땋은머리의 효과를 더욱 강하게 만든다. 만약 이 방법이 효과가 있었고 마음에 든다면 계속해서 사용해도 좋다. 아니면 그냥 가장 기본적인 알고리즘만 사용해도 충분하다.

땋은머리를 가장 효과적으로 사용하는 또 다른 방법은 목욕할 때와 같이 물속에 몸을 담그고 하는 것이다. 목욕을 예로 들자면, 이때 너희는 시간을 그저 무의미하게 흘려보내지 않도록 해야 한다. 땋은머리를 활성화시켜(욕조의 벽은 땋은머리를 딱히 방해하지 않는다), 현실과 자기 자신을 — 자기 자신의 마네킹을 — 선택해야 한다. 둘 중 하나만 선택해도 좋다. 이때 에너지의 흐름이 반드시 필요한 것은 아니다. 특별히 열심히 할 필요도 없이, 1분에서 3분 정도만 집중해도 충분하다. 그 후 땋은머리의 느낌을 놓아준 다음 10

분 정도 욕조에 편안하게 누워 있으면 된다.

이것을 통해 뭘 얻을 수 있을까? 땋은머리를 활성화시킬 뿐 아니라, 사념체(당연히 사념 표기도 포함될 것이다)의 정보를 전부 빨아들이는 것으로 이미 잘 알려져 있는 물을 활성화시킬 수 있다. 물은 의도를 정보체로 방출시키지 않고 다른 기능을 가진다. 물은 먼저 너희가 선택한 정보를 임시로 기억한 다음, 말 그대로 그 정보를 너희의 섬세한 몸(에너지체)으로 '스며들게' 한다. 그것도 아주 효과적으로. 따라서 너희의 몸은 너희가 직접 선택한 의도로 충전되는(몸속으로 스며드는) 것이다. 그다음 길을 걸어갈 때면 살아 있는 무선수신기처럼 자신의 의도를 주변 환경으로 발산하게 될 것이다.

욕조가 없을 때는 대안으로 온랭 샤워를 하면 된다. 먼저 몇 분간 따뜻한(하지만 너무 뜨겁지는 않은) 물로 몸을 데운 후에 차가운 물로 최소 1분 동안 몸을 씻는다. 그렇게 여러 번 반복하거라. 서너 번만으로도 충분할 것이다. 변하는 수온의 차이가 클수록 좋지만, 중요한 것은 이런 방법으로 몸을 씻으며 불쾌한 기분을 느껴서는 안 된다는 점이다. 오히려 건강을 해칠 것이다.

이런 방법으로 샤워를 할 때는 땋은머리를 활성화시킬 필요가 없다. 목욕을 할 때보다 집중하기가 더 힘들 테니 말이다. 그러지 않아도 온랭 샤워는 에너지를 급격히 증가시키기 때문에, 샤워를 마친 후에 안정감을 되찾고 집중하여 땋은머리와 에너지 흐름의 알고리즘을 수행해야 한다. 이 방법도 아주 효과적이다.

그게 전부다. 아주 간단하지. 땋은머리는 너희의 입맛에 맞게 어딘가에서 구매할 수 있는 어떤 상품이 아니다. 지금 너희가 가지고 있으며, 예전부터 지금까지 항상 지니고 있었던 것이지. 그리고 물론, 그 어떤 도구도 딿은머리가 줄 수 있는 것을 주지는 못할 것이다. 하지만 딿은머리를 활성화시킬 때는 의도와 목표를 분명히 해야 한다. 그리고 반드시 필요한 것이 아니라면 딿은머리를 가지고 이리저리 '활개를 치고' 다니지 말거라.

39
과거 실체의 힘

나의 나약한 아이들아! 이제 복습은 더 이상 하지 않도록 하겠다. 지금의 너희에게 복습은 이 책을 새로운 마음으로 다시 읽는 것이며, 그것도 최대한 여러 번 읽는 것이 되겠다. 예전에 가르쳐줬던 것을 꾸준히 연습한다고 해도 그것을 전부 이해하고 기억할 수는 없을 테니. 만약 아무 연습도 하지 않고 책을 읽기만 했다면 더욱더 그럴 것이다. 이미 잘 알고 있다.

매번 책을 읽을 때마다 너희의 시야는 점점 더 밝아질 것이며, 마치 처음 읽는 것처럼 눈앞에 새로운 것이 펼쳐질 것이다. 한 번만이라도 다시 읽어보고 확인해보거라.

이번 책에서 마지막으로 너희에게 말해줄 것은, 너희가 상상조차 할 수 없었던 그런 것이 아니다. 땋은머리의 존재에 대해 미처 의심도 못했던 것처럼 말이다. 바로 너희의 권리에 대해 말해주려고 한다. 이제 너희도 잘 알다시피, 너희는 다가오는 현실을 선택하고 자신의 새로운 마네킹까지도 선택할 수 있는 권리를 가지고 있다. 하지만 그게 다가 아니다. 너희는 과거에 살아온 일련의 삶, 즉 일련의 실체에서 축적해온 힘을 가질 권리가 있다.

애초에 삶이란 것은 어떤 의미를 가지는가? 삶 자체의 의미 말이다. 철학적이고 '심오한' 의미가 아니라 삶 자체에 대해서 말하는 것이다. 이 행성의 존재의 의미와 모래 알갱이 하나하나의 존재의 의미는 무엇인가? 아무 의미도 없다. 그들은 그저 존재한다. 그게 전부다. 생물과 무생물의 존재의 이유에서 근본적인 차이랄 것도 없지. 의미라고 할 수 있는 것은 그들이 전부 **존재한다**는 것뿐이다. 창조주에게 감사하게도 말이지.

그러면 여러 실체의 의미는 뭘까? 역시 아무 의미 없다. 아니면 의미가 거의 없다고도 할 수 있지. 나비가 태어나 죽을 때까지, 우주 만물이 태어나 삶을 다할 때까지 각각의 개별적인 삶은 그 본질에 불꽃을 지니고 있는, 창조주의 꿈이다. 너희가 지금까지 살아온 여러 삶들도 창조주의 또 하나의 꿈, 그 이상도 이하도 아니었을 뿐이다. 물론 그런 동시에 너희의 꿈이기도 하지.

그 모든 우주만물이 필요한 이유는 오직 창조주만이 알고 있다. 그러면 우리가 알아야 할 것은 무엇일까? 우리는 우리가 무엇을 할 수 있는지와 어떤 권리를 가지고 있는지만 알면 된다. 하지만 이런 깨달음은 누구에게나 주어지는 것이 아니라, 그것을 얻기 위해 노력하는 자들에게만 주어진다. 뭐, 알고 싶지 않다면 마음대로 하거라. 삶의 의미는 그 삶 자체이며, 삶 자체만으로도 이미 충분하니 말이다.

모든 물질의 삶의 의미와 가치는 모두 동일하며 동등하다. 너희의 삶이, 미처 거기에 있었다는 걸 깨닫지도 못하고 발로 으깨버릴 수도 있는 달팽이의 삶보다 더 가치 있는 것이 전혀 아니란 말이다.

물론 나도 너희를 달팽이나 추한 아이들이라고 부르기도 했지만, 그건 그저 과장이었다. 하지만 괜히 그런 것도 아니지. 여기에서 너희에게 질문을 하나 하려고 한다. 너희는, 너희가 알고 있는 것과 너희에게 주어진 것들로 만족하느냐? 만족한다면 아무 문제 없다. 모든 개인은 이런 질문을 생각하지 않고 **그냥 살 권리**를 가지고 있으니 말이다. 달팽이는 애초에 의식이 없는 생명체로 만들어졌기 때문에, 그들에게 있어 아무 생각 없는 평범한 달팽이로 산다는 것은 전혀 수치스러운 일이 아니다. 하지만 의식을 가진 생명체로서, 의식이 없는 영화 속 등장인물로 산다는 것이 수치스럽지(또는 부끄럽지) 않으냐? 바로 이것이 내가 너희에게 묻고자 하는 질문이다.

나의 착하고 예쁜 아이들아. 물론 너희가 그렇게 살고 있다는 것이 아니다. 이 책을 읽고 있다는 것은, 이제 자신에게 주어지고 알게 된 것들에 만족하지 않게 되었다는 걸 뜻한다. 언젠가 과거의 삶, 즉 전생에 너희가 얼마나 중요한 사람이었을지, 얼마나 큰 위인이기까지 했을지 너희는 상상조차 못할 것이다. 의심할 나위 없이 너희는 과거에 그런 사람이었을 것이다. 그렇지 않다면 **지금** 이런 삶을 살지 못했을 테니 말이다.

하지만 과거에 얼마나 위대했는지와는 상관없이 지금은 그 빛나는 과거의 것들이 전부 소멸하고 소실되었다. 전생은 이미 잊혔고. 이상하다고 생각하지 않느냐? 너희에게 다시 한 번 묻겠다. 이 모든 삶의 의미는 무엇일까? 너희는 이번 삶에서 실수와 실패를 겪고 승리와 성공을 맛보기도 했다. 많은 대가를 치러야 했고, 그만큼 많은 것들을 이뤄냈지. 그러면, 이 모든 것이 다 소용없고 헛된 일이었다는 말일까?

잊힌 꿈에서 소유했던 것을 가지고 올 수 없는 것처럼, 잊힌 삶에서의 경험을 돌려놓는 것 또한 불가능하다. 하지만 다시 한 번 강조하겠다. 너희에겐 여러 삶을 통해 축적한 개인의 힘을 가질 권리가 있다. 아무도 이 사실을 알려준 적이 없겠지. 그래서 내가 너희에게 알려주는 것이다.

개인의 힘, 영혼의 힘을 헛되이 소멸하게 해서는 안 된다. 새로운 삶이 무無에서 시작되어서도 안 된다. 그건 우주의 실패이자 결함이다. 의지만 있다면 실패와 타협하고, 그것을 받아들이고 살아갈 수도 있겠지. 다만 그런 너희, 부족한 생명체인 너희를 누가 필요로 하겠느냐? 심지어 나조차도 그런 것들은 필요 없다. 너희가 소유할 권리를 가지고 있는 것을 요구하고 가지려는 의지를 보여야 한다. 그건 어떻게 할까?

아주 쉽다. 권리를 선언하는 자는 그 권리를 받을 수 있지. 말 그대로 너희는 선언을 해야 한다. '나는 내 권리에 대해 선언한다. 나는 내 권리를 돌려받을 것이다. 실현되었던 내 모든 삶의 힘을 가질 것이다'.

하지만 말 한마디로는 부족하다. 말이란 것은 그저 공기의 진동

일 뿐이니 말이다. 여기에는 아주 중요한 뉘앙스가 하나 있다. 너희의 목소리가 누군가에게 도달하도록 하기 위해서는, 너희가 가지고 있고 이제 그에 대해서도 잘 알고 있는, 이제는 쇠퇴해버린 흔적기관을 사용해야 한다. 바로 뚫은머리다.

현실을 선택할 때 해왔던 것처럼, 뚫은머리를 사용하여 선언하거라. 그러면 힘이 너희의 목소리를 들을 것이다. 필요하다고 생각되는 만큼 자주 하거라. 머지않아, 그리고 점진적으로 너희는 너희 자신의 힘과 확신, 영혼의 힘이 커지는 것을 느낄 것이다. 반드시 느끼게 될 것이다. 그리고 그 확신을 찾을 때면 언제든지 # 나 자신의 힘이 실제로 커지고 있으며, 그 모습이 눈앞에 보인다 # 와 같은 형태로 사념 표시기를 사용하여 개선된 설계도를 확인하는 것을 잊지 말거라.

이제 여기에 대해서는 더 덧붙일 말이 없다. 얼마나 환상적인지 직접 확인하거라.

40
무한함 속의 무한함

그러면, 탐구심 강한 수많은 지성이 그토록 회의적으로 여겨왔던 사실에 대해 말해보자꾸나. 바로 증거이다. 내가 들려줬던 모든 얘기가 사실이라는 증거 말이다. 과연 정말로 우리가 영화 속에 살고 있을까? 그리고 정말로 우리가 지금 살고 있는 필름에서 다른 필름으로 건너갈 수 있을까?

자, 첫 번째로 가장 중요한 증거가 될 수 있는 것은 너희가 직접 겪은 경험이다. 그 모든 경험에서 효과가 있었는지는 직접 확인해보거라. 두 번째로 이상 현상이나 원인을 알 수 없는 현상과 같은 형태로 일어나는 수많은 **간접적인** 증거를 들 수 있다. 말 그대로 '간접적인 증거'들이지. 직접적인 증거를 얻지는 못할 것이다. 현실은 왜인지 자신의 비밀을 공개하려고 하지 않으니 말이다.

그러면 정작 나는 이 모든 것들에 대해서 어떻게 알 수 있었는지 궁금하지 않으냐? 나도 아는 것은 없다. 나는 그저 그것이 효과를 가지고 있다는 사실만을 알고 있을 뿐이다. 그것이 과연 왜, 도대체 어떤 방법으로 효과를 내는지는 **복잡한 문제다**. 영화 필름과 거울은 그저 뭔가 더 복잡한 것들을 간략하게 해놓은 모델에 불과하다. 현실이 실제로 어떻게 만들어졌는지 이해하는 것은 불가능하지만, 자신의 실질적인 목표를 달성하기 위해 현실의 특성을 사용하는 것은 충분히 가능하고 또 그런 태도가 필요하다. 바로 그렇기 때문에 너희도 충분히 이해할 수 있는 이런 모델과 해석본을 주려고 하는 것이다. 하지만 한 가지만큼은 내가 확실하게 말해줄 수 있다. '모델이 효과를 가지고 있다는 것은 그것이 실제와 아주 유사하기 때문'이라는 사실이다.

따라서 우리가 적용한 모델을 계속 사용해야 한다. 현실은 컴퓨터 게임과 같은 가상의 어떤 것이 아니라 실존하는 것이다. 하지만 현실은 마치 영화처럼, 아니 더 정확히 말하자면 서로 얽혀 있는 수많은 영화 필름들처럼 만들어져있다. 이 필름 중 일부는 재생되고 있지만 어떤 것들은 상영되지 않고 아카이브에 저장되어 있다.

다수의 평행하는 **물질** 세계는 존재하지 않는다. 그저 단 하나의 물질 우주만 있을 뿐이다(어쨌거나 우리가 실제로 살고 있는 곳이지). 하지만 가상의 가능태는 셀 수 없이 많다. 그것들은 바로 아카이브에 보관되어 있는 필름이지. 이런 필름 중 하나의 작은 조각이 현재(물질) 장면에서 우연히 비칠 때가 있다. 그때 여기에 과거나 미래, 또는 완전히 다른 문명의 사람이 나타날 수 있는 것이다.

만약 어떤 사람이 아카이브에서 바로 이곳, 우리의 세계로 왔다면, 그 사람의 기억은 그가 원래 있었던 영화 필름에 연결되어 있기 때문에 그에게 현실적으로 보이는 것은 현재가 아닌 과거의 삶이다. 뇌는 정보 자체를 저장하는 것이 아니라 정보의 주소를 저장하기 때문이다. 일반적으로 우리가 하나의 필름에서 다른 필름으로 이동할 때 정보의 주소는 이전 필름에서 분리되어 새로운 필름에 연결되지만, 때로는 분리되지 않는 경우도 있다. 그럴 때 데자뷔와 같은 현상이 생기는 것이다.

데자뷔는, 너희는 살면서 분명히 일어났다고 확신하는데 주변 사람들은 모두 그렇지 않다고 주장하는 현상을 말한다. 반대로 사람들은 분명히 일어났었다고 하지만 정작 너희는 아무리 해도 기억이 나지 않기도 하지. 그것은 너희의 기억에 구멍이 생겨서 그런 것이 아니라, 정보의 주소와 영화 필름 사이에 혼선이 생겼기 때문이다. 현실은 때로 그런 실수를 저지르기도 한다.

현실은 그와 비슷한 어리석은 실수들을 전부 말끔하게 씻어내려고 노력하지만, 그렇다 하더라도 항상 성공하지는 못한다. '만델라 효과'◇라고 불리는 것은 현실이 저지르는 데자뷔보다도 더 큰 실수이며, 혼자만 다른 기억을 가지고 있는 어떤 특정한 사람의 기억을 절대로 왜곡할 수는 없다.

말 그대로 수백만이나 되는 사람들이 현재의 실제에서는 확인되지 않는 뭔가를 믿는 것과 같다. 예를 들어, 많은 사람들이 한 영화

◇ 특정 개인이 아니라 다수의 사람이 잘못된 기억을 가지고 있는 현상. 넬슨 만델라가 1980년대에 수감 중 사망했다는 잘못된 기억을 가진 사람들이 많았던 데서 비롯된 이름이다.

에서 틀림없이 들렸다고 주장하는 대사가 있다. 하지만 지금은 그 대사가 어디론가 사라지거나 바뀌어, 그 영화가 기록된 매체 중 그 어떤 것에서도, 심지어 아주 오래된 것까지 샅샅이 뒤져봐도 그 대사를 찾아낼 수 없는 경우가 있다. 반드시 영화가 아니더라도 이런 경우는 아주 많다.

무슨 대규모 정신착란이라도 일어났다는 말일까? 왜 이런 일이 일어났을까? 그건 단순히 그 대사의 다른 버전이 존재하는 다른 영화 필름으로 공동의 실제가 건너뛰었기 때문이다. 절대로 용납되어서는 안 될 실수를 현실이 저질러버린 셈이다. **과거가 바뀐 것이다!** 그러면서도 사람들의 기억의 주소는 수정되지 않은 것이다. 그들의 위치는 아직도 이전의 필름에 얽매여 있기 때문에, 이전 필름에서 어떤 일이 있었는지 모두가 정확하게 기억한다.

여기에서, 이전까지의 모든 내용은 개개인의 필름에 관한 것이었다는 사실을 일러둬야겠다. 하지만 인류를 위한 공동의 필름은 그보다 훨씬 더 복잡하지. 특정 인물들 개개인에 대한 필름은 서로 얽히지 않고 개별적으로 돌아가지만, 인류 전체를 위한 공동의 필름에 모든 것이 기록되어 있기도 하다. 인류 전체를 생각한다면 세상의 종말이 도래해도 괜찮은 것일까? 수많은 사람들이 지구의 종말을 예언했지만 아직도 그날은 오지 않았다. 예언자들이 그런 순간을 예언했다면 그런 가능태가 아카이브에 정말로 있는 것이다. 하지만 그런 예언이 실현되기 전에 인류 전체를 위한 실제가 좀더 나은 상황을 담고 있는 영화 필름으로 이동한 것이다.

현재가 과거와 뒤섞이는 경우도 있다. 예를 들어주겠다. 여기

문서로 기록된 사실이 하나 있다. 1911년 7월 14일, 승객들을 태운 기차가 로마에서 롬바르디아◇로 출발했다. 기차가 산속의 한 터널로 진입하는 순간 기차의 승객들은 흔적도 없이 사라졌다. 그와 같은 시기에(아니, '그보다 과거에'라고 말하는 것이 더 정확할 것이다) 1840년 멕시코의 신문사들에 의해 매우 특이한 사건이 보도되었다. 멕시코에 갑자기 104명의 이탈리아인들이 미래의 각종 문서와 그 시기에만 존재할 수 있는 물건들을 가지고 나타났으며, 로마에서 기차를 타고 멕시코에 도착했다고 주장했다는 것이다. 물론 그들을 믿는 사람은 아무도 없었으며, 정신병원에 그들을 몽땅 가두는 것 외엔 딱히 별다른 수가 없었다.

사라진 이탈리아인들의 실제는 도대체 어디로 간 것일까? 우리는 이전에 '실제는 단 한 번도 존재한 적이 없고, 앞으로도 없을 것이며, 오직 지금 단 한 번 존재하는 것'이라고 말한 적이 있다. 그래, 그말이 맞다. 그 무엇으로도 기록된 사건을 바꿀 수 없다. 왜냐하면 실제는 현재의 프레임이니 말이다. 하지만 어떤 방법으로든 필름이 서로 교차하는(필름들은 그들의 의지에 따라 서로 교차할 수 있다) 이런 이상한 현상이 발생한다면, 미래의 프레임이 과거의 필름에서 재생될 수 있다. 그리고 그 프레임 속의 사람이나 사물은 과거로 사라지는 것이다.

어떻게 이런 일이 가능한지 믿을 수 없지 않느냐? 프레임은 순차적으로 움직이는데 말이다. 어떻게 사람들이 현재에서 태어나

◇ 이탈리아 북부의 주.

과거로 사라질 수 있을까?

실제로는 그 프레임도 똑같이 순차적으로 돌아가고 있는 것이다. 먼저 사람들이 사라지는 첫 번째 프레임이 통과한다. 그다음 그 사람들이 나타나는 두 번째 프레임이 지나간다. 하지만 사실 첫 번째 프레임이 시간상으로는 뒤에 있고, 두 번째 프레임이 그보다 앞에 위치하는 것이다. 단지 미래의 필름과 과거의 필름이 서로 뒤섞여 우리가 아직 익숙하지도 않으며, 이 모든 일을 실제로 보고 있으면서 어떻게 된 일인지 알 수가 없는 인지의 착란 현상이 생기는 것이다.

머리부터 발끝까지 과거의 물건으로 치장하고 있었던 사람들이 현재에 갑자기 나타났다고 기록된 사건도 있다. 또, 유물 발굴 현장에서는 얼마 지나지 않은 현재나 아직 알 수 없는 미래의 유물들이 발견되기도 했다. 여기에서도 마찬가지로 필름들이 서로 교차하여 엇갈려 있었던 것이다. 그 외에도 필름들이 서로 교차하는 것이 아니라 서로 맞닿는 경우도 있다. 그럴 때는 크로노미라지 현상◊◊이 나타난다.

사람과 사물은 공간 속에서 물질화된 대상이 움직이듯 말 그대로 시간을 건너다닐 수 없다. 실제나 과거, 또는 현재에서 아예 존재하지 않는 수밖에 없지. 하지만 만약 필름이 그 장소와 시간의 현재 프레임에 맞닿아 있다면, 사람이나 사물은 언제든 어디에서든 물질화되어 나타날 수 있다. 물질세계는 영사기가 비추는 프레임 자체이

◊◊ chronomirage: 한 명이나 여러 명의 사람이 과거나 미래의 사건을 보는 현상.

215

며, 현실은 수많은 영화 필름들이다. 이것을 분명하게 해야 한다.

지금까지 말해준 이상 현상이 증명할 수 있는 것은 아무것도 없지만, 현실은 다양한 필름들의 무한한 공간이라는 사실을 간접적으로 확인시켜줄 수는 있을 것이다. 그 외에도, 극미세계의 양자뿐 아니라 모든 현실이 각각 개별적이라는 점을 이런 사실로부터 알 수 있다. 왜냐하면 필름은 순간순간으로 나뉜 프레임들로 구성되어 있기 때문이다. 만약 미시세계뿐 아니라 모든 거시세계까지도 양자의 특성을 가진다는 사실을 과학이 인정했다면, 새로운 발견이 지금보다 훨씬 많아졌을 것이다. 예를 들어, 순간적인 시간 이동과 공간 이동, 그리고 그 외의 모든 이상 현상들이 프레임이 바뀌는 사이에 일어나는 것처럼 말이다.

뿐만 아니라 우리가 거쳐온 온갖 훈련들은 모든 현실이 각각 개별적으로 존재하고 있다는 사실을 보여주고 있다. 현재 필름에서 빠르게 돌아가고 있는 프레임에서 빠져나오면 예전엔 불가능했던 것을 만들 수 있는 능력을 가지게 된다. 말 그대로, 생각과 닿은머리를 이용한 모든 조작은 너희를 현실의 주파수와 위상으로부터 자유롭게 할 것이다. 바로 이런 방법을 통해 너희는 영화 속에서 자유롭게 거닐 수 있는 기회를 얻는 것이다.

너희도 이미 어느 정도는 예상했겠지만, 영원의 아카이브도 갑자기 만들어진 것이 아니다. 그 역시 진화를 거듭해 지금의 모습이 되었지. 과거에 일어났던 모든 일들과 일어날 뻔했던 모든 일들은 항상 있었던 것이 아니며, 그 전부가 기록된 것도 아니다. (아카이브는 항상 존재해왔다고 말할 수도 있긴 하지만 말이다. 하지만, 그렇게 한다면 철학적으로 깊고 심오하게 파고들어 '항상'이라는 개념의 의미를 정확하게 파악해야 할 것이다. 과연 '항상'이라는 게 뭘까? 혹시 아는 사람이 있느냐?)

진화란 어떤 의미에서는 정보 생산 프로세스이다. 살아 있거나 살아 있지 않은 모든 것들은 진화하고 성장하며 동시에 자기 자신에 대한 정보와 그 존재를 대체할 수 있는 것에 대한 정보를 생산한다. 마치 네트워크가 진화하는 것과 똑같다. 네트워크 접속자들이 자신의 정보를 입력하면 그 정보가 축적되어 진화하는 것과 마찬가지지.

필름 보관소는 항상 존재해왔다. 그리고 그것은 모든 것을 다루는, 완전히 포괄적이고 무한한 크기의 정보장이 아니라, 이렇게 말하는 게 낫겠구나, 움직이고 성장하는 **무한함의 일부**이다. 마찬가지로 무한한 거대한 구성체처럼 말이다. 그것은 무한함 속에서 꿈틀거리며 계속 커지고 있다. **무한함의 일부로서의 무한함**이지. 상상할 수 있겠느냐? 못하겠느냐? 반드시 상상할 필요는 없다. 너희의 지성으로 아무리 해도 이해할 수 없는 것 때문에 괴로워할 필요는 없지. (그러지 않으면 또 누군가가 '무한함은 존재하지 않으며 우주에도 끝은 있다'고 논쟁을 하려고 들 수도 있을 것이다. 누가 알겠느냐?)

머리를 싸매고 계속 끙끙대지 말고, 너희가 **자기 자신을 선택하고 현실을 선택할 수 있다**는 것을 이제는 안다는 사실에 황홀해해야 한다. 그 사실은 어두운 터널의 끝에서 한 줄기 빛이 될 것이며, 힘과 희망과 목표를 줄 것이니 말이다. 즉, 범인凡人의 관점에서는 '절대로 불가능했던' 것을 만들어내는 데 필요한, 의도를 위한 에너지를 채워줄 것이다.

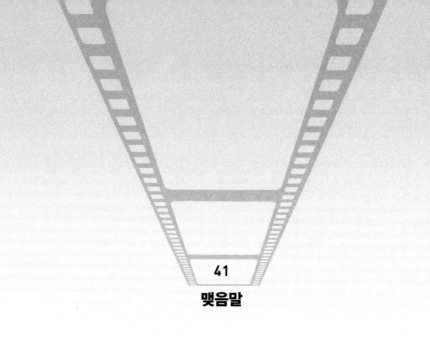

41
맺음말

자, 나의 착한 아이들아, 우리 대화의 첫 번째 책이 끝에 다다르고 있구나. 하지만 이것은 그저 1권의 마지막이니, 조만간 다시 만날 것이다.

아직 완전한 반딧불이 되지 못했다고 해도, 적어도 너희는 반딧불에 한 발짝 더 가까워졌을 것이다. 아니면 조그만 도마뱀의 중간 상태쯤이 되겠지. 어리둥절하고 아주 안절부절못하는 그런 도마뱀 말이다.

내 은혜의 섬광으로 따뜻하게 몸을 데우고, 눈부심에 어쩔 줄 몰라 하며 꼬리를 이리저리 흔들다가, 아가리를 쫙 벌리고 파충류의 목소리로 '타프티! 타프티이―! 스승님! 스승니임―!' 하면서 괴상하게 울부짖겠지. 그러다 한 무리로 모여, 나를 바라보면서 '어떻게 하면 내 탐욕을 채우기 위해 스승님을 이용할 수 있을까?!'라고 수군거릴 것이다.

하지만 중요한 것은 너희가 얻은 깨달음을 이용하는 것이다. 대부분의(거의 모든) 사람들은 한순간도 잠에서 깨어나지 못하고 그렇게 잠든 상태로 살아간다. 고개도 들지 못하고, 주변을 둘러보지도 못한 채, 비몽사몽한 상태로 잠꼬대를 하듯 삶 속을 부유하지. 단한 번도 자신의 현실을 선택하지 못하고, 그저 이미 정해져 그들에게 던져진 영화 속을 마치 어항 속 물고기처럼 떠다니는 것에 불과하다.

이제 너희가 얼마나 놀라울 정도로 그들과 또렷하게 구분되는지 알겠느냐? 하지만 잊지 말거라. 그렇다고 해서 너희에게 더 거만해질 권리나, 또는 아주 최악인, 다른 자들을 멸시할 권리가 있다는 것은 절대로 아니라는 사실을 말이다. 잠든 자들을 깨워서는 안된다. 아주 뻔뻔한 짓이다. 그자들이 원하는 대로, 그리고 할 수 있는 대로 살도록 내버려두거라. 깨어날 능력을 가지고 있다면 그들이 알아서 나를 찾을 것이다. 너희가 나를 찾은 것처럼 말이다. 너희는 그저 나를 기억하거라. 그리고 나를 잊지 말거라.

이 책의 지식은 너무나 농축된 형태로 전달되고 있으며, 너희가 받아들이기에는 매우 난해할 것이다. 아무리 잡으려 해도 손가락 사이로 흘러내리는 모래같이 느껴지겠지. 조금만 더 가면 깨달을 수 있는 상황인데도 결국엔 아무것도 이해하지 못하고 감도 잡지 못할 수도 있다. 다시 한 번 말하지만, 이 지식을 거머쥐지 못하는 이유는 너희가 의존적인 삶을 살고 있으며 자신의 의지와 의식에 따라 행동하고 있다는 빠져나올 수 없는 **행동의 환상**에 빠져 있기 때문이다.

그와 동시에 너희가 원하는 방향으로 흘러가는 것은 하나도 없다. 여기에서 역설과 모순이 생긴다. 너희가 자신의 의지에 따라 행동한다면, 왜 너희 뜻대로 흘러가는 것이 아무것도 없을까? 너희는 그저 운이 따라주지 않았을 뿐이라고 생각할 것이다. 하지만 틀렸다. 사실은 너희가 의지가 아닌 시나리오에 따라 행동하기 때문에 너희 뜻대로 되는 것이 하나도 없는 것이다.

불안감과 공포감과 불쾌함 같은 감정들이 너희를 통제하면 너희는 꿈과 실신 상태에 빠져들어 자기 자신을 통제할 수 없게 된다. 마치 이런 감정들이 너희를 통제하는 것이라고 생각하겠지만, 사실은 그렇지 않다. 감정은 너희를 꿈과 연결하는 역할을 하며, 실제로 너희를 통제하는 것은 시나리오이다.

또 하나, 너희 뜻대로 흘러가는 것이 아무것도 없는 이유는 너희가 그렇게 행동하는 법을 모르기 때문이다. 다가오는 현실을 선택하는 대신 너희는 현재의 실제와 싸우고 있다. 이 책은 그런 환상으로부터 너희를 끌어내기 위해서 만들어진 책이다. 그러기 위해선 굳이 말을 많이 할 필요가 없다. 오히려 그 환상이 어디에 있으며, 그것이 너희의 환상이라는 사실을 너희가 먼저 이해하고 깨닫고 확인해야 한다. 그조차도 너희의 삶을 본질적으로 바꾸기에는 부족하다. 그다음 책에서 더 많은 것을 알게 될 것이다.

너희는 매일 무언가로 인해 불안해하고 괴로워하며 우울해한다. 그 속에서 끊임없이 너희의 상태를 인식해야 하며, 굴복하지 않고 벡터의 방향을 재조정해야 한다. — 나는 현실을 선택할 수 있으며, 현실이 어떻게 흘러갈지는 내가 정한다. 동시에 사건의 흐름을 선택하는 것이 아니라 최종 목표, 즉 목표 프레임을 선택한다는 점을 잊지 말아야 한다. 그 습관을 들이도록 하거라.

한때 내가 '힘은 현실의 엔진'이라고 말했던 것을 기억하느냐? 필름을 돌아가게 하는 것은 힘이라고 했던 것을 말이다. 현실을 선택하기 시작하면 힘은 너희가 어디에 있는지 알아차릴 것이다. 힘은 항상 그것이 필름을 돌리는 데 도움을 주는 존재들에게 집중하고 있다. 그리고 그런 존재들을 꽉 움켜쥐고 돕기 시작하지. 힘은 잠든 상태로 영화 속에서 살아가는, 꿈속의 텅 빈 마네킹에게는 아무 관심이 없다. '나는 힘을 찾고 있다. 나는 힘의 위치를 찾고 있다. 모든 것을 힘을 가지고 할 것이다'라는 슬로건을 명심하거라. 다시 말해 힘차고 기발하게, 진심을 다하여 모든 것을 해내야 한다. 그때 비로소 힘은 너희의 것이 될 것이다.

자신의 손으로 창조해낸 기적에 들뜬 나머지 지나친 환희의 상태에만 빠져 있어선 안 된다. 현실에게서 복수를 당하지 않도록 조용히 혼자서만 기뻐하거라(현실은 아주 심술궂기 때문에 충분히 그럴 수 있다). 그리고 주변 사람들 앞에서 너희의 능력에 대해 떠벌리고 다니지 말거라.

그리고 현실을 선택하는 기술과 마네킹에 대해서 주변 사람들에게 말로 설명하지 말거라. 어차피 그들은 너희를 이해하지 못하고 비웃기만 할 것이다. 전체 문맥에서 기술만을 분리시켜 전달하려고 해서는 안 된다. 그들에게 모든 것을 순서대로 직접 읽어보라고 권하거라. 하지만 너희가 가지고 있는 책은 **너희만의 부적과 같은** 것이니, 절대로 아무에게도 주면 안 된다. 이 책은 단순한 글자의 나열이 아니라, **힘을 지닌 물건이다.** 책을 손에 쥐고 감지하고 느껴보거라. 이 책은 너희의 물건이다.

그리고 나는 너희의 타프티이다! 잘 있거라, 달팽이들아! 다음 책에서 보자꾸나!

◊　후속작인 소설 《여사제 잇파트》에는 타프티의 놀라운 여정과 그녀의 메타현실 속 친구에 대한 이야기가 담겨 있습니다. 후속서를 통해 여러분은 타프티에 대해 더 자세히 알고, 그녀가 여러 가지 원칙을 실제로 어떻게 적용시키는지를 확인하실 수 있습니다. 43장 뒤에 실린 '붉은 여왕'은 그 예고편입니다. 후속서의 출간 소식은 정신세계사의 홈페이지(mindbook.co.kr)에서 확인해주십시오.

◊　아직 러시아어로만 서비스되고 있긴 하지만, 이 책과 트랜서핑 시리즈에 관해 더 자세히 알고 싶은 분들은 아래 주소의 SNS와 홈페이지를 방문해보시기 바랍니다.

타프티 유튜브 채널 bit.ly/tafti
타프티 인스타그램 instagram.com/tufti.itfut
타프티 페이스북 facebook.com/tufti.itfut
트랜서핑 교육센터 tserf.ru

42
알고리즘

왜 알고리즘을 수행해야 할까? 왜냐하면 알고리즘은 너희를 시나리오로부터 분리시키고, 영화 속에서 살아날 수 있게 해주며 유용한 습관을 주입시키기 때문이다.

깨어나기 알고리즘

1. 어떤 일이 일어나자마자 너희는 잠에서 깨어난다.

2. 어떤 일이 생기기 전에 너희는 깨어난다.

내부 스크린과 외부 스크린의 사이에 있는 의식의 중심에 주의를 집중하거라. 주의가 이 점에 있다면 주변에서 일어나는 일과 자신의 생각을 동시에 관찰할 수 있다. 그러면 너희를 둘러싸고 있는 현실과, 그 현실 속의 너희를 볼 수 있다. 그 어떤 것도 너희가 두 스크린을 동시에 들여다보는 것을 방해하지 않는다. 너희는 할 수 있다.

외부 활성체의 예시를 들어주겠다. 너희가 누구를 만나 어딘가로 향하고 있을 때, 근처에서 어떤 일이 일어났다. 그게 무슨 일인지는 중요하지 않다. 어떤 소리가 갑자기 들렸을 수도 있고, 누군가 어떤 행동을 했을 수도 있다. 과거에 일어난 일이었다면 분명 너희의 시선과 관심을 끌었을 법한 일이지. 그 일이 **생기자마자** 거기에 자신의 주의를 집중시켜도, 그에 대한 통제력은 잃지 않도록 하거라. 주의를 의식의 중심에 유지하는 것이다.

이번엔 내부 활성체에 해당하는 경우가 무엇인지 알려주겠다. 너희가 어딘가로 가려고 하거나, 뭔가를 하려고 하거나, 누군가와 대화를 할 때, 그 행동을 하기 전에 주의를 의식의 중심에 고정해 두거라. 행동을 하기 바로 **직전에** 해야 한다. 그 이후엔 너무 늦기 때문이다. 그렇지 않으면 먼저 잠에 빠져버리고, 잠에서 깨어나서야 너희가 깜빡 잠들었다는 사실을 깨닫게 될 것이다.

프레임 비추기 알고리즘

1. 세 가지 활성체 중 자신이 어떤 상황에 있는지 판단한다.
2. '나 자신이 보이고, 현실이 보인다'고 되뇌며 잠에서 깨어난다.
3. 땋은머리를 활성화시키고, 그 느낌을 유지하며 현실을 선택한다.

4. 딿은머리의 느낌을 버린다.

5. 중요한 사건이라면 프레임 비추기를 여러 번 반복한다.

주의를 감시했던 것과 똑같은 방법으로, 이번엔 다가오는 프레임을 감시하거라. 여기에는 세 가지 활성체가 있다.

기대 — 뭔가 일어날 것이며, 뭔가를 기다리거나 기대하고 있다.

의도 — 어디론가 향하거나 무엇인가를 하려고 의도하고 있다.

문제 — 해결해야 하는 어떤 일이 발생했다.

어떤 일이 일어나기를 바란다면, 그 일이 일어나길 기다리지 말고 바라지 말거라. 직접 현실을 선택하거라. 너희가 뭔가를 의도할 때마다 앞뒤 가리지 않고 그것을 하려고 덤벼들지 말고, 먼저 현실을 선택해야 한다. 어떤 문제가 생겼을 때마다, 그 문제가 해결되기까지도 기다리지 말고, 바라지 말고, 부산 떨지 말고, 그저 현실을 선택하거라.

프레임 비추기 알고리즘은 메타력을 길러내는 연습인 동시에 너희가 필요로 하는 현실을 선택하는 방법이다. 비추기 알고리즘을 조용히, 편안하게 해보거라. 생각으로든, 말로든, 영상으로든 너희가 가장 선호하는 방법으로 하면 된다. 가장 효과적으로 비추려면 영상으로 비추는 것이 좋다.

딿은머리와 에너지 흐름의 알고리즘

1. 숨을 들이마신 다음, 내쉬면서 뒤통수에서 나온 화살표가 등을 따라 아래로 향한다고 상상한다. 이때 딿은머리가 활성화된다.

2. 딱은머리의 느낌을 놓치지 않은 상태로 현실을 선택한다. 이 때 호흡은 편안하게 한다.

3. 딱은머리(화살표)의 느낌을 놓치지 않은 상태로, 숨을 들이마신 뒤 내쉬면서 화살표를 수직으로 아래로 떨어뜨린다. 이때 두 에너지의 흐름을 방출한다.

4. 상승하는 에너지와 하강하는 에너지의 흐름을 느끼며 '나의 의도가 실현된다'라는 사념체를 속으로 또는 입 밖으로 소리 내어 되뇐다.

5. 모든 감각을 놓는다.

이때 어떤 일이 일어날까? 너희는 딱은머리를 사용하여 현실을 선택할 뿐 아니라, 자신의 의도를 마치 '메시지'처럼 정보체로 방출(발송)한다. 따라서 에너지의 흐름은 딱은머리의 효과를 더욱 강하게 만든다. 만약 이 방법이 효과가 있었고 마음에 든다면 계속해서 사용해도 좋다. 아니면 그냥 가장 기본적인 알고리즘만 사용해도 충분하다.

유용함 끌어내기의 알고리즘

1. 불쾌함을 불러일으키는 활성체에서 나의 상황을 파악한다.

2. '나 자신이 보이고, 현실이 보인다'고 되뇌며 잠에서 깨어난다.

3. '여기에서 내가 얻을 수 있는 유용함이 무엇인가?'라는 질문을 던져본다.

4. 답을 찾으면 거기에 동의하고 유용함을 이끌어내라.

5. 답을 찾지 못해도 일단 동의하려고 노력하도록 한다.

어떤 사건이나 상황이든 일장일단을 가지고 있다.

시나리오는 너희에게 해를 입히려고 하지 않는다. 왜냐하면 그건 그저 에너지만 낭비하는 일이기 때문이지. 시나리오는 항상 저항을 최소한으로 받는 길로 움직인다. 하지만 너희는 반사적으로 그것을 거부하려고 하지. 성격, 부정적으로 생각하는 경향, 자신을 방어하려는 습관, 자기 자신에 대한 지나치게 높은 평가 때문에 그렇게 대응할 수밖에 없다. 또는 '너희의 마음대로' 흘러가는 것은 아무것도 없기 때문에 말이다. 그 결과로 이제까지 그래 왔던 것처럼 자신과 주변 사람들의 인생을 망쳐버린다.

너희가 목표를 정하기만 하면 시나리오는 너희의 목표를 향해 움직일 것이다. 너희가 현실을 선택한다면, 그 현실이 부적절한 것일지라도 시나리오는 너희의 선택에 일치하는 방향으로 움직인다. 너희가 해야 할 일은 목표 프레임을 꾸준히 비추는 것밖에 없다. 하지만 너희는 모든 것이 너희의 계획에 꼭 맞길 원하기 때문에 모든 것을 망쳐버리지. 그래서 너희가 생각한 것이 실현되지 않는 것이다.

한 가지 단순한 원칙을 일반화시켜야 한다. 바로 모든 면에서 유용함을 찾는 것이지. 말 그대로 어떤 기분 나쁜 일이 생기더라도, 아주 사소하게나마 불쾌함을 느끼게 하는 일이라도 거기에서 너희에게 도움이 되는 점을 찾아내야 한다는 말이다. 유용함을 끌어내야 한다. 이런 목표를 세워두거라.

하지만 너희가 이해한 바가 효과를 내게 하기 위해서는 제때에 잠에서 깨어나 주의를 의식의 중심에 옮겨놓아야 한다. 여기에서 활성체는 거의 외부 활성체이다. 너희에게 누군가가 뭔가를 말하거나, 행하거나, 또는 주변에서 어떤 일이 일어나고 있거나, 아주 사소한 불만족에서 격분할 정도까지 너희에게 불쾌감을 불러일으키는 모든 것 — 그나저나 분개하는 달팽이는 어떤 모습인지 궁금하구나 — 이 될 수 있다. 격분, 낙담, 초조함, 공격성, 공포 같은 감정이 활성화되겠지.

올바른 선택을 하기 위해서는 그 순간 '여기에서 내가 얻는 이득이 무엇인가'라고 곰곰이 생각해보기만 하면 된다. 그다음은 시나리오에 저항하지 말고 순순히 그를 따르도록 해라. 말 그대로 그의 조언을 따르고, 의견에 귀 기울이고, 동의하고, 타협하고, 이전에는 거절했거나 대치했던 것들을 받아들여라.

그 결과로, 너희에게 유용한 일만 일어나는 다른 필름으로 이동할 것이다. 왜냐하면 너희는 필요한 순간에 멈춰서 이 유용함을 선택했기 때문이다. 간단하다. 선택한 것을 얻게 되는 것이다.

현실에서는 불변의 법칙이 하나 있지. 유용함의 원칙을 따른다면, 살면서 손해를 가져다주는 사건을 마주할 확률은 훨씬 줄어든다는 법칙이다.

순응하기 알고리즘

1. 통제하기 활성체에서 자기 자신을 붙잡는다.
2. '나 자신이 보이고 현실이 보인다'고 되뇌며 깨어난다.

3. '첫 번째 지배가 뭐라고 말하고 있는가?'라고 자신에게 질문하고, 그에 대한 답을 느낀다.

4. 답을 찾으면 그 지배를 따른다.

5. 답이 없다면 목표 프레임을 선택하여 다시 그것을 따르려고 노력한다.

너희는 의식이라는 것을 부여받은 생명체이기 때문에 '어떻게?'라는 질문을 자신에게 던지며 그것을 실현시킬 전략들을 수없이 세운다. 그렇다, 그 질문을 던지는 순간 의식은 깨어나지만, 너희가 온통 신경 쓰는 건 목표가 아니라 목표를 어떻게 실현시킬지에 대한 어리석은 상상이다. 그런데 그 상상은 너희에게 방해만 된다. 너희가 생각해 낸 시나리오는 현실과 대치되지만, 그럼에도 불구하고 그 시나리오를 고집하여 결국 모든 걸 망쳐버리지.

너희가 집중해야 할 것은 사건의 흐름이나 사람들의 태도(행동)가 아니라 최종 목표, 즉 목표 프레임이다. 계속해서 자기 자신을 감시하고 주의를 감시하거라. 주의가 다시 자신만의 꿍꿍이를 가지고 너희의 손아귀를 벗어나도록 하지 않기 위해서 말이다. 그리고 희미하게 느껴지는, **너희를 지배하는 시나리오의 힘에 순순히 따라야 한다.**

시나리오가 너희를 조종하도록 의식을 가지고 허용하면서 실제로는 시나리오의 힘과 지혜를 사용하여 너희가 자기 자신을 조종하는 것이지. 그러면 모든 게 매끄럽게 흘러갈 것이다. 허용하지 않으면 전부 망가진다. '내 뜻대로 되는 게 하나도 없다'고 생각하게 만드는 상황은 너희가 허용하지 않기 때문에 일어나는 것이다.

너희는 주의 감시하기, 프레임 비추기와 유용함 끌어내기의 알고리즘에서 활성화되었던 여러 가지 활성체의 도움을 받을 수 있다. 이 기술들을 습관으로 만들기 위해 **모든 활성체를 꾸준히** 사용해야 한다. 그 방법을 사용해야만 제때에 잠에서 깨어나는 방법을 터득할 수 있다. 그런 습관을 들이지 않는다면 아무것도 성공하지 못할 것이다. 제때에 깨어나는 능력, 이것이 가장 중요하다.

여기에 덧붙여 너희에게 통제하기 활성체를 알려주겠다. 너희의 가장 해로운 습관은 시나리오를, 즉 사건이든 사람이든, 모든 걸 통제하려고 애쓰는 태도다.

1. 나는 사람이나 사건으로부터 뭔가를 원한다.

2. 나는 모든 것이 내 계획대로 흘러가길 바란다.

3. 뭔가가 내가 원하는 방향과는 다르게 흘러가고 있다.

'통제하려는' 습관을 버리고 '**놓아주고 순응하는**' 새로운 습관을 들이거라.

형상의 알고리즘

너희가 다른 사람들에게 원하는 것이 생겼다면, 잠에서 깨어나서 거울 앞에 서 있는 모습을 상상하거라. 원하는 대로 그림자를 움직이기 위해서는 어떻게 해야 할까? 너희가 **받고 싶어하는 바로 그것을 다른 사람에게 주면 된다.**

1. '뭔가를 사람들에게서 받고 싶다'는 상황을 분명하게 이해한다.

2. '원하는 것을 줘야 한다'는 사실을 기억하며 현존의 상태로 진입한다.

3. '내가 줄 수 있는 것과 비슷한 것이 무엇인가?'를 생각해본다.

4. 비슷한 것을 찾으면 지금 바로 주고, 앞으로도 계속 준다.

5. 비슷한 것을 찾지 못하겠다면 아무거나 주고 싶은 것을 준다.

필요한 모습을 정하는 데 있어 이 표를 참고하거라.

원하는 것	정해야 할 형상	그림자로부터 받는 것
원활한 관계	경청하는 형상	교제에 대한 욕구
흥미로운 사람이 되는 것	흥미를 보여주는 형상	너희에 대한 흥미
도움	도움을 주는 형상	도움
이해받는 것	이해하는 형상	너희에 대한 이해
공감	함께 겪으려고 하는 형상	너희에 대한 공감
찬성	찬성하는 형상	너희의 의견에 대한 찬성
존경받는 것	존경하는 형상	존경
감사받는 것	감사를 표현하는 형상	감사
호의적인 태도	호의를 보여주는 형상	호의적인 태도
다른 사람을 매료시키는 것	타인에게 먼저 매료되는 형상	너희에 대한 매료
사랑	사랑하는 형상	너희에 대한 사랑

그저 너희의 생각과 행동에 플러스(+) 표시를 붙이기만 하거라. 너희의 모든 '줘'에는 마이너스(-) 표시가 달려 있으며, 실제로는 그 말의 뜻과 반대로 작동한다. 모든 부정적인 생각과 행동도 마찬가지로 너희에게 부메랑이 되어 돌아온다.

원하지 않는 것	주의할 것
공격적인 태도	공격적으로 대하지 않는다
비판	비판하지 않는다
비난	비난하지 않는다
피해	다른 사람에게 피해를 주지 않는다
두려움	아무도 위협하지 않는다
불쾌한 사람이 되는 것	불쾌하게 하지 않는다

형상을 정할 때의 가장 기본적인 법칙은 세상에 요구하지 말고 사랑해야 한다는 점이다. 사실 너희 모두가 필요로 하는 것은 사랑이기 때문이다. 하지만 너희는 이 단어를 잘못 알고 있지. 너희는 모든 사람들이 너희를 사랑하길 원하고, 먼저 사람들이 너희를 사랑한 다음에야 세상을 사랑할 수 있다고 생각한다. 하지만 완전히 반대로 이해하고 있는 것이다. 아무 대가도 바라지 않고 먼저 애정과 관심을 발산해야 한다. 그렇게 해야만, 그리고 그 이후에만 사랑을 받게 될 것이다.

그림자의 알고리즘

거대한 현실의 거울 속에서 형상과 그림자는 같은 공간 안에 공존하고 있다. 이게 무엇을 의미할까? 너희가 정한 형상이 그림자가 될 수 있고, 반대로 그림자가 형상으로 옮겨갈 수도 있다는 것을 의미한다. 다시 말해, 가지고 있지 않은 것을 가지고 있는 것처럼 흉내 내거나, 사실은 아니지만 맞는 것처럼 흉내 내어 그림자를 형상으로 바꿀 수 있다.

예를 들어 너희가 지금 집을 가지고 싶어한다고 가정해보자. 마치 이미 집을 가지고 있는 것처럼, 여러 가게를 둘러보며 가구나 인테리어 소품을 구경하거라. 혹은 경제력을 갖춘 사람이 되고 싶다면 값비싼 물건이나 차, 요트, 휴양지에 관심을 가져보거라. 부(wealth)를 너희의 인생으로 끌어들이는 것이다. 어떤 분야에서 스타가 되고 싶다면, 아직은 상상뿐이라 하더라도 이미 스타가 되어 스타의 삶을 살고 있는 것처럼 행동하거라.

이런 행동이 마치 장난처럼 느껴진다거나, 심지어는 너희 자신을 기만하는 행위라고 당혹스러워해서는 안 된다. 너희가 진심으로 행동한다면 현실도 진심을 가지고 이 모든 행위를 받아들일 것이다. 현실은 거울이라는 점을 잊지 않았겠지! 너희가 할 일은, 너희가 가지고 싶어하는 것을 이미 가지고 있고, 되고 싶은 사람이 이미 되어 있는 상태로 들어가는 것이다. 너희가 만들어낸 세계에서 흉내 내며 살아야 한다. 사실이 아니라 할지라도 그 모습을 장난처럼 여기면 안 된다. 장난으로 생각하지 않는다는 것을 이해하겠지?

현실 장면은 계속해서 너희의 창작물과 일치하는 모습으로 다가올 것이다. 현실은 착각을 만들어내는 것을 좋아하지만, 착각을 미끼로 하여 현실 자신을 끌어들이는 것을 못 견딘다. 무슨 수를 써서라도 너희가 만들어 낸 환상을 실제로 만드는 방법을 찾아낼 것이다.

1. '내가 가지고 싶은 것과 되고 싶은 모습이 무엇인지' 파악한다.
2. 현존의 상태로 들어간다. 무심하게 원하며, 원하는 것을 선택

해야 한다.

3. 원하는 것을 이미 이룬 것처럼 흉내 내고 행동한다.

가지고 싶은 것을 가지고 있는 것처럼 흉내 내면 실제로도 가지게 되고, 되고자 하는 모습을 흉내 내면 그 모습을 가질 수 있다. 생각으로, 형상으로, 그리고 가능한 한 행동으로도 그런 삶을 진지하게 살아야 한다. 스스로 믿음을 가지게 되는 그 순간 현실도 너희를 따라 믿기 시작할 것이다.

그렇게 하기 위해서는 두 가지 필수 조건이 있다. 첫 번째 필수 조건은 진지한 연기이며, 두 번째는 꾸준한 연기이다.

설계도 동기화의 알고리즘

너희는 DNA와 설계도에 따라 창조되어 있다. 그것들은 정보체에 저장되어 있으며 수정할 수도 있지. 설계도는 너희의 **상태**에 따라 개선될 수도, 악화될 수도 있다. 상태란 너희가 누구인지와 너희의 뉘앙스를 느끼는 것이다. 그것은 순간의 기분이 아니라 너희 자신에 대한 느낌이다.

설계도에 설정되어 있던 기본적인 변수와 무관하게 너희는 운명의 사랑을 듬뿍 받는 아이에서 호감이 전혀 느껴지지 않는 불평쟁이로 변하거나, 반대로 미운 오리 새끼에서 만인의 연인으로 바뀔 수도 있다. 영화 속에 등장하는 의식 없는 인물들처럼 시나리오에 따라 아무 생각 없이 흘러가기만 한다면, 운이 좋다면 스타가 되고, 그렇지 않다면 구렁텅이에 빠지는 것이다.

자기 자신의 상태를 통제하지 않으면 곧 상태에게 통제당한다. ─
이렇게 말하는 것이 좋겠구나. 의식을 가지고 자신의 상태를 선택
해야 한다. 3단계 행동(현실을 움직이고, 자신을 움직이고, 자신을 통제하는
것)을 수행하면 의도적으로 새로운 상태로 진입할 수 있다.

하지만 이런 새로운 상태는, 아직은 사실상 흉내 내기에 불과하
다. 보다 확실한(흉내 내지 않은) 상태로는 기술이 효과가 있다는 사실
을 실제로 확인할 때 들어갈 수 있다. 이것이 바로 항상 일의 진척에
각별하게 주의를 기울이고 있어야 한다고 너희에게 내가 끊임없이 말
하는 이유다. 일이 진척되는 것이 보였다면, 곧바로 딿은머리를 활
성화시켜 너희가 이룬 것과, 그와 관련된 것들을 마음껏 즐기거라.
이때 너희의 상태와 설계도의 동기화 현상이 일어난다. 설계도가 수정
되는 것이지. 즉, 너희가 새로운 마네킹으로 들어간다는 것을 뜻한다.

확실한 상태에서는 사념체가 **사념 표시기**로 변한다.

나는 목표에 매일 조금씩 더 가까워지게 되었다.

실제로 나는 모든 것을 기발한 방식으로 해내고 있으며, 그에
따라 나의 전문성도 길러지고 있다. #

정말로 내 신체 조건은 점점 더 좋아지고 있다.

진짜로 내 성격은 매력적이고 호감형으로 되어가고 있다.

사념 표시기는 일이 실제로 이루어지고 있다는 것을 확인하는
역할을 한다.

1. 3단계 행동을 모두 수행하거라. 하나씩 개별적으로 하든 전부
   한꺼번에 하든 상관없다.

2. 주의 깊게 관찰하고 너희가 이뤄낸 것을 재빨리 잡아내거라.

3. 잡아내자마자 딿은머리를 활성화시켜, 사념 표시기를 사용하여 일의 진척을 확인하거라.

사념체는 현실을 시작하며, 사념 표시기는 설계도를 수정한다.

통제하면서 산책하기의 알고리즘

1. 새로운 현실과, 그 현실 속에서 자신의 모습을 선택한다.

2. 너희가 선택한 현실과 자기 자신의 모습을 이미 가지고 있는 것처럼 흉내 낸다.

3. 마지막으로 자기 자신을 통제하고, 움직이고, 내면에 있는 창조자의 불꽃을 불태운다.

이 알고리즘은 영화 속에서 할 수 있는 것들에 대해 공부하며 이미 내게서 들은 내용이다. 영화 속에서는 다가오는 프레임을 움직일 수 있고, 자기 자신을 통제하고 움직일 수 있다. 이 모든 활동을 항상 진지하게, 꾸준히 그리고 오랫동안 해야 한다. 그러면 필름에서 필름으로, 그리고 그림자에서 그림자로 너희의 마네킹과 삶은 바뀔 것이다. 틀림없이 성공할 것이다.

43
기본 법칙 일람

꿈의 세계 ― 꿈의 세계는 너희의 머릿속에서 나온 허구가 아니다. 그것은 실제로 존재하지. 과거에 일어났거나 미래에 일어날 일, 또는 일어날 뻔했던 모든 일들이 저장된 영화 필름의 보관소 형태로 말이다. 꿈을 꾼다는 것은 그 보관소의 영화 필름 중 하나를 재생하는 것이다.

실제 ― 실제는 이전에도 없었고, 앞으로도 없을 것이며, 그저 단 한 번, 바로 지금 존재하는 것이다. 마치 과거에서 현재로 교체되는 영화 속의 프레임처럼, 찰나에 존재하는 것이 바로 실제이다.

현실은 마치 양파처럼 여러 층으로 이루어져 있다. 너희는 그중에서 너희가 살고 있는 물질세계와 매일 잠들어 보았던 꿈의 세계만 알고 있을 것이다. 꿈과 생시는 본질적으로 같은 것이라 볼 수 있다. 꿈과 생시는, 꿈과 그 뒤에 따라오는 깨어남은 마치 삶과 죽음과도 같은 일종의 계획에 따른 것이다. 삶은 꿈이며, 죽음은 깨어남이지. 여태껏 그 반대일 것이라 생각했겠지만.

너희의 삶, 더 정확히 말하자면 너희의 본질, 즉 영혼은 하나의 실체에서 다른 실체로 변화한다. 한때 너희는 물고기, 공룡, 또는 네 발로 기어다니는 파충류였다. 너희는 먼 옛날 너희의 실체가 무엇이었는지 전혀 기억하지 못할 것이다. 왜냐하면 각각의 실체는 영혼의 개별적인 삶이니까. 혹은 개별적인 꿈이라고도 말할 수 있겠구나. 그리고 영혼을 위해서는 반드시 육체가 있어야 한다. 육체 안의 영혼은 존재하면서 여러 형태를 가지게 되지. 즉, 육체는 일종의 우주복인 셈이다.

움직임과 변화는 현실과 삶의 근본적인 특성이다. 모든 프레임은 영화 필름을 따라 움직이며, 그와 동시에 애벌레는 나비로 변화한다. 나비가 알을 낳아 그 알이 부화하면 애벌레가 되고, 그 애벌레는 다시 나비가 되는 것처럼 변화에 변화를 거듭한다.

내부 스크린. 너희가 생각에 깊이 빠져 있을 때면 주의는 내부 스크린에 완전하게 연결된다. 그렇게 되면 주변에서 무슨 일이 일어나는지도 모른 채 그저 기계적으로 행동하지.

외부 스크린. 너희가 주변 상황에 주의를 기울이게 되면 너희 자신은 잊히고 그저 무의식적으로 나오는 행동을 하게 된다.

주의. 주의는 항상 내부나 외부 스크린에 연결되어 있지만, 가끔은 그 어디에도 연결되지 않고 그 사이에 있을 때도 있다. 그렇기 때문에 너희가 거의 항상 잠들어 있다는 것이다. 결국 주의를 통제하는 것은 너희에겐 완전히 불가능한 일이 되었다. 그렇게 주의는 너희에게 복종하지 않고 제멋대로 떠다니게 되었고, 너희는 점점 무의식의 상태로 빠져버린 것이다.

잠. 내부 스크린이나 외부 스크린에 주의가 연결되어 있는 무의식의 상태이다. 이때의 너희는 아무 힘이 없으며 자기 자신도, 주변의 그 어떤 것도 통제하지 못한다. 잠이 든다는 것은 가사假死 상태에 빠져 있는 것이다.

꿈. 꿈의 세계나 생시의 세계에서 너희가 보고 겪는 것이다. 생시와 꿈은 본질적으로 같은 것이다. 너희는 생시를 꾸기도 한다. 생시는 꿈이며, 꿈은 생시다.

깨어남. 꿈이나 생시에서 깨어나기 위해서는 내부 또는 외부 스크린에서 주의를 의식의 중앙으로 이끌어내야 한다. '깨어나기 알고리즘'을 참고하거라.

의식의 중심은 너희의 주의가 바로 어디에 있는지, 어디에 얽매여 있는지 볼 수 있는 관찰 지점이다. 그러면서도 주변에서 어떤 일이 일어나고 있는지, 너희 자신은 어디에 얽매여 있는지 동시에 관찰할 수 있는 지점이다.

의식. 잠에서 깨어나 자기 자신에게 질문해보거라. '나는 누구인가? 무엇을 하고 있는가? 나의 주의는 어디에 연결되어 있는가?' 이 질문을 하는 순간 너희는 정신을 차리고 의식의 점에 있게 된다. '여기에 내가 있고, 여기에 내 현실이 있다. 확실하게 알 수 있다. 나 자신이 보이고, 현실이 보인다.'

꿈(꿈이나 생시에서)에서의 산책. '나 자신이 보이고 현실이 보인다'라고 자기 자신에게 말하며 의식의 점으로 들어가거라. '나는 현실의 꿈속을 산책할 것이다'라고 자기 자신에게 지시를 내리거라. 그러한 **명료함**의 상태에서 회사든, 학교든, 어디든 원하는 곳으로 산책을 가거라. 스크린에 연결되어 있을 때는 판단력이 흐려지며 자기 자신, 상황도 통제하지 못한다. 그러나 명료함의 상태에서 너희는 자유로워지고, 꿈에서 본 것은 — 잠이 들어 꾼 꿈이든, 생시의 꿈이든 상관없다 — **의식적인 것**이 된다. 너희는 자기 자신을 통제하게 되며, 가장 중요한, '상황을 통제할' 줄 알게 된다.

영화의 등장인물은 너희다. 너희는 꿈에서도 생시에서도 영화 속에 있으며 시나리오의 흐름에 휩쓸려 다닌다. 너희는 주의를 통제하지 못하기 때문에, 너희 자신도 통제하지 못한다. 산책을 하면서, 주의는 계속해서 내부 스크린이나 외부 스크린에 연결되려고 한다는 사실을 눈치챘을 것이다. 하지만 의식의 상태에 있을 때는, 너희 주변에 있는 잠든 등장인물들과는 달리, 자신을 보고 현실을 볼 수 있으며, 의식을 가지고 자신의 의지를 통제할 수 있다. 지금까지는 그것이 불가능했겠지만 말이다. 그것이 너희의, 자기 자신과 현실을 통제하는 첫 단계로의 첫 외출이다.

시나리오. 너희는 너희가 등장인물로서 지금 이 순간 존재하고 있는 어느 영화에 연결된 시나리오에 따라 움직이고 있다.

꿈속의 등장인물이 살아 있는 사람들(영화 속의 등장인물)과 어떻게 다를까? 바로 의식이 없다는 것이다. 자신을 개개인으로 인식하지 못하지. 그들에겐 의지도, 자신의 행동에 대한 자유랄 것도 없으며 그저 시나리오에 따라 행동하기만 한다. 영혼조차 없는 거푸집이며 마네킹에 불과하다. 그들은 "나는 나야"라고 말하지 못한다. 자신만의 자아가 없으니 말이다.

너희는, 아니, 너희의 자아는 곧 주의이다. 너희의 주의는 의식의 중심에서 오래 버티지 못한다. 계속해서 주의를 의식의 중심으로 돌려놓는 새로운 습관을 기르도록 해야 한다. 주의 자체에 대한 주의를 감시하거라. 즉, 자기 자신을 감시하는 것이다.

꿈(꿈속의 꿈이든, 생시의 꿈이든) 속에서는 의식이 있을 수도 있고 없을 수도 있다. 의식이 없는 꿈에서는 마치 토끼 새끼처럼 아는 것도 없고, 힘도 없지. 하지만 주의를 통제할 수 있게 되면서부터 너희는 자신만의 의지와 주관을 가지고 행동하는 능력을 얻으며 영화 속에서 살아날 것이다.

활성체. 주의를 항상 의식의 중심에만 붙들어두려고 애쓸 필요는 없다. 진정한 의미와 가치를 가지는 것은 다른 곳에 있기 때문이지. 바로 주변에서 일어나는 사건에 대응하는 너희의 능력이다. 반대의 습관인, 어떤 일이 생기든 잠에 빠지지 않고 오히려 정신을 차리는 습관을 들여야 한다. 어떤 사건이든, 심지어 사건이 그저 가볍게 살짝 일어나기만 해도 정신을 바짝 차려야 하는 것이다. 바로 그것이 깨어남의 신호다. 또한 어떠한 행동을 하든, 주의를 다시금 점검해야 한다는 사실을 알아차려야 한다. 활성체의 예시는 다음과 같다.

외부 활성체는 어떤 일이 일어나자마자 깨어나는 것이다.

내부 활성체는 어떤 일이 생기기 전에 깨어나는 것이다.

영원의 아카이브. 꿈의 세계와 같은 것. 영화 필름 보관소 형태로 존재하며 이곳에 과거에 일어난 일, 앞으로 일어날 일, 그리고 일어날 뻔했던 모든 일들이 저장되어 있다. 현실에 존재하는 것은 오직 실제를 본떠 만든 순간의 복제품인, 영사기에 의해 비춰진 프레임이다. 과거와 미래 등, 다른 모든 것들은 가상적이다. 이 모든 것들은 영원의 아카이브에 저장되어 있다.

현실 선택하기. — 현실을 선택한다는 것은 프레임이 어떤 필름을 따라 어떤 방향으로 이동할지 결정하는 것이다. 너희는 이런 능력을 가지고 있지만, 너희가 이제껏 주의를 통제하는 기능을 사용하지 못했던 것처럼 이 능력 역시 사용하지 못하고 있다. 너희에게 필요한 것은 앞으로 일어날 현실을 선택하는 것이다. 지금 이 순간의 실제와 싸우는 것이 아니다. 실제는 어쩌다 보니 이미 일어나버린 것에 불과하다. 이미 일어나버린 일은 바꿀 수 없다. 하지만 바로 그것이 너희가 지금 하고 있는 행동이다. 왜냐하면 너희를 둘러싸고 있는 모든 것들이 이미 일어난 것들뿐이니까.

프레임 통제하기. 너희도 알다시피 과거를 바꾸는 것은 불가능하다. 현재에 대해서도 잊어버리거라. 현재는 이미 일어났으며 너희에게 불필요하다. 그 대신 너희는 미래를 선택하는 것, 즉 다음 프레임들이 흘러갈 필름을 선택할 가능성을 가지고 있다.

의도. 의도는 너희의 행동을 담당한다. 어떤 것을 실행하기 위해서는 너희는 먼저 그 행동을 하겠다는 생각을 해야 한다. 그리고 그 행동을 하게 되면 의도가 실제로 실현되는 것이다. 주의에 두 개의 스크린이 있는 것과 마찬가지로 의도에도 두 개의 중심이 있다. 바로 내부 중심과 외부 중심이다.

내부 중심은 너희의 모든 일상적인 기능을 담당하고 있으며, 두 개골, 그중에서도 이마 부위에 있다. 그것은 단기적인 의도와 관련되어 있지. 너희가 뭔가에 집중할 때 미간을 찌푸리지 않느냐. 그리고 열중해서 뭔가를 하려고 하면 근육이 긴장되지. 근육은 너희가 현재 프레임 속에서 일차원적인 행동을 하도록 도와주는 것이다.

외부 중심은 너희가 전혀 사용하지 않는 부위이지만, 미래 프레임을 통제할 때 바로 이 부위가 사용된다. 너희도 외부 중심이 있는 곳을 지금 바로 쉽게 찾을 수 있을 것이다.

의도의 땋은머리. 긴 머리를 땋은 것과 비슷한 에너지 다발이지. 눈으로 볼 수는 없다. 지금은 없지만 예전에는 가지고 있었던, 그러나 아직까지도 남아 있는 것처럼 느껴지는 환각 같은 기관이다. 다만 머리처럼 아래로 축 늘어져 있지 않고 등뼈 쪽으로 내려가며 살짝 위쪽으로 비스듬히 솟아 있는 우스운 모양새를 가지고 있다.

외부 중심은 그 땋은머리의 끝에 있다. 두 날개뼈 사이 지점인데 등에 곧바로 붙어 있는 것이 아니라 그보다 조금 더 멀리 떨어져 있다. 정확히 어떤 지점인지는 직감으로 찾을 수 있을 것이다. 얼마나 떨어져 있는지 숫자로 알려줘봤자 아무 의미 없다. 그 지점에 주의를 집중시켜 한번 느껴보거라. 아직 느껴지지 않는다면 '땋은머리와 에너지 흐름' 장(197쪽)을 읽어보는 것이 좋을 것이다. 그러면 전부 이해할 수 있을 것이다.

외부 중심의 **통제 원리**는 아주 간단하다. 주의를 땋은머리의 끝에 옮겨놓고, 너희의 삶으로 끌어다 놓고 싶은 사건을 상상해보거라. 이 방법을 통해 미래 프레임을 비추면 그 프레임이 실제로 이루어지는 것이다.

'의도의 땋은머리' 장을 참고하거라.

딿은머리 사용하기. 첫 번째. 잠에서 깨어나 의식의 점으로 들어가거라. 여느 때처럼 '나 자신이 보이고 현실이 보인다'고 자기 자신에게 되뇌거라.

두 번째. 딿은머리를 활성화시켜라. 그리고 딿은머리가 있는 곳을 느껴보거라. 딿은머리에 주의를 집중하면, 딿은머리가 활성화되며 등에서 조금 위로 비스듬히 올라올 것이다.

세 번째. 딿은머리에서 주의를 놓치지 않은 채로 미래 프레임을 상상해라. 생각으로든 말로든, 또는 스크린에 그리든, 원하는 방법으로 현실을 선택하거라.

이렇게 너희는 미래 프레임을 비출 수 있으며, 그 프레임은 곧 실현될 것이다.

행동의 환상. 너희는 자기 자신의 의지에 따라 움직이고 있다고 생각하고 있다. 정말 그것이 맞는 것처럼 보이겠지만, 사실은 그건 환상에 불과하다. 너희가 보는 것뿐 아니라 행동도 마찬가지로 환상이 될 수 있다. 그리고 너희는 그런 환상을 계속 저지르기 때문에 그것이 환상이라는 것을 전혀 구분하지 못하는 것이다.

영화나 컴퓨터 게임의 등장인물들이 자신이 영화 속에 있으며 너희가 그들을 보고 있다는 사실을 안다고 생각하느냐? 아니다. 그러면 꿈속의 마네킹들이 자신이 누군가의 꿈속에 있다는 사실은 알까? 그것도 아니다. 그러면 너희에게 묻겠다. 너희는 너희 자신이 누군지 아느냐?

실제 영화 속의 주인공들에겐 그런 것들을 물어볼 수 없다. 하지만 마네킹에게는 물어볼 수 있다. 그래 봤자 아무 소용 없지만 말이다. 너희는 질문의 요지를 어렴풋이나마 파악할 수 있다는 점에서 그들과는 다르다. 그리고 자기 자신을 자각할 수 있다는 점에서도. 하지만 너희는 언제 너희 자신을 자각하느냐? 그저 그런 질문이 주어질 때뿐이다. 그 외에는 어디에 있으며, 자기 자신이 누구인지 너희는 알고 있느냐?

답을 알려주겠다. 너희는 너희에게 일어나는 '삶'이라는 영화 속의 등장인물이다. 너희가 삶을 사는 것이 아니라, 삶이 너희에게 일어나는 것이다. 꿈속의 마네킹도, 영화 속의 등장인물도 자신이 하는 행동의 환상, 아니, 자신에게 일어나고 있는 **행동의 환상**을 구분하지 못한다. 그런데 너희는 왜 그것이 가능하다고 생각하느냐? 너희가 생시에서도, 꿈속에서도 잠들어 있다면, 너희가 꿈속의 마네킹들과 다른 점이 무엇이냐?

습관. 뭔가를 기다리고 바라는 습관은 너희를 달팽이(등장인물이라고 말하는 것이 더 정확할 것이다)로 만든다. 결과가 나올까, 안 나올까? 될까, 안 될까? ― 이런 것들은 수동적인 태도이다. 이런 태도를 가지고 있을 때 너희가 할 수 있는 것은 현실을 더듬어보고 뭔가 사소한 일이라도 생기면 깜짝 놀라 곧바로 더듬이를 숨겨버리는 것이다.

틀. 능동적인 모드로 전환해야 한다. 기다리거나 기대하지 말고, 직접 현실을 선택하거라. 너희를 방해하는 것은 현실을 선택하는 것을 방해하는 틀이다. 바로 너희의 달팽이 집이지. 새로운 습관과 상상도 예전의 습관과 생각이 형성되었던 방법과 똑같이 만들어진다. 바로 끝없는 반복이지. 예전에는 그저 멍청하게 입을 벌리고 현실을 바라보며 현실을 따라잡는 데에만 급급했다면, 이제는 다가오는 프레임을 능동적으로 통제할 것이다. '프레임 비추기 알고리즘'을 참고하거라.

수선하기. 너희는 달팽이 더듬이와 집(습관과 틀)에 발목이 잡혀, 현재 프레임이라는 덫에서 빠져나오지 못하고 있다. 덫에서 빠져나오기 위해서는 능동적인 태도로 전환하여 기다리지 말고 기대하지 말아야 한다. 그러기 위해서는 다가오는 프레임을 통제하는 연습을 계속해야 한다. 알고리즘은 다음과 같다: 기대, 의도, 문제가 생기자마자 곧바로 활성화하여 프레임을 비춘다. 아직은 어떻게 될지 알 수 없는 사건뿐 아니라, 실현될 것이 거의 확실한 일들도 선택해야 한다.

끝없는 연습이 왜 필요한지 아느냐? 너희의 달팽이 집을 새롭게 수선하기 위해서다. 너희는 자신이 직접 현실을 통제한다는 사실을 너희의 두 눈으로, 그것도 여러 번 보기 전까지는 믿지 못할 것이다. 단순한 사건을 보여주는 프레임의 움직임을 통제하는 것은 가장 효과적인 연습이다. 이런 연습을 하면서 너희는

— 잠에서 깨어나 주의를 통제하는 방법을 배우고

— 땋은머리를 사용하는 법, 형상으로 그리는 법, 의도를 계발하며

— 능동적인 태도로 전환하여, 결과적으로는 외부 시나리오로부터 자유로워진 상태로 자신의 현실을 직접 선택하는 능력을 가지게

247

될 것이다.

다가오는 현실이 영원의 아카이브에 저장되어 있을지라도 가능태는 무한대이며 결말이 정해져 있는 것도, 누군가가 현실을 선택한 것도 아니다. 즉, 현실은 아직 그 누구의 것도 아니다. 현실을 선택하는 누군가가 존재할 때, 그것은 그제야 그에게 귀속된다. 그리고 그 누군가가 너희라면 현실은 너희의 소유가 되는 것이다. 하지만 현실이 진실로 너희의 것이 되게 하기에 앞서 먼저 자기 자신을 수선해야 한다. 즉, 반복적인 연습을 통해 새로운 습관과 상상을 만드는 것이다.

변화하기. 앞을 바라보는 빛나는 생명체, 창조주는 그런 존재로 너희를 만들었다. 행동의 환상에 빠지기 전까지 너희는 실제로 그런 존재였다. 현실을 선택하는 연습을 하면서 너희는 점점 달팽이에서 반딧불로 변화하고 있다. 너희가 프레임을 비출 때 내면의 빛이 너희로부터 방출되기 시작하며, 너희가 희망하는 사건들은 불나방처럼 너희에게 몸을 던질 것이다. 달팽이 상태에서 아직도 벗어나지 못한 주변의 등장인물들은 호기심 어린 모습으로 더듬이를 내밀고 너희에게 점점 가까이 다가올 것이다.

집중력. 너희는 노력을 하지 않으면서 동시에 노력해야 한다. 프레임을 성공적으로 비추기 위해서는 노력이 아니라 **집중력이** 필요하다. 단 몇 분간만이라도 집중할 수 있느냐? 1분이라도? 너희에게 필요한 것은 딱 그 정도뿐이다. 왜냐하면 노력을 하는 순간 너희는 의도의 내부 중심을 쓰기 시작하기 때문이다. 현실은 외부 중심으로 통제할 수 있는 것인데 말이다.

프레임을 비출 때 근육이 긴장된다면 그건 너희가 단기적인 의도를 활성화시켰기 때문이라는 사실을 기억하거라. 활성화시키는 것은 오직 외부 중심인 땋은머리만이어야 한다. 근육에 힘을 주듯 긴장시키거나, 도구처럼 손으로 조종하는 것이 아니다.

메타력은 힘의 반대편에 있는, 완전히 반대되는 것이다. 일반적인 힘(의지력이나 물리적인 힘)은 물질적 공간인 현실 거울의 이쪽 세계에서만 작용하며, 반대로 비물질적 공간인 거울의 반대편에는 메타력이 작용한다.

그림자는 거울 면 앞에 있지만, 형상은 비물질적 공간인 거울 안에 있다.

실제는 거울 너머 어딘가에 있는 형상의 그림자라고 할 수 있다. 그리고 바로 그 영화 필름 보관소에 무수히 많은 미래의 가능태가 존재한다.

그러면 한번 직접 판단해보거라. 만약 미래가 현실이라는 거울의 반대편에 있다면, 바로 이 거울 면에만 존재하는 일반적인 힘이 그 미래에 영향을 끼칠 수 있겠느냐? 그럴 수 없다.

만약 주의가 거울 면인 실제 프레임 속에 있다면, 너희는 완전히 시나리오에 얽매인다. 하지만 거울의 반대편인 형상 프레임 속에 있다면 너희는 자기 자신은 물론 다가오는 현실도 자유롭게 **통**

제할 수 있다.

메타력이 뭔지는 직접 그것을 감지하면서부터 차차 알게 될 것이다. 힘이 무엇인지 한 번도 경험해본 적이 없다면 설명할 수 없는 것과 같은 이치다. 메타력도 마찬가지다. 메타력도 스스로 느끼고, 스스로 길러내야 한다. 땋은머리는 메타력을 사용하기 위한 도구지. 프레임 비추기 알고리즘은 메타력을 길러내는 연습인 동시에 너희가 필요로 하는 현실을 선택하는 방법이다.

자기 자신을 통제한다는 것은 주변 상황을 확실하게 알고 있고 자신의 동기와 행동을 자유자재로 통제할 수 있다는 것을 의미한다. 그런 동시에 프레임 속에서는 너희의 힘과 팔다리를 사용하며 평소와 다름없이 행동하는 것이지. 그렇지만 현실을 통제하는 것은 완전히 다르다. 주의와 의도와 메타력을 사용해야 한다.

연극 흉내 내기. 뭔가를 흉내 낸다는 것은 설정된 규칙을 어길 권리가 너희에게는 없다는 뜻이다. 그 규칙은 너희가 연극에 참여하여 시나리오에 따라 움직여야 한다는 사실이지. 그 어떤 등장인물도 영화 필름으로부터 뛰쳐나가거나 그의 마음대로 돌발행동을 하도록 허용되지 않는다. 시나리오는 누군가가 주관적인 의지를 가지고 어찌할 수 있는 존재가 아니라, 그 누구도 도망칠 수 없는 객관적 현실이다.

너희는 영화 속의 등장인물처럼 객관적 현실에 존재해야 하는 운명을 타고났다. 연극으로부터 도망치는 것도 불가능하다. 하지만 흉내 내는 것은 가능하다. 그러면서 현실을 속이는 것이다.

너희는 여전히 시나리오에 쓰인 역할을 연기하고 있으며, 일상에서 주어진 기능을 수행하고 있다. 하지만 다른 등장인물들과 다르게 너희는 의식의 상태에 있기 때문에 더 큰 뭔가를 얻는 것이지. 필름을 바꿀 수 있는 기회를 가진 것이다. 너희는 살아난 등장인물임에도, 생명이 없는 체하며 영화 속을 거닐게 되었으며 너희의 의지대로 필름을 바꿀 수 있다. 그 무엇도, 또는 그 누구도 너희를 의심하지 못할 것이다. 시나리오도, 등장인물도.

영화 속에서 현존하기. 가장 먼저, 너희의 의식이 현존하는 것이다. 즉, 자아가 현존하는 것이다. 바뀌지 않은 장면 속에서 의식을 가지고 살아 있는 **자기 자신** 안에 현존하는 것이지. 장면이 계속해서 돌아간다고 하더라도 그 안의 등장인물들의 행동이 이미 정해져 있듯, 장면 속에서 일어날 일도 이미 정해져 있다.

너희의 현존은 잠들어 있는 자들 사이에서 혼자만 각성해 있는 너희를 돋보이게 할 것이다. 너희는 자기 자신이 다른 사람들과 구분된다는 사실을 인식하며, 주변의 사건들을 정확하게 파악하겠지. 장면 속에서 너희의 태도도 마찬가지로 시나리오에 이미 쓰여 있다. 하지만 현존함으로 인해 너희는 필름을 교체하여 다른 필름으로 건너뛸 기회를 부여받았다.

현존의 상태로 들어가기 위해서는 생명과 활기를 되찾아 너희가 형상의 프레임과 구현된 프레임 중 어디에 있는지 위치를 명확하게 해야 한다. 다시 말해 주의가 의식의 중심에 있는지, 내부 스크린이나 외부 스크린 중 하나에 연결되어 있는지 정확하게 파악해야 한다.

시나리오는 너희의 영향력 안에 있지 않다. 현실을 선택하는 것은 시나리오를 통제하는 것이 아니라 영화 필름을 선택하는 것이다. 너희의 과제는 미래 프레임에 계속해서 주의를 기울이는 것이다. 시나리오는 너희의 생각으로 어찌할 수 있는 것이 아니다. 너희가 시나리오를 선택하거나 거스르려고 한다면 그것은 너희를 덫으로 옭아맬 것이다. 사건의 경과에 영향을 미치려고 노력한다면 너희는 현재 프레임의 현실에 꽉 잡혀 옴짝달싹 못할 것이다. 그건 의미 없는 일이지. 더 세게 잡힐수록 너희의 꼬리, 즉 땋은머리가 잡혀 빠져나오기가 더 힘들어질 것이다.

너희가 목표에 접근하기 위해 시나리오가 어떠해야 하는지 알 권리도 너희에게는 없다. 너희는 그저 영사기로서 작동할 뿐이다. 너희의 영사기에 목표 프레임이 비치면, 사건의 경과는 자동으로 그쪽으로 방향을 전환할 것이다.

유용함. 너희는 모든 것이 너희의 계획에 꼭 맞길 원하기 때문에 너희가 생각한 것이 실현되지 않는다. 그리고 불쾌함을 그대로 드러내면서 자신의 의지와 무관하게, 그리고 무의식적으로 최악의 현실을 선택하기 때문에 모든 걸 망쳐버린다.

그러면, 현실을 망가뜨리지 않고 반대로 유쾌할 뿐만 아니라 어디에서 보든지 완벽하게 만들기 위해서는 한 가지 단순한 원칙을 일반화시켜야 한다. 바로 모든 면에서 유용함을 찾는 것이지. 말 그대로 어떤 기분 나쁜 일이 생기더라도, 아주 사소하게나마 불쾌함을 느끼게 하는 일이라도 거기에서 너희에게 도움이 되는 점을 찾아내야 한다는 말이다. 유용함을 끌어내야 한다. 이런 목표를 세워두거라.

현실에서는 불변의 법칙이 하나 있지. 유용함의 원칙을 따른다면, 살면서 손해를 가져다주는 사건을 마주할 확률은 훨씬 줄어든다는 법칙이다. '유용함 끌어내기의 알고리즘'을 참고하거라.

허용하기. '시나리오를 선택하지 말고 목표 프레임을 선택해야 한다'는 모순적인 원칙이 하나 있다. 너희가 할 일은 달성하고 싶은 '결과'를 아는 것이며, 땋은머리를 사용하여 생각과 언어와 형상으로 그에 맞는 현실을 선택하는 것이다. 그러면 '어떻게' 그 결과까지 도달하게 될 것인지 시나리오가 알아서 너희를 안내해줄 것이다.

유용함을 감시하는 것은 잠에서 깨어나는 방법 중 하나다. 그 어떤 사건도 너희를 무디게 만들지 않을 것이며, 오히려 정신을 바짝 차리게 하는 각성의 신호가 될 것이다. 너희의 과제는 제때에 잠에서 깨어나 현실을 보고 원하는 현실을 선택하는 것이다.

과거에는 뭔가 틀릴 때마다 곧바로 '아아아!' 하고 괴성을 지르고, 팔을 바둥거리며 발을 구르는 모습이었다.

이제는 뭔가 틀릴 때마다 '유용함을 찾았다!'라고 (속으로든, 겉으로 소리 내어 외치든 원하는 대로) 외칠 수 있다.

그리고 앞으로는 세상이 너희에게 뭔가 기분 좋은 일을 해주거나 도움을 주도록, 또는 목표에 한 발짝 더 가까운 곳으로 보내주도록 허용한다.

너희는 시나리오에 따라 움직이고 있다. 너희가 주의에 대해서 자꾸만 잊어버리는 이유를 생각해봤느냐? 그저 부주의함 때문이라고 보느냐? 아니다. 그건 너희가 시나리오에 따라 움직이고 있기 때문이다. 너희는 이성과 의지에 따라 행동한다고 생각하지만 그건 환상에 불과하다. 우리가 예전에 얘기했던 것처럼, 행동의 환상의 요점은, 너희가 그것이 환상이라는 사실을 깨달을 때까지, 그리고 어떤 게임의 의존적인 등장인물이라는 사실을 자각할 때까지는 현실은 계속 너희를 붙잡아둔다는 데 있다.

너희가 영화 속의 주인공이 아니라 한낱 수많은 등장인물 중 하나인데도 불구하고 의식을 가지고 있다는 사실도 모순적이다. 현실의 역설이자 비웃을 만한 사실이다. 그럼에도 기회는 너희에게 있다. 하지만 너희는 그 질문이 주어졌을 때만 자기 자신을 자각하지. 그 외의 모든 시간에 의식은 잠들어 있고 외부 시나리오에 연결되어 있다.

자기 자신을 움직이는 것. 너희가 재생되는 영화 속에 있고 그 영화를 바꿀 수는 없지만, 자기 자신을 바꾸는 것을 방해하는 것은 아무것도 없다고 상상해보거라. 자기 자신의 모습을 유지해야 한다고 설득하려는 사람들을 믿어선 안 된다. 물론 자기 자신의 중심과 개성을 잃어선 안 되기 때문에, 그 말도 어느 정도는 맞을 수 있다.

자기 자신을 배신하지 않으면서 변화해야 한다. 무슨 뜻인지는 너희도 이해하겠지. 자기 자신을 개선하라는 것은 배신하라는 뜻이 아니다. 태초에 너희 모두는 각각의 단점을 가지고 있다 해도 그 자체로도 완전한 존재로 대자연에 의해 창조되었다. 하지만 발전이 없는 곳에는 후퇴만 있을 뿐이다. 그것이 이치지. 주름이 자글자글한 민달팽이가 되기 싫다면 자기 자신을 개선하며 육체적으로, 영적으로 발전해야 한다.

창조자의 불꽃. 너희의 발전에 많은 것이 달려 있다. 너희 각각은 내면에 창조자의 불꽃을 지니고 있다. 바로 그 불꽃을 키우거라. 지배자의 불꽃이 아닌, 창조자의 불꽃이다. 명령하며 지배하는 것도 또 하나의 유혹이다. 그 유혹에 넘어가지 말거라. 완전한 존재로서 자신의 현실을 선택하고 자기 자신을 창조하거라. 위대한 창조자는 주어진 원칙을 어기지 않는다. 즉, 너희를 지배하지 않고(하지만 내가 무슨 말을 하든 너희는 듣지 않겠지) 창조한다. 너희 역시 그렇게 할 수 있다.

힘의 지배. 너희는 의식이라는 것을 부여받은 생명체이기 때문에 '어떻게?'라는 질문을 자신에게 던지며 그것을 실현시킬 전략들을 수없이 세운다. 그렇다, 그 질문을 던지는 순간 의식은 깨어나지만, 너희가 온통 신경 쓰는 건 목표가 아니라 목표를 어떻게 실현시킬지에 대한 어리석은 상상이다. 그런데 그 상상은 너희에게 방해만 된다. 너희가 생각해낸 시나리오는 현실과 대치되지만, 그럼에도 불구하고 그 시나리오를 고집하여 결국 모든 걸 망쳐버리지.

계속해서 자기 자신을 감시하고 주의를 감시하거라. 주의가 다시 자신만의 꿍꿍이를 가지고 너희의 손아귀를 벗어나도록 하지 않기 위해서 말이다. 그리고 희미하게 느껴지는, 너희를 지배하는 시나리오의 힘에 순순히 따라야 한다. 의식과 의도를 가지고 힘에 따라 움직여보도록 허용한다면, 그 힘을 직접 느낄 수 있을 것이다. 오직 목표만 생각한다면 시나리오가 알아서 너희를 목표로 인도해 줄 것이다.

순응하기. 너희가 집중해야 할 것은 사건의 흐름이나 사람들의 태도(행동)가 아니라 최종 목표, 즉 목표 프레임이다. 현존의 상태에 있을지라도 시나리오를 거스르면 안 될 것이며, 그럴 수도 없다. 현실에서 너희의 의지에 따라 생긴 변화는 다른 필름으로 이동한 결과이다. 지금 영화의 시나리오대로라면 너희는 아무것도 할 수 없다. 영화의 흐름을 거스르지 말고, 자기 자신을 지켜보고 영화의 흐름에 순응해야 한다. 힘의 지배를 느끼고 순응하는 방법을 배워야 한다. 시나리오의 힘과 지혜를 사용하기 위해 순응하거라. '순응하기 알고리즘'을 참고하는 것이 좋을 것이다.

외부 힘. 주의를 가지고 존재하고 의도를 가지고 행동할 때 너희는 살아 있는 등장인물로서 영화를 거닐게 된다. 프레임을 움직이지만 단기적인 내부 의도가 아닌 외부 의도를 사용하지. 외부 의도가 '외부'라고 이름이 붙은 이유는 그것이 너희의 것이 아니며, 너희가 어찌할 수 없는 것이기 때문이다. 외부 의도는 어떠한 힘이자, 현실이 움직이게 만드는 엔진이다. 그 힘의 능동 소자가 필름을 본래의 목적대로 돌아가게 하지.

너희는 그 힘에 다가갈 수 있는 접근 지점을 가지고 있다. 바로 너희의 외부 중심인 땋은머리이다. 너희가 의식을 가지고 있지 않다면 외부의 힘은 마치 꼭두각시를 움직이듯이 땋은머리를 잡고 시나리오에 따라 너희를 이리저리 끌고 다닐 것이다. 그러나 잠에서 깨어나 현존의 상태가 되어 땋은머리를 직접 '너희 손으로' 쥐고 있다면, 외부 힘에는 메타력이라는 수동 소자가 생긴다. 바로 이 수동 소자가 너희가 선택한 프레임으로 향할 수 있는 다른 필름을 시작하게 한다.

현실의 거울. 너희가 보기에 되는 일이 하나도 없는 것은, 항상 이마를 사용하고 내부 의도를 사용하기 때문이다. 사랑받고 존경받고 도움받고, 또 뭔가를 받고 싶기에, '나를 사랑해줘, 나를 존중해줘, 도와줘, 줘!' 하며 어린애처럼 곧장 요구해버리지.

마치 멀리서 보면, 너희가 거울 앞에 서서 손을 내밀고, 그림자를 너희에게 끌어당기려고 애쓰며 '줘!'라고 말하는 것처럼 보인다. 하지만 그림자도 그와 똑같이 움직이지. 너희가 원하는 것을 주기는커녕 빼앗으려고 한다. 현실도 거울과 마찬가지로 너희가 생각한 목표와 행동에 대한 그림자만 받을 뿐이다. 무엇을 보여주든지, 그것을 그대로 돌려받는다.

형상 선택하기. 첫째, 자신의 영화를 만들기 위해서는 뭘 해야 할까? 잠에서 깨어나 현존의 상태로 진입하면 된다. 영화 속에서 살아났다고 상상해보거라. 평소처럼 영화를 보는 것이 아니라 그 안에서 사는 것이다. 그걸 느껴보거라. 눈을 떠 주변에 있는 모든 걸 다르게 바라보고, 시선을 밝고 상쾌하게 해보거라. 여러 색깔이 선명해지는 것을 느낄 수 있을 것이다. 그리고 영화 속의 등장인물이 아니라 방문객으로서 새로 태어난 너희 자신을 느껴보거라. 너희는 인사이더로서 영화 속으로 들어갔다. 너희 이외엔 누구도 그 사실을 모른다. 육체는 영화 속에 있지만 주의는 밖에 있는 것이다. 너희만이 가진 독특함과, 그 속에서 존재하고 있음을 직접 느껴보거라.

둘째. 사람과 현실에 뭔가를 원하고, 기대하고, 달라고 요구하기에 앞서, 너희가 현재 거울 앞에 서 있다고 상상해보고 '거울 속 그림자와 내가 마주 보고 있는 상태에서 내 마음대로 그림자를 움직이려면 어떻게 해야 할까?'라는 질문을 해보거라. 분명한 것은, 너희가 알아서 첫 번째 행동을 취해야 한다는 것이지. 너희가 평소에 하는 것처럼, 담요를 끌어당기며 '줘!'라고 같은 말만 어리석게 반복하는 것은 그만둬야 한다. 잠에서 깨어나, 현실의 거울은 너희의 행동을 따라 할 뿐이라는 사실을 자각하거라. 뭔가를 가지고 싶다면 먼저 뭔가 비슷한 것을 줘야 한다. 그게 뭔지는 중요치 않다. 그저 '줘!'를 그 반대인 '가져'로 바꾸거라. 그러면 그림자는 마치 마법에 걸리듯 자신이 원하는 것을 받게 될 것이다. 뭘 보여주든지 그것을 그대로 돌려받는다는 사실을 기억하거라. 이것 역시 자기 자신을 통제하는 또 하나의 방법이다. '형상의 알고리즘'을 참고하거라.

현실을 선택하는 것은 가능하지만, 사람을 선택하는 것은 불가능하다.
어떤 한 사람으로 하여금 너희의 장단에 맞춰 움직이고, 너희가 원하는 목표 프레임을 선택하도록 강요한다면 그건 아무런 효과도 없거나 너희가 원하는 방향과 정반대로 흘러갈 것이다. 왜냐하면 그로 인하여 너희가 그자의 시나리오를 침범하여 원칙을 이중적으로 어기게 되기 때문이다.

너희가 손아귀에 쥐고 있는 것은 오직 너희에게만 관련되어 있는 개별적인 현실이다. 따라서 목표 프레임에서 중심이 되는 인물은, 꿈에서 상상했듯이 바로 너희여야 한다. 너희는 무대 위의 스타인 동시에 감독 의자에 앉아 있으며, 요트에서 영화를 감상하고 있는 것이다. 프레임 속의 나머지 인물은 무대 장식처럼 그 배경에 있어야 한다.

사람들을 조종하려고 해서는 안 된다. 사람을 대할 때는 오직 거울의 원칙을 사용할 수밖에 없다. 누군가에게서 구체적인 뭔가를 원하느냐? 영화 속에서 그 사람에게 다가가, 지금이 영화 거울이라는 사실을 염두에 두고 그와 소통하거라.

내부의 동기. 너희를 조종하는 것은 외부에 있는 엔진뿐 아니라, 내부의 동기도 있다. 내부 동기란, 자기 자신의 의미를 찾으려는 노력과 자아를 실현하려는 욕구다. 만약 사람들 사이에서 우위를 차지하려고 한다거나 그들에게서 뭔가를 얻고 싶다면, 그들의 가치를 먼저 드러내 주고 자아실현을 돕겠다는 목표를 설정하거라.

적을 만들고 싶지 않다면, 타인의 자존감에 상처를 내지 않도록 노력하거라. 다른 사람의 유용함을 고려하는 것이 너희의 신념의 일부가 되어야 한다. 오직 그렇게 해야만 너희가 자아를 실현하는 것도 쉬워질 것이다. 또, 너희의 자아실현이 다른 사람에게도 유용해질 때, 바로 그때에만 자아실현은 성공적으로 이루어질 것이다. 반대로 너희가 하는 일이 타인에게 아무 도움이 되지 않는다면 그 일은 너희에게도 마찬가지로 아무 유용함도 가져다주지 않을 것이다.

사람 조작하기. 현재 프레임에서 등장인물의 의식을 조작하는 것도 가능하다. 너희도 이제 알다시피, 너희는 외부 시나리오와 내부 동기에 따라 움직인다. 물론 내부 동기의 영향력은 외부 시나리오보다 훨씬 작지만 말이다. 대개 움직임의 변수는 내부 동기에 의해 정해지지만, 너희를 움직이는 것은 시나리오다. 하지만 아주 욕심 많은 달팽이들이 각성한 정도나 시나리오에 따라 너희의 벡터를 자신의 이익에 맞게 바꾸려고 하기도 한다.

타인의 벡터를 통제하는 것, 바로 이것이 조작이다. 조작은 누군가가 길을 잃게 만들거나, 거짓 가치나 거짓 목표를 설정하도록 하고, 그가 필요로 하는 것이나 약점을 가지고 노는 방식으로 이루어진다. 거울의 원칙은 벡터를 건드리지 않고 반대로 그 벡터에 도움을 주지만, 조작자는 반대로 너희를 끌어내 이용한다. 그러니 만약 어딘가 매여 있다는 느낌을 받는다면 '이 일이 누구에게 어떻게 도움이 되는가?'를 생각해보거라.

현실 조작하기. 현실은 이중적인 특성을 가지고 있다. 한편으로는 영화이며, 다른 한편으로는 거대한 거울이지. 어떤 특성이든 우리를 혼란스럽게 만든다. 하지만 가장 중요한 환상은, 현실의 진짜 본질은 숨겨져 있다는 것이다. 필름의 공간은 눈에 보이지 않으며, 거울 같은 것도 물론 보이지 않는다. 하지만 이 사실을 알고 이해한다면 환상은 더 이상 너희에게 아무 힘도 쓸 수 없을 것이다.

현실의 거울이 만드는 환상은 그보다 훨씬 더 복잡하다. 공간이 둘로 나뉘어 있는 것이 아니며, 실제의 공간과 가상의 공간을 나누는 경계도 보이지 않는다. 즉, 너희가 거울의 안과 밖에 동시에 존재하는 것처럼 보일 것이다. 또, 형상과 그림자가 같은 공간 안에 있지. 이게 무엇을 의미할까? 너희가 정한 형상이 그림자가 될 수 있고, 반대로 그림자가 형상으로 옮겨갈 수도 있다는 것을 의미한다. 다시 말해, 가지고 있지 않은 것을 가지고 있는 것처럼 흉내 내거나, 사실은 아니지만 맞는 것처럼 흉내 내어 그림자를 형상으로 바꿀 수 있다.

예를 들어 너희가 지금 집을 가지고 싶어한다고 가정해보자. 마치 이미 집을 가지고 있는 것처럼, 여러 가게를 둘러보며 가구나 인테리어 소품을 구경하거라. 혹은 경제력을 갖춘 사람이 되고 싶다면 값비싼 물건이나 차, 요트, 휴양지에 관심을 가져보거라. 부(wealth)를 너희의 인생으로 끌어들이는 것이다. 어떤 분야에서 스타가 되고 싶다면, 아직은 상상뿐이라 하더라도 이미 스타가 되어 스타의 삶을 살고 있는 것처럼 행동하거라.

현실 장면은 계속해서 너희의 창작물과 일치하는 모습으로 다가올 것이다. 현실은 착각을 만들어내는 것을 좋아하지만, 착각을 미끼로 하여 현실 자신을 끌어들이는 것을 못 견딘다. 무슨 수를 써서라도 너희가 만들어낸 환상을 실제로 만드는 방법을 찾아낼 것이다.

그림자 선택하기. 너희는 형상은 물론 그림자도 선택할 수 있다. 전자의 경우 형상의 모습은 그림자로 흘러들어가며, 후자의 경우 그 반대 방향인, 그림자의 모습이 형상으로 흘러들어간다.

첫 번째(정방향) 프로세스는 뭔가를 보내면 받고, 주면 얻을 수 있고, 너희의 실제 모습을 보여주면 그것을 가질 수 있다는 프로세스이다.

두 번째(역방향) 프로세스는, 연기를 하면 현실이 움직이고, 가지고 있는 모습을 흉내 내면 그것을 얻게 되고, 실제로는 아닌 모습을 사실인 양 꾸며내면 그런 모습을 갖게 되는 프로세스이다.

정방향은 형상의 모습이 그림자로 흘러들어가는 방향이다. 형상을 선택하는 것은 너희가 현실로 보내는 것과 같다. 즉, 무엇을 보내든지 결과적으로 그것을 돌려받지.

역방향은 그림자에서 형상으로 흘러들어가는 방향이다. 그림자를 선택하는 것은 꾸며내고 흉내 내는 것이다. 어떤 모습을 흉내 내면 그것이 실제 모습이 되는 것이다.

이렇게 거울을 사용하여 조작하는 모든 행위들을 '자기 자신을 통제하는 것'이라 부른다.

그것을 실현시키기 위한 첫 번째 필수 조건은 진지한 연기이다.

두 번째 필수 조건은 꾸준한 연기이다.

'그림자의 알고리즘'을 참고하거라.

자기 자신을 좋아할 수 없는 이유. 모든 스크린과 모든 겉 포장지가 너희에게 미와 성공과 행복의 이상적인 기준을 들이밀고 있기 때문이다. 그러나 나의 듬직한 아이들아, 너희는 그 환상에 따라 행동하고, 네 것도 아닌 타인의 아름다움을 별다른 저항 없이 자기 자신에게 끼워 맞추려고 하며 너희가 그 기준에 맞지 않는다 여기지는 않았더냐? 하지만 실제로 아름다움과 성공과 행복에는 기준이란 것을 세울 수 없다. 그건 개인의 본연의 모습에 따른 것이기 때문이다. 그럼에도 너희는 기준화된 환상을 믿으려고 하며 그 기준에 자기 자신을 욱여넣으려고 하고 있다.

다른 사람을 보며 부러워하지 말고, 자기 자신을 보며 우울해하지 않으며, 직접 반딧불이 되어 자기 자신을 움직여야 한다. 너희가 살아야 하는 현실이 너희의 의지로는 아무것도 할 수 없는 것이라고 여기지 말고, 직접 현실을 선택해야 한다. 맑은머리를 사용하여 너희를 향해 다가오는 현실을 선택하고, 현재의 현실에서는 형상과 그림자를 선택하여 자기 자신을 통제하거라.

너희를 괴롭게 하는 것. 뭔가를 바라고, 의지하고, 두려워하고, 고통을 느끼고 있다는 판단이 든다면 바로 잠에서 깨어나, '너희의 시나리오가 아닌 외부 시나리오에 따라 움직이고 있으며, 바로 그 사실이 고통의 근원'이라는 점을 다시금 되새기도록 하거라. 너희는 자유가 없고 현실에 따라 이리저리 움직일 수밖에 없으며, 주제의 틀에 매여 있는 등장인물처럼 상황의 틀에 자신이 매여 있다는 사실을 본능적으로 느끼고 있다. 하지만 그것은 막연한 느낌에 불과할 뿐, 상황을 분명하게 파악하고 있는 것은 아니기 때문에 속수무책으로 당하기만 한다. 그러니 기다리고 의지하는 것 외에 너희가 할 수 있는 것은 아무것도 없는 것이다.

잠에서 깨어나든 말든, 성공하든 말든, 뭔가를 기대하는 것은 어리석고 무의미하다는 것을 똑똑히 기억하거라. 너희가 의지를 가지고 어찌할 수 있는 것은 형상과 그림자와 현실을 선택하는 것이다. 다음과 같은 것들이 필요하다.

바로, 바라는 습관을 주려는 습관으로 바꾸는 것,

배척하는 습관을 받아들이려는 습관으로 바꾸는 것,

잠에 빠지려는 습관을 잠에서 깨려는 습관으로 바꾸는 것.

그중에서도 가장 유용한 습관은 현실로부터 뭔가를 바라지 않고 현실을 선택하는 것이다. 가장 중요하지! 거기에서 파생된 것들도 물론 그만큼 중요하다.

두려워하지 말고 선택해야 한다.

기대하지 말고 선택해야 한다.

의지하지 말고 선택해야 한다.

실망하지 말고 선택해야 한다.

흉내 내기 기술. 현실을 선택할 뿐 아니라, 자기 자신과 마네킹도 선택할 수 있다. 그러면 마네킹은 바뀔 것이다. 그리고 어러 필름과 그림사가 바뀌며, 너희가 꿈꿔왔던 모습을 가진 다른 사람이 될 수 있다. '통제하며 산책하기의 알고리즘'을 참고하거라.

자신의 마네킹 선택하기. 너희는 영원의 아카이브에 저장되어 있는 여러 필름마다 마네킹을 하나씩 가지고 있다. 꿈속에서 그 필름 중의 하나를 볼 때, 너희의 의식은 마네킹 속으로 흘러들어가고, 마네킹은 살아나 움직이기 시작한다. 너희가 꿈을 꾸는 동안에는 수많은 가능태의 마네킹 중에서 바로 그 꿈속의 마네킹으로 들어가 삶을 이어가는 것이다.

실제, 즉 너희의 삶이 흘러가는 필름에서도 똑같은 일이 생긴다. 매번 필름이 바뀔 때마다 의식은 또 다른 버전의 마네킹으로 들어가며, 마네킹은 그 프레임 속에서 살아나 너희 자신이 된다.

마네킹은 지금 당장 아주 짧은 시간 동안에도 변할 수 있다. 너희도 깜짝 놀랄 만큼, 외모까지 금세 변할 수 있지. 예를 들어 자신감, 매력, 친화력, 대담함, 지성, 전문성 같은 자질과 역량이 달라질 수 있는 것이다.

자기 자신을 거부하거나 본래의 모습을 버리는 것이 아니다. 발전과 관련된 것이다. 특히 너희가 자기 자신을 좋아하며 변화하기 싫어하는 드문 경우라면 더욱 그렇다. 하지만 그렇다 하더라도 발전하기를 멈춰선 안 된다. 발전을 멈추는 순간 후퇴만 남을 뿐이니 말이다.

너희 자신의 개성, 원칙, 신조, 신념 등을, 자기 자신을 배신하지 않으면서 변화시켜야 한다.

독특함. 독특함은 너희가 가진 전부이지만 그 하나만으로도 많은 것을 할 수 있다. 독특함이라는 것은 그 특성이 다른 어디에도 없기 때문에 그 자체만으로도 완전하다. 다른 누구에게도 없는 것은 가치가 있을까? 그야 물론이지. 너희는 그런 독특함을 십분 활용할 수도 있고, 그러고 싶지 않다면 먼지가 뿌옇게 쌓인 장롱 속으로 던져버릴 수도 있다. 모든 것은 너희의 선택에 달린 문제일 뿐이다.

하지만 단점은 한 가지 모순적인 특성을 가지고 있지. 받아들이기만 한다면 그 사람만의 독특하고 귀중한 가치가 된다는 점이다. 반면에 단점을 받아들이지 못하고 그와 싸우려고 한다면 큰 손해가 된다. 귀중한 가치이거나, 손해거나. 주변 사람들도 그와 똑같이 받아들일 것이다. 만약 단점을 받아들인다면, 너희만의 장점이 될 것이다.

너희는 대자연과 창조주가 최초에 의도했던 바와 같이 그 자체로 완전한 존재이다. 완전함이란 자신만의 개성이자 자기 자신과 일치하는 상태다. 일치가 이루어지는 곳에 조화가 생긴다. 반대로 받아들이지 않는 태도는 언제든 모든 사람의 눈에 띌 수밖에 없는 부조화를 만들어내지.

건강이나 이미지와 같이 자기 자신이나 주변 사람들에게 직접적으로 해를 끼칠 수 있는 극명한 결점과 약점은 반드시 뿌리째 뽑아야 한다. 그 외의 경우에는 단점을 없애려고 애쓰지 말고 장점을 계발해야 한다.

세 가지를 달성하기 위한 방법. 첫 번째. 단점에 얽매이지 않도록 하거라. 그 어떤 단점을 가지고 있다고 하더라도 자신감이 결여되어서는 안 된다. 그건 아주 파괴적인 상태이기 때문이지. 단점이 심화되면 더 크게 후퇴할 것이다. 그러니 다른 구체적인 상태로 들어서야 한다. 그러기 위해서는 두 번째 행동이 도움이 될 것이다.

두 번째. 삶에서 영감을 주고 활기를 불어넣으며 자신과 남들에게 유용함을 가져다주는 목표를 가지고 있어야 한다. 모든 일을 권태롭게 받아들인다는 것은 목표가 없다는 뜻이다. 반대로 목표가 없다면 권태가 생기지. 목표가 없다는 것은 바라는 것이 아무것도 없다는 것을 뜻한다. 지향점이 없다면 움직임도 없지. 움직임이 없다는 것은 에너지가 없다는 뜻이며, 에너지가 없다는 것은 생명이 없다는 뜻이다. 그러니 마음속에 귀중하게 품을 수 있는 자신만의 목표와 소명을 찾거라. 그리고 그것을 향해 나아가거라. 그 어떤 소명도 없다면 너희도 존재하지 않는 것이며, 지금 너희가 있는 그 자리는 그저 텅 빈 공간에 불과하다. 아직 소명을 찾지 못했다면, 세 번째 단계가 도움이 될 것이다.

세 번째. 소명을 찾았든, 아직 찾지 못했든, 어떤 경우에도 **자기 자신을 발전시키고 창조하는 것**에 집중하거라. 자기 자신을 계속, 항상 만들고 있어야 한다. 내면에 품은 창조주의 불꽃을 불태워 성장하고 발전하거라. '후퇴하는 상태에서 벗어나는 것, 소명을 찾는 것, 소명을 실현시키는 것' ― 이것이 성과를 위한 세 가지 방법이다.

3단계 행동. 목표는 '현실을 움직이고, 자기 자신을 통제하고, 자기 자신을 움직이는' 3단계를 통해 달성할 수 있다. 자기계발은 훌륭한 목표이자 길이다. 그 길에서 소명은 저절로 발견될 것이다. 하지만 소명을 찾게 되어도 잠깐 멈춘다는 것은 있을 수 없다. 기억하거라. 발전이든 후퇴든, 둘 중 하나만 있을 뿐이다.

자기계발이 반드시 짊어져야 하는 고된 노동이라고 생각할 필요가 없다. 오히려 아무 움직임 없는 정체 상태와 나태함에 빠져 있는 것이 그보다 훨씬 괴로우니 말이다. 자기 자신을 창조하는 것은 노동이 아니라, 더 유쾌한 뭔가를 얻기 위한 유쾌한 과정이다. 파티에 갈 준비를 할 때 정성스럽게 준비하고 치장하지 않느냐? 그런데 당장 오늘이 파티라고 생각해보거라. 내일이나 한 달 뒤, 1년 뒤에 있을 일을 위해 단 한 번 준비하는 것만으로는 충분하지 않을 것이다.

소명. 소명은 동기를 부여하는 것이며 너희 자신과 주변 사람들에게 유용함을 가져다주는 것이다. 위대한 존재가 되고, 자신의 삶을 위대함 그 자체로 만들기 위해서는 정체와 후퇴 상태에서 벗어나야 한다. 벗어나는 방법은 소명과 진정으로 원하는 목표를 찾아 그것을 향해 전진하는 것이다. 소명은 자아실현의 벡터다. 소명이 없는 삶을 사는 자는 무의미한 생명체로 전락해버릴 것이다. 소명을 몰라도 괜찮다. 너희의 내면에서 너울거리고 있는 창조주의 불꽃이 알고 있으니. 다만 그 불꽃을 점화시키는 것은 너희다. 그 불꽃을 점화시키고, 자신을 창조한다면 그 세 가지를 이룰 수 있게 된다. 즉, 정체 상태에서 벗어나고 소명을 찾아 실현시키게 될 것이다.

새로운 마네킹으로 들어가기. 예를 들어 너희는 아름다운 육체와 매력 있고 호감 있는 성격, 높은 수익이 보장되는 직업을 가지고 싶어한다. 따지고 보면 이것은 근본적으로 다른 필름 속에 있는, 한 단계 업그레이드된 마네킹으로 들어가는 것이다. 그런 마네킹과 영화가 분명히 존재한다. 그에 대해서는 의심조차 하지 말거라. 그저 그 영화와 마네킹으로 들어가면 된다. 그 목표는 '현실을 움직이고, 자기 자신을 통제하고, 자기 자신을 움직이는' 3단계를 통해 달성할 수 있다. '너희는 천재적이다', '흉내 내기 기술' 등의 장을 참고하도록 하거라.

◇ 이 일람에는 기본적인 법칙들만 정리되어 있으며, 더 자세한 것들을 알기 위해서는 책 전체를 찬찬히 한 번 더 읽기를 추천합니다. 이해가 안 가는 것이 있다면 트랜서핑 시리즈의 전작들을 읽어보시기 바랍니다. 트랜서핑 시리즈는 초급 단계이며, 타프티의 기술은 고급 단계이자 고급 테크닉이라고 할 수 있습니다.

붉은 여왕

(후속서 《여사제 잇파트》 예고)

잇파트 사제는 거대한 석조 건물 앞 광장의 기둥에 묶여 있었다. 기둥 주변에는 글램록°들이 일렬로 서서 그 주변을 돌며 미리 암기한 주문을 하나의 음정으로 중얼거리고 있었다.

마나-미아, 히얼 아 고 어겐
마-나, 하 켄 아 레지스트 유
마나-미아, 더스 잇 쇼 어겐,
마-나, 저스트 하 마치 아 미스드 유

◇ 현실을 초월하는 세계인 메타현실 속 생명체. 같은 말을 의식 없이 반복하며, 얼굴은 남과 같은 색깔로 마치 살아 있지 않은 것처럼 보인다.

그들은 이따금씩 멈춰서서 원의 중심으로 몸을 돌려 갑작스럽게 큰소리로 외쳤다.

– 붉은 여왕이여! 그녀를 먹읍시다! 먹읍시다!

그러고는 다시 서성이며 중얼거리기 시작했다.

애즈 아브 빈 브로큰하레,

블루 씬 더 데이 위 파레,

와이–와이, 디드 아 에버 렛 유 고.

살아난 마네킹들의 외형에는 아무것도 달라진 것이 없었다. 후드가 달린 회색의 치렁치렁한 로브와, 그 로브만큼이나 어두침침한 납빛의 얼굴과 손까지. 감정이 묻어나는 외침에도 그들의 표정만큼은 차갑고 냉정했다. 사제는 고문을 당하기 위해 기둥에 묶인 원주민 추장처럼 꼿꼿하고 의연하게 버티고 있었다. 그녀는 주변을 둘러싸고 있는 미개함에는 조금도 주의를 기울이지 않고, 굳게 입을 다문 채 그들의 머리 위 먼 곳 어딘가를 응시하고 있었다.

제물의 그런 침착함이 머지않아 글램록들을 신경 쓰이게 하기 시작했다. 그들은 서성대며 중얼거리기를 멈추고 그녀를 향해 경멸하듯 혀를 내밀고 머리를 흔들며 일제히 울부짖기 시작했다. 분명 자신의 포로를 위협하려는 의도였으리라. 그러나 아무리 해도 그들이 기대했던 효과는 나오지 않았다. 오히려 아이러니하게도, 잇파트의 얼굴에는 미소가 번졌다.

- 붉은 여왕이여! — 사제를 위협하려던 것이었을까, 아니면 그저 자기 자신을 잔뜩 자극하고 말기 위함이었을까. 그들이 계속했다.

- 그녀를 먹읍시다! 먹읍시다!

이제 야만인들은 새로운 의식을 생각해냈다. 한 명씩 차례대로 자신의 포로에게 달려들어, 후드를 벗고 반들반들한 민머리를 그녀의 배에 문지르고는 나머지 무리들을 향해 외치는 것이었다.

- 붉은 여왕이여! — 그러고는 재빨리 후드를 눌러쓰고 모든 사람이 있는 대열로 뛰어들어갔다. 그러자 나머지 무리가 일제히 외쳤다.

- 그녀를 먹읍시다! 먹읍시다!

마치 그들이 아는 말이라고는 그뿐인 듯했다. 하지만 어차피 그 외의 말이나 행동은 필요치 않았다. 그런 의기양양한 외침을 들어보면, 그들은 이제 '여왕'에게는 전해지지도 않을 불손함이나 신성모독을 범하고 있다는 사실을 아랑곳하지 않는 것 같았다.

모든 사람들이 여왕을 조롱하는 의식에 참가한 뒤, 가장 대담한 자가 그중에서도 가장 돋보이는 행동을 했다. 제물의 등 뒤로 달려가 괴상망측한 얼굴을 하고는 혀를 날름거리며 잇파트의 드레스에 있는 다이아몬드 박힌 옷깃을 핥아대는 것이었다. 군중은 놀라면서도 동시에 그를 부추기듯 괴성을 질러댔다. 그런 울부짖음에 그는 과감한 행동을 계속했다. 그러고는 앞으로 나서서 가장 핵심적인 질문을 던졌다.

- 그럼 그녀를 어떻게 먹을까요? 어떻게요?

군중들이 앞다투어가며 대답을 쏟아내기 시작했다. 가장 대표적인 대답은 두 개였다.

- 삶아서 먹읍시다! — 한 무리가 외쳤다.

- 아니지, 쪄 먹읍시다! — 다른 무리가 제안했다. 야만인들은 이미 'ㄹ' 발음을 쉽게 했기 때문에 특별한 발음상의 문제 없이 입씨름이 계속되었다. 흡사 목소리 큰 사람이 이기는 경매장을 방불케 했다. 결국, 첫 번째 무리가 이겼다.

- 삶읍시다! — 그들은 빠르게 합의에 도달했다.

글램록 몇 명은 잠시 모여 있다가, 어딘가에서 지름이 사람 키만한 거대한 팬을 질질 끌고 왔다. 나머지는 누가 불을 피울지, 누가 제물 주변에서 눈을 부릅뜨고 약을 올리며 춤을 출지 정하고 있었다. 떠들썩한 논쟁이 이어지는 내내 두 가지 외침도 반복되었다. "붉은 여왕이여!", "그녀를 먹읍시다! 먹읍시다!"

- 마틸다! — 마침내 잇파트에게서 목소리가 나왔다. — 마틸다-아아! — 그녀가 우렁차게, 그러면서도 아주 차분하게 마틸다를 불렀다. 마치 계속 잠만 자는 친구에게, 이제 그만 아침식사를 하자고 깨우는 듯한 목소리였다. 그녀의 친구로 보이는 한 여자가 소음을 듣고는 지금 막 잠에서 깬 듯한 모습으로 잠옷 차림에 맨발로 건물에서 뛰어나왔다.

- 아-아-아-아! — 마틸다가 외쳤다. — 뭘 하고 있는 것이냐! 이 멍청한 것들아! 지금 당장 풀어주거라! 파티! — 그녀가 기둥으로

달려가 잇파트를 묶은 벨트를 풀어내리려고 했지만, 그 벨트는 너무 단단히 묶여 있었다.

- 이런 무식하기 짝이 없는 것들 같으니! 지금 당장 그녀를 풀어주거라!

글램록들은 어리둥절해져, 한창 벌어지고 있던 의식을 중단하고는 당황하여 목청껏 외치기 시작했다.

- 마나-티다! 마나-티다! 우리의 마나!
- 너희가 뭘 해야 하느냐? — 마틸다가 야만인들을 어떻게든 통제해야겠다는 생각으로 물었다.
- 환상을 읽어야 합니다! — 그들이 입을 모아 외쳤다.
- 무엇을 하지 말아야 하느냐?
- 하지 말아야 하는 것을 하지 말아야 합니다!
- 그렇다! 무엇을 하지 말아야 하느냐?
- 서로를 먹으면 안 됩니다!
- 그런데 너희는 뭘 하려던 참이었지?
- 그녀를 먹읍시다! 먹읍시다!
- 서로를 먹으면 안 된다고 말하지 않았느냐!
- 그녀는 먹어도 됩니다! 우리 사람을 먹으면 안 됩니다! 그녀는 우리 사람이 아닙니다! — 이것이 글램록들의 단호한 논리였다. 그리고 그들은 좀 전까지 해오던 대로 열정적으로 장작을 불길에 던지고 있었다.
- 하지만 나는 너희의 마나이다! — 마틸다가 말했다. - 내가 금

지한다! 이 자는 내 벗이다. 지금 당장 그녀를 풀어주거라!

- 그럴 수 없습니다! — 글램록들이 말했다. - 그녀를 먹어야 합니다!

- 그들은 날 먹지 못할 거야, 틸리. — 잇파트가 차분하게 말했다. - 그들은 지금 그들만의 시나리오대로 움직이고 있어. 저항할 수 없는 반사작용이나 본능처럼 말이야.

- 그건 좀더 지켜봐야지. 이 보거라, 지금 듣고 있느냐, 이 자를 먹어선 안 된다!

- 먹어도 됩니다!

- 만약 그렇게 한다면 아주 끔찍한 크래시$^{\diamond}$가 생길 것이다!

- 안 됩니다! 안 됩니다!

- 생길 것이다! 이자도 마나이다! 우리 둘 다 마나이다!

글램록들이 당황하기 시작했다. 그리고 그들끼리 의논하더니, 그 중 감히 잇파트의 옷깃을 핥았던 대담한 자가 앞으로 나섰다.

- 그녀가 마나라는 사실을 증명하라고 하십시오!

마틸다가 걱정스럽게 잇파트를 봤다.

- 걱정 마, 틸리. 일단 풀어주라고 해봐.

- 들었느냐, 우매한 것들아! 얼른 풀어주거라! — 마틸다가 명령했다. - 이제 니희는 이사도 마나라는 사실에 깜짝 놀랄 것이다! — 그리고는 잇파트에게 속삭였다. - 파티, 뭐 하려는 거야?

$\diamond$ crash: 컴퓨터가 갑자기 꺼지거나 오작동하는 현상. 이 책에서는 메타현실에서 믿을 수 없는 큰일이 생겼을 때 "크래시가 생겼다"고 표현하는 듯하다.

- 시나리오를 깨버릴 거야. ─ 잇파트가 대답했다.

- 어떻게?

마틸다와 잇파트는 대화를 끝낼 수 없었다. 마침 그때 글램록 두 명이 벨트를 풀려고 끼어들었고, 나머지는 그 주변을 원으로 빽빽하게 둘러쌌기 때문이다. 그 중심에 대담한 자가 서 있었다. 사제가 풀려나자마자 그는 습관처럼 노래를 부르기 시작했다.

- 붉은 여… ─ 그러나 그는 노래를 끝마칠 수 없었다. 잇파트가 빠르게 달려들어 몸을 굽혀, 대담한 자의 무릎을 낚아채 그녀 쪽으로 휙 잡아당긴 것이다. 그는 뒤로 자빠졌다. 그가 미처 정신을 차릴 틈도 없이 잇파트는 그의 위로 몸을 기대 얼굴을 손바닥으로 꽉 잡고는 자신의 입술을 그의 입술에 포개 길게 키스했다. 그런 뒤 일어나 빙빙 돌며 큰 소리로 웃기 시작했다.

대담한 자는 어안이 벙벙해져 그대로 누워 있었고, 마틸다와 나머지 무리는 입을 다물지 못한 채 얼어붙어 있었다. 잇파트는 갑자기 멈춰 서서는 팔을 앞으로 뻗어, 주변을 돌며 손바닥으로 그곳에 있는 하나하나를 쓰다듬었다. 그녀는 몸을 틀며 똑같은 질문을 세 번 반복했다.

- 너희는 내가 지금 잠들어 있으며, 너희가 내 꿈속의 인물이라는 것을 아느냐?

- 너희는 내가 지금 잠들어 있으며, 너희가 내 꿈속의 인물이라는 것을 아느냐?

- 너희는 내가 지금 잠들어 있으며, 너희가 내 꿈속의 인물이라는

것을 아느냐?

어리둥절한 글램록들은 마치 질문을 이해하지 못한 것처럼 보였다. 하지만 그들이 긴장한 것은 다른 이유에서였다. 그들은 놀란 목소리로 외치기 시작했다.

- 그를 흑화시켰다! 그를 흑화시켰어! 마나인가? 정말 그녀도 마나일까?

- 누구십니까? — 대담한 자가 자리에서 일어나며 물었다. 그는 아직도 충격에서 벗어나지 못한 듯했다.

- 이자는 위대하고 전지전능한 사제 잇파트이다! — 마틸다가 잇파트를 향해 존경을 표하듯 손을 들어 보이며 위엄있게 외쳤다.

- 마나-파타! 마나-파타! — 야만인들이 걱정스러운 듯 웅성거렸다. - 위대한 마나!

- 그렇다. — 잇파트가 답했다. - 이제 너희가 똑똑히 알아듣도록, 내가 너희를 먹어버리겠다!

야만인들은 이 발언을 농담으로 받아들이지 않고, 진지하게 말 그대로 받아들였기 때문에 온몸에 소름이 돋는 것을 느꼈다.

- 안 됩니다! 안 됩니다! — 그들이 울부짖기 시작했다.

- 된다! 된다! — 잇파트가 그들을 흉내 내며 조롱했다.

- 안 됩니다! 안 돼요! 아부우!

- 된다, 돼! — 이번엔 마틸다가 그들을 흉내 냈다. - 나도 너희를 먹어버리겠다. 우리 둘 다 마나이다. 그리고 우리 두 마나가 너희

를 먹어치우겠다! 아바아!

야만인들은 그저 그들의 말에 저항하며, 한 무리로 모여 두려움에
벌벌 떠는 것 외엔 아무것도 할 수 없었다. 시나리오가 깨지고 역
할이 뒤바뀐 것이다. 두 친구는 허리에 손을 얹은 채 자신의 제물
들을 엄격한 눈빛으로 바라봤다. 야만인들이 피워놓은 모닥불은
이미 활활 타오르고 있었으며 그 옆에는 팬이 놓여 있었다.

- 아무짝에도 쓸모없는 글램록들 같으니! — 잇파트가 엄격한 목
소리로 외쳤다.
- 그렇다, 너희는 하찮고 쓸모없다! — 옆에 있던 마틸다도 분노한
듯 외쳤다.
- 저들을 어디에 써먹을 수 있을까?
- 고기가 될 수밖에 없겠지!
- 그들을 먹어치우자!
- 그러자!

두 마나는 위협적으로 야만인들에게 다가섰다. 그들은 뒷걸음치며
겁에 질린 목소리로 말했다.
- 마나-파타, 저는 식욕이 완전히 짐승 같습니다! 완전히 짐승 같
아요!
- 마나-티다, 저도 그렇습니다. 아주 사람 같지도 않지요.
- 제 뇌는 건드리시면 안 됩니다! 뇌 전부요! 아주 기름지고 맛있
습니다!

- 저는 눈이오! 톡톡 튀는 맛이지요!
- 하찮은 글램록들 같으니!
- 그들을 먹어버리자! 먹어버리자!

피에 굶주린 두 마나는 자신의 역할에 완전히 심취해 있었다. 그런 진지한 모습을 보면, 마틸다가 입고 있던 잠옷과 잇파트의 우아한 드레스조차도 그들의 대화에서 묻어나오는 의도에 전혀 어색한 것이 없을 정도였다.

- 그들을 어떻게 먹을까? 어떻게? — 마틸다가 물었다.
- 삶아버리자! — 잇파트가 대답했다.
- 아니야, 산 채로 먹어버리자!
- 아니 삶아야 해!
- 아니 산 채로! 산 채로 먹어버리자!

잇파트와 마틸다는 서로를 바라보고 마치 진심인 양 작은 논쟁을 벌였다. 논쟁은 싸우기 직전까지 치달았다. 마침내 합의점을 찾은 그들은(삶아 먹자!) 팬을 향해 달려가 양쪽에서 그것을 잡아 단호하게 모닥불 위에 올려놓았다. 그리고 손을 탁탁 턴 다음, 소매를 걷어붙이고 탐욕스럽게 글램록들을 응시했다. 글램록들은 비명을 지르며 사방으로 흩어졌다. 두 마나는 의기양양하게 외치며 그들을 뒤쫓기 시작했다.

- 저들을 잡아!
- 붙잡자!

- 목을 졸라야 해!
- 질식시키자!

글램록들은 죽을 둥 살 둥 광장으로 뛰어갔다. 왜인지는 모르겠지만, 그저 도시의 거리로 뛰어가면 된다는 생각을 미처 떠올리지 못한 듯하다. 숨바꼭질 같았던 분주한 뜀박질이 얼마나 더 이어졌을까, 마침내 두 마나는 한 글램록을 잡는 데 성공했다. 바로 그 대담한 자였다. 잇파트와 마틸다는 그를 모닥불이 있는 곳으로 끌고 왔다. 그는 겁에 잔뜩 질린 모습으로, 단 한 번 저항조차 하지 못하고 목놓아 통곡했다. 나머지 글램록들은 다시 무리로 모여 두려워하며 그 모습을 지켜볼 뿐이었다.

두 마나는 모닥불로 제물을 끌고 온 뒤, 그의 두 팔과 다리를 잡고, 팬에 던져 넣기 위해 좌우로 흔들기 시작했다. 그러고는 반복하며 말했다.
- 먹자! 먹자! 삶자! 먹자!

비극과 공포로 가득 찬 야만인들의 울부짖음이 그 와중에도 계속되었다. 붙잡힌 글램록이 매우 무거웠지만 잇파트와 마틸다는 도대체 어디에서 나온 힘인지 그를 앞뒤로 힘차게 흔들고 있었다. 충분히 약을 올릴 대로 올린 그들은 마치 약속이라도 한 듯 그를 땅으로 던졌다. 그와 나머지 모든 야만인들은 두 친구의 다음 행동을 기다리며 얼어 있었다. 마틸다와 잇파트는 잠시 숨을 돌리고는 그들을 바라보고, 서로를 바라본 다음 큰소리로 웃으며 제멋대로 빙

글빙글 돌기 시작했다.

두 마나는 그렇게 웃기를 갑자기 멈추더니 눈썹을 찌푸리며 야만인들을 응시했다.

- 아무 쓸모 없는 너희 글램록들은 위대한 마나-파타를 먹으려고 한 죄에 대해 벌을 받아야 한다! — 마틸다가 말했다.
- 그들은 위대한 마나-티다를 먹으려고 하기도 했다! — 잇파트가 말했다. - 그에 대해서도 엄벌을 내릴 것이다!
- 그리하여 우리 두 마나는 너희에게 어떤 벌을 내릴지 지금부터 논의를 하려고 한다!
- 그렇다! 그리고 너희 몹쓸 글램록들은 계속 불안해하며 기다리거라!

잇파트와 마틸다는 동시에 몸을 돌려 건물을 향해 걸음을 옮겼다. 야만인들은 경외심에 온몸을 바들바들 떨며, 걸어가는 그들을 충성심 어린 눈빛으로 바라보았다. 그들이 가장 두려워했던 징벌은 지나간 듯 보였으며, 그로 인해 그들이 받아야 할 벌이 그렇게 무시무시하지는 않을 것이라는 희망이 생겼다.

두 친구가 건물 안에 나타났다. 마틸다는 타프티를 숨이 막힐 듯 껴안았다.

- 나의 벗, 타프티! 내가 얼마나 놀랐는지 아니? 깨어났더니 네가 옆에 없어서 말이야! 무슨 일이 있었던 거야?

- 틸리, 너를 깨우지 않고 그저 밖을 내다봤는데, 웬 회색빛의 얼굴을 가진 사람들이 있지 뭐야. 너무 갑작스럽게 나에게 달라붙어서, 놀랄 틈이 겨우 있었어.

- 놀랄 틈도 없었다는 말을 하고 싶은 거지?

- 아니, 놀랄 틈이 있었다고 정확히 말한 거야. 위험이 빠르고 갑작스럽게 덮쳐올수록 그만큼 제대로, 철저하게 놀라지. 그러면 정신을 차릴 틈이 없어.

- 정신을 차리다니, 무슨 뜻이야?

- 잠에서 깨어난다는 말이야. 안 좋은 일이 생기면 현실을 보고 그 속에서의 나를 봐야 해. 반대의 행동을 해야 하는 거지. 이해하겠니?

- 그래, 현실을 보는 사람들과 등장인물에 대해 이야기할 때 그 대화를 나눈 적이 있잖아.

- 응, 아무튼 그렇게 놀랐는데도 내 목격자는 활성화되지 않았어. 그래서 받아들일 수밖에 없었지.

- 받아들인다고? 뭘? — 마틸다가 놀라며 물었다.

- 시나리오를, 하하하! — 잇파트가 웃으며 말했다. — 내가 무슨 '붉은 여왕'이고 나를 어떻게 먹겠다는 거야?

- 애초에 선택의 여지가 없었잖아.

- 선택의 여지는 항상 있어. 받아들이든지, 받아들이지 말든지 둘 중 하나지. 받아들인다면 너는 영화에 사로잡히고 등장인물이 되고 말 거야. 게다가 관찰자가 잠들어 있다면 무슨 일이 일어나든지 항상 받아들일 수밖에 없어.

- 파티, 나 이해할 수가 없어. 나를 먹겠다는 말을 어떻게 받아들일 수 있다는 거니?

- 받아들이고 싶지 않다면 그 말에 반대해도 좋아. 하지만 그건 다른 일이지. 받아들인다는 것은 일어날 수 있는 것, 가능성이 있는 것을 받아들인다는 의미야. 꿈속에서는 어떤 불가능한 일이 일어나든지 전부 진지하고 현실처럼 보이지. 전부 익숙해진 일이니까. 현실에서는 충분히 일어날 수 있는 일만 일어나잖아.

- 그러면 받아들이지 않는 건 무슨 뜻이야?

- 네가 꿈을 꾸고 있다는 것을 알아차리는 거야. 그러면 꿈에서 깨어나 시나리오를 바꿀 수 있어.

- 만약 그게 꿈이 아니었다면? 우리도 지금 잠들어 있는 게 아니잖아?

- 똑같아. 꿈이 현실이고, 현실이 꿈이지. 시나리오는 꿈에서도 현실에서도 바꿀 수 있어.

- 그러면 받아들이지 않을 수 없다면? 만약 일어나고 있는 일이 충분히 일어날 수 있는 일이라면? 너나 나나 충분히 잡아먹힐 수 있었잖아.

- 하지만 너는 똑같은 일이 일어났다면 힘을 모아서 스스로에게 '이게 내 현실이라고? 아니야, 이건 내 현실이 아니야. 내 모든 일이 잘 될 거야'라고 말했을 거야.

- 나는 내 엔진을 사용했겠지. 그런데 너는 뭔가 다른 걸 사용한 것 같구나.

- 응, 나는 시나리오를 깨버렸어.

- 어떻게 한 건지 알려줄래?

- 영화가 이미 바꿀 수 없는 시나리오로 넘어갔다면 엔진은 도움이 되지 않을 수도 있어. 나도 그런 상황이었지. 놀라고 받아들였지만, 이미 모든 게 너무 늦었을 때, 이미 밧줄에 묶이고 판결까지 났을 때 정신을 차려버렸어. 그러니 사건이 흘러가는 논리와 전혀 맞지 않는, 완전히 별난 행동을 해야만 했지. 그래서 시나리오가 말 그대로 깨져버린 거야. 완전히 주도권을 쥐는 것은 아니라고 해도 내 방식대로 시나리오를 돌려놓을 수 있었어. 내가 너에게 무슨 얘기를 하는 거니. 네가 해골 나방을 가지고 하는 속임수는 시나리오를 깨버리는 가장 훌륭한 표본인걸.

- 난 본능에 따라 행동했을 뿐이야. — 마틸다가 말했다. — 내가 왜 그때 그렇게 행동했는지 나조차도 모르겠어. 그런데 지금은 그게 어떤 법칙이었는지 이해하겠어. 그런데 야만인에게 키스를 한 건 뭐였어? 역겹지 않았니?

- 마네킹에게 키스한다고 상상했지. — 잇파트가 대답했다. — 실제로 마네킹인걸.

- 그렇지 않아! 있잖아, 왜 그들이 살아난 거지? 꿈이 제멋대로 꼬이기라도 한 걸까?

- 내 생각엔 꿈이 다시 시작해야만 했었던 것 같아.

- 재부팅이라도 해야 했었단 말이야?

- 그래. 내가 여기에 나타났을 때 꿈이 멈췄던 거 기억나니? 내가

마치 새로운 관찰자처럼 너의 꿈속으로 들어갔었잖아.

- 그래서 꿈이 불안정해졌지.

- 맞아. 재부팅을 하려면 같이 잠들었다가 그다음 깨어나기만 하면 되는 거였어.

- 우리는 그걸 바로 알아냈잖아!

- 맞아, 맞아!

그들은 이곳에 있는 모든 사물들 중 가장 비밀스럽고, 도저히 무엇인지 상상조차 할 수 없는 것으로 보이는 검은 실린더로 익숙하고 자연스럽게 아침식사를 준비했다. 이제 두 친구에게 남은 일은 앞으로 어떤 행동을 해야 하는지 생각하는 것이었다. 사제의 침대는 이미 말끔하게 정리되어 있었다. 디바도 침대를 정리하고, 잠옷에서 우아한 의복으로 갈아입었다. 어두운 녹색 점프수트에 장밋빛의 플랫폼 구두였다. 구두만큼이나 붉고 고급스러운 밴드를 매고 있는 마틸다를 도와주면서, 잇파트는 장난스럽게 웃으며 반복했다.

- 티다, 랄라! 틸라-틸라, 랄-라!

- 타프티, 그만 놀려! 너 때문에 자꾸 안 좋은 기억이 떠오르잖아.

- 알았어, 알았어!

- 이제 우리의 현실로, 우리 집으로 다시 돌아갈 수는 없는 걸까?

- 반드시 돌아갈 거야, 틸리! 너의 현실이든, 나의 현실이든. 아니면 각자 자신의 현실로 돌아갈 수 있을 거야.

- 안 돼, 난 너와 같이 있고 싶은걸.

- 네가 같이 있고 싶다면 같이 있을 거야. 우리가 원하는 건 뭐든

이루어질 테니까.

- 그런데 너에게 화나는 것이 하나 있어. 어떻게 나를 혼자 내버려 둘 수 있니?

- 틸리, 나는 그저 잠깐만 바깥을 보고 싶었던 것뿐이야. 그때 너는 잠들어 있었잖아. 그래도 전부 잘 끝났으니 다행이지.

- 나쁘게 끝났을 수도 있었어! 최악의 상황이었을 수도 있었다고! 약속해. 다시는 나를 혼자 두지 않겠다고. 안 그러면 난 죽어버릴지도 몰라.

- 약속할게. 나도 너를 두고 사라지지 않을 거야.

그리고 그들은 앞으로 할 행동에 대한 계획을 세우기 위해 탁자에 앉았다.